교사를 위한
교직실무

3판

| 김진한 저 |

Teaching Practice, 3rd ed.

학지사

/머/리/말/

이 책은 교사라는 직업의 전문성을 발휘하기 위해 교직 수행과 관련된 업무의 실제적인 내용을 이해하고 이를 활용하기 위한 목적으로 구성되었다. 교직과정과 교육과정의 개정으로 신설된 '교직실무'라는 과목의 지침서로서, 교직과정을 이수하는 미래의 교사를 위한 교직실무에 대한 안내서다.

초판을 발행하고 부족한 부분을 개정하고 싶었는데 다행히 짧은 시간 내에 초판과 2판이 모두 소진되어 3판을 출간할 기회가 생긴 것을 기쁘게 생각한다. 3판은 학교현장에서의 실제적인 문제를 해결하는 데 적절한 예시를 중심으로 보완하고자 노력하였다.

필자는 초 · 중등학교 교사를 거쳐 지금은 대학에서 교사가 되려는 학생들에게 교직과목을 가르치고 있으며, 교육대학원에서는 현직교사들에게 강의를 하고 있다. 초 · 중등 현직교사 경험 23년을 포함하여 현재까지 40년간의 교직 경험은 이 책을 쓸 수 있는 용기와 밑바탕을 제공하였다. 그럼에도 부족한 점을 보완하기 위해 현장의 전문가와 교사들의 조언을 받았다.

이 책은 모두 4부로 구성하였다. 제1부는 교사와 교직에 대한 이해를 돕기 위한 장으로 구성하였다. 교직을 이수하고 교사가 되려는 사람들은 교사의 삶을 이해하는 것이 필요하다고 보았기 때문이다. 교직은 단순한 직업이 아니며 아무나 훌륭한 교사가 될 수 없기에 나름대로 바람직한 교사의 삶을 강조한 내용으로 구성하였다.

제2부에서는 학습자를 위한 교사의 업무와 관련된 실무에 중점을 두었다. 학급을 경영하는 구체적인 업무와 방법, 초 · 중등 교육과정의 편성과 운영에 대한 이해, 학교현장에서 실제적으로 적용할 수 있는 효과적인 수업기술,

학업성적의 처리와 출석 관리, 학교폭력과 생활지도 등 교실에서 학생을 가르치며 학급을 운영하기 위해 필요한 교사의 업무에 관한 실제적인 내용을 포함하였다.

제3부는 교사의 신분과 관련된 법 규정을 중심으로 구성하였다. 교사를 위한 인사와 복무에 관한 규정과 교육 관련 법규의 이해, 교사의 권익과 관련된 교직단체에 대한 이해를 다루고 있다. 이러한 내용은 교사의 신분과 관련된 법적인 이해를 돕고 실제적인 사례를 해석함으로써 교직을 적법하게 수행하기 위해 실무적으로 도움을 주기 위한 것이다.

마지막 제4부는 교사 자격증을 취득하기 위한 필수 과정인 교육실습에 대한 이해를 돕고 효율적인 교육실습을 하기 위한 구체적인 실무 위주로 구성하였다.

이 책은 이론서가 아니라 실무적인 안내서다. 다시 말하면 초·중등학교에서 교직을 수행하기 위해 필요한 실무관련 자료를 체계적으로 정리한 안내서다. 따라서 교직 수행과 관련된 내용을 중심으로 자료를 수집하고 이를 체계적으로 정리하는 것이 중요하였기에 최신의 실제적인 자료와 예시를 정리하여 저술하기 위해 노력하였다. 그리고 교육관련 부서의 자료를 충실히 반영하도록 노력하였다. 교육과정과 교육법규 관련 자료를 비롯한 일부 자료는 교육부와 교육청의 실무적인 자료를 주로 인용하여 교육현장에서 친숙하게 활용할 수 있도록 하였다. 또 무엇보다 교사가 되려는 사람이 교직을 수행하는 실무를 실제적으로 이해하고 이를 수행할 수 있도록 편성하였다. 이를 위해 구체적이고 실무 중심인 이론을 소개하고 이를 활용하는 방법을 제시하였다.

필자는 이 책을 구상하고 집필하면서 40여 년 전의 교사 초년병 시절부터 오늘날까지 겪었던 교직 경험을 되돌아보는 계기가 되었음을 고백한다. 교사 초년병 시절, 교장선생님이 종례시간에 어떤 선생님의 출석부를 보여 주면서 설명하던 기억이 난다. "출석부는 법정장부이니 정확하게 작성하여야 한다. 월말에 출석통계를 낼 때는 점 하나 틀림이 없이 정확한 위치에 반듯하게 찍어야 한다."라고 강조하였다. 그 당시 '출석부에 점 잘 찍는 것이 뭐가 그리 대단한가, 그것이 잘 가르치는 것과 무슨 상관이란 말인가?'라고 회의를 품었던 기억이 난다. 그러나 돌이켜 보면 그것이 교사의 삶과 관련된 업무였다. 교사가 학생의 출석을 정확하게 확인하고 이를 정성껏 정리하는 작은 마음이 교직을 존중하며 학생을 사랑하는 마음이다.

교직은 그런 삶이다. 교직 자체에 대한 사랑이 없으면 할 수 없는 직업이 교사다. 교직은 가르치는 일 외에도 잡다한 업무를 요구한다. 그것은 교사를 위한 것이 아니라 학생을 위한 일이며 교직 본연의 업무이기도 하다. 이 책은 교직을 이해하며 사랑하는 사람들의 교직업무를 돕기 위한 것으로 읽히기를 기대한다. 책의 제목에 '교사를 위한'이라는 말을 포함시킨 것도 이 책의 주목적이 교사가 되기 위한 예비교사의 지침서이기도 하지만, 사실은 '훌륭한 교사가 되기 위한'이라는 의미를 담고 싶었기 때문이다. 교직실무도 훌륭한 교사가 되기 위한 능력의 일부인 것이다.

부족한 부분은 여러 곳의 자료를 토대로 보완하였다. 교육부와 서울시 교육연구정보원의 자료는 이 책의 초고를 완성하는 데 유익한 자료가 되었고, 한국교총의 교직상담 실적 자료도 교단의 실제적 사례를 제시하는 데 도움이 되었다. 학지사의 김진환 사장님의 지속적인 후원과 편집부 양수연 님의 알뜰한 교정이 3판을 출간하는 데 결정적 역할을 하였다. 무엇보다 졸고의 출간에 보이지 않는 분이 함께하고 계심을 감사 드린다.

2016년 2월
저자 김진한

/ 차 / 례 /

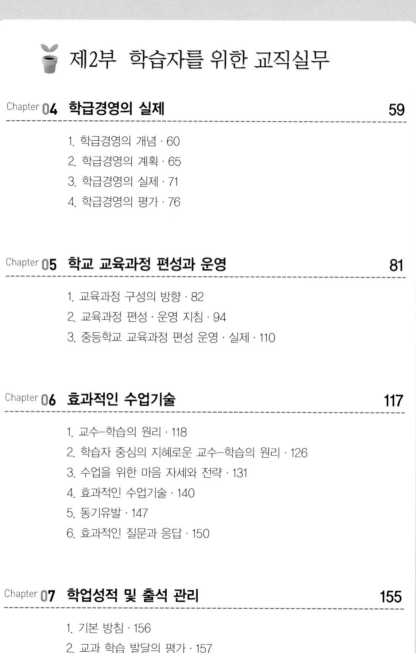

제2부 학습자를 위한 교직실무

제3부 교사를 위한 교직실무

🌱 제4부 교육실습 실무

제1부

교사와 교직

TEACHING PRACTICE

Chapter **01**

교사에 대한 이해

　　교사의 삶은 행복한 삶이어야 한다. 학생을 만나는 것이 기쁨이고 학생을 가르치는 것이 즐거움인 삶이어야 한다. 교사의 행복은 학생의 행복이다. 교직을 천직으로 여기며 사는 교사의 행복한 삶은 학생의 삶에 긍정적 영향을 미친다. 교사가 가르치는 일에 즐거움을 느끼면 학생들도 배우는 행복함을 함께 느낄 수 있다.

　　교사는 사람을 가르치는 전문가다. 사람을 가르치는 교사는 학생을 가르치는 지적 전문가이며 동시에 인격적인 감화자다. 지적 전문가로서 교사는 학습자에게 지적 수련의 삶을 사는 것을 보여 주는 사범적(師範的)인 삶을 살 것을 요구받는다. 학습자에게 지적 욕구를 일깨워 주기 위한 교사는 끊임없이 지적 탐구자로서의 삶을 살아야 하며 동시에 자기 수련의 삶을 통해 인격의 향기를 풍기는 삶을 살아야 한다. 그러한 교사의 삶의 과정이 행복해야 한다. 교사의 지적 탐구와 인격적인 수련의 삶의 과정이 즐겁고 행복하게 보일 때 학생들에게 행복한 삶의 사표(師表)가 될 수 있다.

1. 교사의 삶

교사는 사람을 가르치는 전문가다. 사람을 가르치는 교사는 학생을 가르치는 지적 전문가이며 동시에 인격적인 감화자다. 지적 전문가로서 교사는 학습자에게 지적 수련의 삶을 사는 것을 보여 주는 사범적(師範的)인 삶을 살 것을 요구받는다. 학습자에게 지적 욕구를 일깨워 주기 위한 교사는 끊임없이 지적 탐구자로서의 삶을 살아야 한다. 그러한 삶의 모습이 학습자에게 인격적인 감동을 주며 동시에 사범적인 삶이 될 수 있다.

지적 탐구의 삶은 교사의 직업적인 삶인 동시에 인간의 본능적인 삶이기도 하다. 왜냐하면 인간은 본능적으로 지적 탐구를 위한 학습의 욕구를 가지고 태어난 존재이기 때문이다. 인간이 동물과 다르며 문화 창조의 삶을 사는 것은 인간의 학습욕구에 따른 것이다. 인간의 본능적인 학습욕구에 대한 정확한 이해는 인간의 삶을 이해하고 삶의 방법을 제시하는 근원적 출발점이된다. 본능적인 학습욕구를 가진 인간이 자신의 삶을 위한 지식과 기술을 끊임없이 습득하는 것은 자연스러운 일이다. 따라서 지적 탐구의 삶은 교사의 가장 인간적인 삶이며 동시에 지적 전문가로서의 삶이다.

교실은 교사의 지적 탐구의 터전이며 학생들에게 학습하는 삶을 가르치는 곳이고 인간의 학습욕구를 일깨워 주는 곳이다. 잘 가르친다는 것은 일방적으로 지식을 전달하는 교사 중심의 교수행위가 아니라, 학습자 스스로의 학습의지에 따라 학습할 수 있도록 도와주는 교수행위를 말한다. 교실에서 교사의 삶은 가르치는 삶이라기보다는 학습하는 것을 보여 주는 삶이다. 교사는 학습하며 사는 모습을 학생들에게 모범적으로 보여 주는 자이며, 교직은 치열하게 학습하는 삶의 모습을 평생 동안 보여 주는 직업이다(정우현, 1995; 이칭찬, 1996).

그런 점에서 학습을 통하여 인간의 삶을 위한 능력(생애능력, Life skill) 습득의 본능적인 의지를 일깨우고 이를 실천하기 위한 삶의 현장이 학교여야 하며, 가장 선도적인 삶을 사는 자가 교사여야 한다. 그런 점에서 교사의 전문성은 교사의 자존심을 지키는 최후의 보루이며(오욱환, 2005), 학교는 지적 탐구자인 교사를 통해 인간의 학습본능을 전수하고 수렴하는 장이 될 때 본연의 가치를 지닌다.

가르친다는 것에는 단순한 지식의 전달자에서 인격의 형성자에 이르는 전인적 인간형성의 과정이 포함되어 있다. 사람을 가르치는 전문가는 스스로 사람을 가르칠 수 있는 소양을 갖추어야 한다. 그중에서 가장 중요한 소양은 사람을 가르칠 수 있는 인간됨이다. 가르치는 자의 인간됨은 인간을 사랑하는 마음에서부터 시작되며, 가르치는 자의 가장 중요한 전문가적 자질 중의 하나는 사랑하는 기술이다. 가르치는 일을 사랑하며 대상인 학생을 사랑하는 법을 아는 것이 무엇보다 중요한 자질이다. 그런 점에서 교사는 분명 사랑의 전문가다.

사랑의 전문가로서 교사의 삶은 행복한 삶이어야 한다. 누구든지 사랑하는 사람의 삶은 분명 행복하다. 사랑을 하는 교사의 삶이 행복하면 사랑을 받는 학생도 행복하다. 훌륭한 교사는 사랑하며 행복한 삶을 사는 사람을 말한다(김진한, 2007).

교실은 사랑이 넘치는 행복한 삶의 광장이 되어야 하며 그 결정적 주도권은 교사에게 있다. 교사의 인간됨과 사랑의 기술이 교실의 행복을 결정하며 교사와 학생의 삶을 결정한다. 그러므로 교사는 사랑의 화신이 되기 위한 고도의 인격적 자기 수련을 필요로 하는 전문가여야 한다. 교사는 성직자가 아니다. 그러나 성직자는 교사일 수 있으며 훌륭한 성직자의 삶은 훌륭한 교사의 삶과 같은 삶이다.

2. 교사의 능력과 자질

교사가 갖추어야 할 전문직으로서의 능력과 자질에 대해 이성진(1993), 윤종건과 전하찬(1998)은 성향적 접근, 유형적 접근, 기능적 접근의 3가지 유형으로 구분하고 있다.

성향적 접근은 어떠한 특정 성향 또는 특성을 갖고 있는가 하는 문제에 초점을 두어 바람직한 교사와 그렇지 못한 교사를 구별 짓는 심리적인 성향 특성을 찾아내려는 접근 방법을 말한다. 바람직한 교사는 어떤 특정한 가치관, 태도, 흥미, 적응형태 등을 갖는다는 것을 상징한다. 대체로 바람직한 교사는 건전한 자아개념을 갖고 있으며 정서적으로 안정되어 있고 객관성을 유지하고 친근감이 있으며 사교적인 성향 특성을 갖고 있다고 주장한다.

유형적 접근은 교수-학습 상황에서 관찰되는 교사의 행동 유형에 따라서 교사를 분류하는 접근 방법을 의미한다. 교사가 수업장면에서 보여 주는 행동양식은 몇 가지의 유형으로 묶을 수 있다는 것이다. 교사의 언어적 행동에 초점을 두어 지배적 행동과 통합적 행동으로 유형화한 것(Anderson, 1964), 지시적 통제와 비지시적 통제로 유형화한 것(Flanders, 1970), 그리고 교사를 전제적 지도형, 민주적 지도형, 자유방임적 지도형으로 구분한 것(Lewin, 1951) 등이 유형적 접근에 따른 교사의 유형이라고 할 수 있다(윤종건, 전하찬, 1998).

기능적 접근은 교사의 능률성이 수업 활동이 이루어지고 있는 교실상황에서 교과목의 내용상 특성, 학습자의 특성, 수업상황, 구조적 · 과정적 특징 등과 관련되어 있음을 상정한다. 따라서 바람직한 교사의 자질은 교육내용, 대상, 수업환경에 따라 달라질 수 있다는 것이다. 교사와 학생 간의 상호작용 과정 속에서 학습 효과를 높이는 교사의 행동을 확인하려는 접근 방법이다. 일반적으로 처해 있는 상황에서 적절히 교수방법을 바꾸어 가며 융통성과 창의성을 발휘하여 효과적인 교육을 할 수 있는 교사가 바람직한 교사라고 하겠다.

이 외에도 김종철 등(1994)은 바람직한 교사로, 가르치는 교과에 대하여 넓고 깊은 지식과 실력을 가지며 동시에 자기가 가르치는 교과를 좋아하는 교사, 학생을 사랑하며 학생 개개인을 바르게 이해하고 파악하는 교사, 스스

로 자기의 품성과 자질, 능력 등을 꾸준히 발전시키고 향상시키는 데 앞장서
며 만사에 솔선수범하는 교사, 보람과 긍지를 가지며 자기의 책임을 완수하
는 교사, 교육혁신에 대하여 능동적으로 참여하여 스스로의 위치에서 교육
의 혁신을 추진하고 실천하는 교사 등을 꼽는다.

Combs 등(1988)은 한 개인이 좋은 교사가 될 수 있는가의 여부는 그의 개
인적인 지각체제에 달려 있다고 보면서 지각이 좋은 교사가 되기 위해 다음
과 같은 5가지 조건을 제시하고 있다. 자기가 담당하는 과목에 대한 풍부하
고 깊이 있으며 유용한 지식, 인간의 본질에 대한 정확한 지각, 자기 자신에
대한 정확한 지각, 학습의 목적과 과정에 대한 정확한 지각, 목적 달성을 위
한 적절한 방법에 관한 개인적 지각이다.

Hessong과 Weeks(1987)는 이상적인 교사의 특징으로 교과내용을 잘 알
고 있다, 유머가 풍부하다, 융통성이 있다, 낙관적이다, 솔직하다, 의사소통
이 분명하고 간결하다, 개방적이다, 참을성이 있다, 역할 모델자가 된다, 이
론을 실제에 연결시킬 수 있다, 자신감이 있다, 다양한 영역에 걸쳐 교육받
고 관심과 흥미가 있다, 용모가 단정하고 위생적이다 등을 제시하고 있다.

Patterson은 훌륭한 교사의 자질은 시대의 변화와 교육관의 변화에 따라
달리 규정된다고 보았다. 전통주의적인 관점에서 보면 교사에게는 문화유산
의 전달자, 사회적 통제자, 권위의 존중자, 인격의 감화자 등의 역할을 잘할
수 있는 자질이 요구되었다. 그러나 학생이나 아동 중심의 교육을 강조하는
근래의 관점에서 보면 학생의 흥미와 욕구를 발견·충족하는 교사, 학생 스
스로의 학습을 도와주는 교사, 여러 방면에 대한 지식을 가지고 있는 교사,
융통성 있고 학생의 개인차를 존중하는 교사가 훌륭한 교사로 평가되고 있
다(Patterson, 1973; 장상호, 1980).

이러한 교사의 능력적 특성의 공통점을 추출하면 결국은 크게 두 가지의
공통요인으로 요약할 수 있다. 첫째는 교사의 교과전공과 관련된 지적 전문
성과 관련된 하드웨어적인 특성이고, 둘째는 학습자를 이해하고 인도하는
교육적 측면, 교사의 인격과 대인관계 및 성격을 포함한 인성적인 특성, 교

과지도의 기술적인 측면을 포괄하는 교사의 교육적 능력, 즉 교육을 통한 감화력이라고 할 수 있다.

지적 전문성은 교과에 대한 유용하고 전문적인 지식의 소유 여부, 전문 지식의 효과적인 활용과 관련된 능력을 포함하는 것으로, 가르치는 교사의 기초적인 능력으로 인식되는 교사의 하드웨어적인 생애능력이다.

그러나 교육적 감화력이라는 포괄적 생애능력은 지적 전문성을 학습이라는 과정을 통하여 교육적으로 실현하는 능력을 의미한다. 이는 교사의 전문성을 소프트웨어적인 측면에서 본 것이다. 즉, 교육적 감화력은 전문적인 지식을 학습을 통하여 학습자에게 전달하는 교사 자신의 인간적인 특성을 포함한 전체적인 교육적 운용능력을 포함하는 것이다. 교사의 능력을 성향적 접근, 유형적 접근, 기능적 접근으로 구분한 세 가지 능력은 포괄적 의미의 교육적 감화력이라고 볼 수 있다. 또한 Hessong과 Weeks(1987)가 주장한 교사의 능력과 관련된 자질 요인은 앞에서 지적한 것처럼 교과내용의 인지도, 풍부한 유머, 융통성, 낙관적 성품, 솔직성, 의사소통의 명확성과 간결성, 개방성, 인내심, 역할 모델자, 이론의 실제적 연결성, 자신감, 풍부한 교양, 단정한 용모와 품위 등이다. 이 중 교과내용을 잘 알고 있는 능력의 소지 여부에 대한 지적 전문성을 제외하고 대부분이 교육적 감화력, 즉 교사의 학생에 대한 이해, 교육적 열정, 교육애, 인간성, 인격과 성격, 지혜로운 교수법 등과 관련된 것이다. 그 외에 교사의 자질과 능력에 대한 많은 학자의 주장들도 대부분 교육적 감화력이라는 포괄적 속성을 교사의 중요한 전문적 능력과 자질로 제시하고 있다.

1) 교사의 지적 전문성

교사는 가르치는 자로서 가르칠 수 있는 지적 능력과 전문성이 필요하다. 지적 전문성은 지식의 가변적 속성과 창조적 속성 때문에 학교교육과 같은 일정한 기간의 한정된 학습으로는 계속 유지될 수 없다. 지적 전문성은 누구에게나 끊임없는 지적 탐구의 삶을 요구한다. 특히 교사는 가르치는 자로서 당연히 지적 전문가의 삶이 요구되며 지적 희열을 맛보며 사는 평생학습자가 되어야 한다. 평생학습자로서 교사의 삶은 그의 삶 자체가 인간의 학습본능을 추구하는 학습인간의 삶이 되어야 함을 의미하며 학습인간의 삶은 지적 창조성을 추구하는 삶이어야 한다.

지적 창조성을 추구하는 지적 탐구자는 지식의 가변성과 창조적 속성에 두려움 없이 도전하며 정복해 나가는 자다. 동시에 무지 본능에 과감하게 저항하며 문명의 일탈자, 배리(背理)의 실천자, 불가능에 도전하는 지력자, 권력의지의 해체작업자로 설명되는 지적 창조자여야 한다(한준상, 1999). 이러한 삶의 모습은 지적 도전과 모험을 통해서 새로운 것을 창조해 나가는 지적 전문가로서의 실천적 삶이다. 평범한 사람이 추구하지 못하는 진리를 창조해 나가는 문명의 창조자다. 위대한 인류의 스승 Socrates나 Jesus의 삶은 문명의 일탈자, 배리의 실천자, 불가능에 도전하는 지력자, 권력의지의 해체작업자로서의 삶과 일치한다. 그런 면에서 Socrates나 Jesus는 가장 치열한 지적 창조자다(김진한, 1999).

지적 전문성은 지적 창조성을 추구하는 학습인간을 통해서 가능하다. 지적 창조성을 위해 평생학습의 삶을 사는 학습인간이야말로 최상의 지적 전문성을 추구하는 삶을 살고 있는 것이다. 왜냐하면 지적 창조성을 추구하는 상황이 인간의 근원적 학습욕구를 가장 완전하게 충족하면서 사는 삶이기 때문이다. 지적 창조성의 내용이 무엇인가에 따라 지적 전문성의 질적 수준이 달라질 수 있을 것이다. 교사의 학습하며 사는 삶의 수준에 따라 지적 전문성의 질적 수준이 결정되며 지적 창조성의 수준도 결정된다. 결국 교사의 지적 전문성을 위한 생애능력(life skill)은 평생학습자의 삶 속에서 자연적으로 파생되는 지적 창조능력을 의미한다.

2) 교사의 교육적 감화력

누구든지 가르칠 수는 있다. 그러나 누구나 잘 가르칠 수는 없다. 그것은 학생을 이해하고 교육적으로 인도하는 교사의 교육적 열정, 교육애, 학생에 대한 교사의 인간적인 이해, 교사의 인간성, 교사의 인격과 성격, 지혜로운 교수법 등과 같은 교육적 감화력에 따라 결과가 달리 나타난다. 교사의 인간적인 측면의 중요한 생애능력은 교사의 교육적 감화력이다. 교육적 감화력은 교사의 실천적 효과성을 측정할 수 있는 감성적 인간성을 포괄하는 함축적 의미라고 볼 수 있다.

교육적 감화력은 학습을 가능하게 하는 원동력이다. 왜냐하면 학습은 감동이며 기쁨이고 자신감이기 때문이다. 학습을 유도하는 동기와 감동은 교사의 교육적 감화력에 따라서 결정될 수 있기에 교사의 교육적 감화력은 교사의 중요한 생애능력이 된다. 교육적 감화력은 지적 전문성을 온전히 학습자에게 전달하는 교육적 능력이며 가르치는 자의 인간적인 특성과 관련되어 있다. 남에게 감화를 주기 위해서는 상대에 대한 이해와 열정적인 헌신, 무조건적인 관심과 사랑 등이 필요하다. 그러므로 교육적 감화력은 이성적인 지적 냉철함의 일방적인 교육이 아니라 감성적인 열정과 감동의 인간적인 교제이며 상호 역동적인 교류다.

교육적 감화력은 일시적이거나 일회성의 기교로 표출되는 것이 아니고 교육적 삶의 모습 자체를 통해 나타날 수 있는 자연적이며 근원적이고 영속적인 교사의 인간적 삶과 관련된 속성이다. 이러한 삶의 속성을 인간성이라고 한다면 이러한 인간성을 발휘하는 교사의 모습을 멘터(Mentor)에서 찾을 수 있다. 자신의 삶의 모습 통해서 지혜를 가르치는 멘터야말로 교육적 감화를 통하여 지혜를 가르치는 위대한 교사라고 할 수 있다. 교사의 교육적 감화력을 갖춘 위대한 교사는 멘터의 자질을 갖춘 자다.

평생 잊지 못할 선생님

1802년 10월 강진. 서울에서 훌륭한 분이 귀양을 와서 동문 밖 주막에 계시는데, 아이들을 가르치신다는 소문을 들었다. 아전의 아이이며 열다섯 살이었던 한 아이가 용기를 내어 찾아갔다. 글을 배우러 간 지 며칠이 지나 선생님이 말했다.

"문사(文史: 문장과 사서)를 공부해 보도록 하여라."

선생님이 공부를 권유하자, 아이는 자신이 인정받고 있다는 생각에 내심 매우 기뻤지만 부끄러운듯 조심스럽게 말했다.

"선생님! 저는 머리가 둔하고(鈍), 꽉 막혔고(滯), 아주 거칠답니다. 제가 어찌 그런 공부를 하겠습니까……?"

선생님이 말했다.

"배우는 사람에게 큰 병통 세 가지가 있지. 첫째, 기억이 빠른 점이다. 척척 외우는 사람은 아무래도 공부를 건성건성 하는 폐단이 있단다. 둘째, 글짓기가 날랜 점이다. 날래게 글을 지으면 아무래도 글이 가벼워지는 폐단이 있단다. 셋째, 이해가 빠른 점이다. 이해가 빨라 의문을 제기하지 않고 쏙쏙 받아들이면 아무래도 앎이 거칠게 되는 폐단이 있단다. 넌 그것이 없지 않느냐?"

선생님은 말을 계속 이었다.

"네가 스스로 둔하다고 하는데, 둔한데도 열심히 천착(穿鑿)하면 어떻게 될까? 계속 열심히 뚫어 구멍을 내면 큰 구멍이 뻥 뚫리고, 꽉 막혔던 것이 한번 뚫리게 되면 그 흐름이 왕성해지고, 거친데도 꾸준히 연마하면 그 빛이 윤택하게 된단다."

장점이 오히려 단점이 되고, 단점이 오히려 장점이 될 수 있다는 미묘한 이치를 들으면서, 아이는 선생님의 말씀에 더욱 귀를 기울였다.

"그렇다면 천착은 어떻게 해야 할까? 부지런히 해야지. 뚫는 것은 어떻게 해야 할까? 부지런히 해야지. 연마하는 것은 어떻게 해야 할까? 부지런히 해야지. 그렇다면 부지런히 하는 것은 어떻게 해야 할까? 마음을 확고하게 다잡아야 하느니라."

이 아이는 이런 선생님의 가르침에 불끈 힘이 났다. 그 후 선생님의 말씀을 마음에 새기고 뼈에 새겼다. 늙어 일흔다섯 살이 되어서도 이 장면이 너무 뚜렷하여 기록으로 후세에 남겼다.

선생님은 바로 다산 정약용이었고, 그 아이는 제자였던 황상이었다. 이 이야기를 듣고 나는 두 가지를 생각해 본다. 첫째, 칭찬의 힘이다. 능력개발에 중요한 것은 현재 드러난 재능보다도 열심히 하려는 의지를 갖는 것이다. 선생님의 격려는 재능을 함양하고 발휘하는 평생의 힘이 되었다. 둘째, 맞춤형 교육이다. 다산이 황상에게 과거공부를 권하지 않은 것은 아마 황상의 신분상 불리함을 고려한 탓일 것이다. 무엇보다 황상에게 문장의 재질이 있음을 다산은 발견했다. 아니나 다를까 황상은 훌륭한 시인으로 성장하여, 당대의 추사 김정희가 높이 평가할 정도가 되었다.

출처: 다산 정약용(http://nyj.dasan.go.kr)

3. 멘터로서 교사의 특성

멘터의 어원은 Homeros의 그리스 신화집 『길가메시와 오디세이(*Gilgamesh and The Odyssey*)』에서 시작한다(Daloz, 1999). Odyssey는 트로이전쟁을 하기 위해 집을 떠날 때 지혜로운 노인 Mentor에게 자신의 아들 Telemachos를 맡기고 떠난다. Odyssey의 친구인 Mentor는 아버지를 대신하여 Telemachos를 보호하고 상담과 조언을 하였으며 그 아들에게 지혜를 가르치는 일을 하였다. Odyssey의 친구 Mentor와 아들 Telemachos의 관계가 바로 멘터(mentor)와 멘티(mentee)의 관계이고, 이 과정에서 멘터가 멘티에게 행한 활동이 멘터링(mentoring)이다.

Homer 이후 2,000년이 넘는 시간이 흐른 다음 프랑스의 인문학자이며 신학자인 Francois Fenelon이 『텔라마크(*Telemaque*)』라는 제목의 소설에서 Telemachos의 이야기를 각색하였다. 거기에서 멘터(mentor)를 '지혜롭고 책임감 있는 교사', 즉 조언하고, 지도하며, 가르쳐 주고, 영감을 부어 주며, 도전을 주고, 교정해 주며, 모범이 되는 경험 있는 사람으로 그리고 있다.

멘터는 지혜와 신뢰로 다른 사람의 인생을 이끌어 주는 지도자라는 의미로 사용되나, 오늘날 멘터의 의미는 복합적인 의미를 지니고 있다. 멘터를 가이드, 스승, 후원, 좋은 아버지와 좋은 스승의 혼합인물로 정의하고, 멘터의 요건으로 멘티와 반세대 정도의 차이가 있는 사람이 적합하다는 점을 그들의 연구를 통해 밝히기도 했다(Levinson et al., 1987). 이처럼 멘터는 비교적 연륜이 많은 사람으로 상대방의 잠재력을 들여다보고, 이상과 비전을 실현할 수 있도록 격려하고 도움을 줄 수 있다. 그래서 멘터는 코치(coach), 스폰서(sponsor), 양육자(nurturer), 옹호자(advocate), 리더(leader), 가이더(guider) 등의 다양한 용어로 불린다.

결국 멘터는 지혜로 가르치는 스승이며, 그러한 멘터는 학습자인 멘티에게는 인생의 선험자요, 지혜의 선각자다. 멘터의 어원에 기초한 멘터의 본질적인 특성을 분석하면 지혜와 교육적 감화력을 갖춘 교사의 특성이라고 할 수 있다(김진한, 2004).

• 휴머니스트로서의 멘터

멘터의 인간관계 기술은 가장 인간적인 특성들을 고루 갖춘 인격자적인 자질을 의미한다고 볼 수 있다. 멘터의 친절하고 상냥하고 참을성 있는 모습은 학생들에게 친밀감을 주며 학생과 인간적인 관계를 형성하기에 충분한 특성이며, 열정적이고 감정적인 이입을 할 수 있는 풍부한 감성은 학생들에게 관심과 사랑을 표현할 수 있는 정적 특성이다. 동시에 정직하고 자신감 있는 모습은 학생들에게 인간적인 신뢰를 줄 수 있는 심리적 장점이라고 볼 수 있다.

• 지혜로운 교수자로서의 멘터

멘터는 살아 있는 지혜를 가르치는 자다. 멘터는 선각자이며 선험자이기에 지식의 상대적인 가치와 지혜의 절대적인 가치를 충분히 인식하고 있다. 그는 이미 삶의 의미와 관련된 지혜를 충분히 터득했으며 그것은 단순한 지식에 비해 너무나 가치 있는 것임을 잘 알고 있다. 지식의 전달자인 사람과 멘터가 구별되는 것은 멘터는 삶의 의미와 관련한 가치를 스스로 깨달았으며, 이를 가르침의 가장 중요한 내용으로 한다는 점이다.

• 삶의 방향을 제시하는 철학자로서의 멘터

멘터는 삶의 선각자로서 삶에 대한 방향을 제시하고 이를 위한 자극적인 경험을 할 수 있도록 조언하고, 지도하며, 가르치고, 영감을 주며, 도전을 주고, 교정해 주며, 모범이 되는 경험 있는 사람을 의미한다. 멘터는 멘티인 학습자에게 끊임없이 삶에 대한 새로운 방향과 도전 의식을 제시하는 조타수다. 가르치는 자는 무엇을 위해 살아야 하는가를 분명하게 제시하는 삶의 방향에 대한 가치 판단의 철학자여야 한다.

• 사랑을 나누는 실천자로서의 멘터

사랑은 모든 것을 융화시키고 하나로 결집시키는 힘이 있다. 사랑은 무엇이든 담을 수 있는 그릇과 같다. 멘터는 지혜의 가르침을 사랑이라는 그릇에 담아 전달하는 사랑의 전달자이며 사랑의 실천자다. 멘터의 가르침의 도구적 기제가 사랑이다.

가르침은 형식과 결과가 중요한 것이 아니라 내용과 과정이 중요하다. 형식과 결과를 위해서는 가르쳐야 할 지식을 열심히 학생들에게 전달하면 된다. 하지만 가르친다는 것의 진정한 의미는 지혜를 깨닫게 하는 형식에 내용이 담겨 있는 것을 의미한다. 지혜에 내용을 담는 그릇이 사랑이다. 학생을 아끼고 바르게 지도하고 싶은 마음, 교사의 철학과 사상, 인생관, 학생에게 꼭 해 주고 싶은 이야기는 형식에 담겨지는 내용이다. 이러한 내용은 사랑이라는 그릇에 담지 않으면 학생에게 전달되기 전에 다 없어지고 말거나 전달되더라도 금방 없어지고 만다. 사랑이라는 그릇은 멀리 있는 것이 아니다. 훌륭한 멘터는 이미 열정적인 사랑을 가진 자다. 가르침에 대한 열망과 멘티에 대한 열정이 있으면 퍼낼수록 더욱 맑고 깨끗한 물이 솟아나오는 샘물과 같이 주면 줄수록 더욱 맑고 깨끗한 사랑의 마음이 솟아난다. 멘터는 사랑을 나누는 실천자다. 사랑은 가르침을 위한 에너지이며 가르침이 전달되는 통로이고 그 가르침을 간직할 수 있는 그릇이다. 그리고 결과적으로는 사랑을 통해 진정한 가르침으로 변화된다. 가르침은 변화를 위한 것이며 사랑을 통하

지 않고는 지혜의 가르침은 이루어지지 않는다. Socrates와 같은 역사적인
멘터들은 모두가 사랑의 화신이었다.

• 사범으로서의 멘터

가르침은 단순히 언어를 통한 말로써만 이루어지는 것이 아니다. 말을 청
산유수처럼 논리적으로 잘하는 사람은 지식을 잘 전달할 수 있을지 모른다.
그러나 인격적인 교육적 감화력은 말로써는 불가능하다. 성실하게 살아야
한다는 것을 논리적으로 설명하면서 설득할 수는 있다. 그러나 성실하게 살
라고 논리적 설명을 하는 선생님이 불성실한 삶을 사는 사람이면 가르침에
있어서 감동과 설득력을 잃는다. 진정한 가르침은 먼저 보여 주고 행함으로
써 가능하다.

위대한 역사적 멘터는 행함의 가르침을 가장 잘 보여 준 멘티의 사범(師範)
들이었다. Socrates는 목숨을 버리면서까지 행함으로써의 가르침을 보여 주
었다. 만약 Socrates가 죽음의 독배 앞에서 죽음을 택하지 않고 도망을 했더
라면 Socrates의 가르침은 허사가 되었을지도 모른다. Jesus도 일생의 삶과
죽음을 통해 행함으로써의 가르침을 가장 완벽하게 보여 주었다. Jesus는 평
소에 가르쳐 왔던 사랑을 죽음의 순간에도 실천함으로써 인류의 스승이 되
었다고 볼 수 있다. 그는 부활한 후에도 행함의 가르침을 통해 Peter(베드로)
를 설득하고 가르치는 데 성공했음을 보여 준다. 사람은 말로써 가르치는 것
이 아니라 행함으로써 가르칠 수 있는 것이다. 멘터는 가르치지 않고 행함으
로써 보여 주는 사범이다(김진한, 2002).

• 예언자로서의 멘터

가르침의 현장에서 자기충족적 예언(self-fulfilling prophecy)이 갖는 효과
는 예언자의 신뢰에 따라 차이가 있다. 긍정적 예언과 부정적 예언의 효과는
예언자의 선택에 따라 정반대의 효과로 나타난다. 훌륭한 멘터는 멘티의 좋
은 점을 찾아내기 위해 노력하며 멘티의 재능을 긍정적으로 예언하는 예언

자다. 자기충족적 예언은 멘터의 지혜로운 가르침의 방법 중 하나다. 멘티의 좋은 점을 찾아내 칭찬과 격려를 아끼지 않는 멘터는 멘티에게 희망과 용기, 그리고 인생의 길을 인도하는 선구자요, 길잡이다. 멘터에게는 작은 정성일지라도 멘티인 학습자들의 입장에서는 인생을 결정하는 결정적인 계기가 될 수 있다. 멘터의 예언에 따라 한 인간의 숨겨진 재능을 빛나게 함으로써 시궁창에서 보물을 건져 낼 수도 있고 재능이 사장(死藏)되고 절망과 좌절의 시궁창에 빠질 수도 있다.

• 고매한 인격자로서의 멘터

가르치는 자에게는 독특한 인격의 향기가 있다. 가르치는 자의 개성과 성품에 따라서 냄새와 색깔이 다르다. 고매한 인격과 바르고 건강한 삶, 원만한 성품, 밝고 유머가 있는 자세, 뛰어난 학식, 고상한 취미 등이 어우러져 나는 향기는 멘티에게 신선한 자극과 유익한 표본이 된다. 가르치는 자의 향기는 숨길 수가 없으며, 자신 인격의 질적 수준에 따라 종류와 질을 달리한다. 고매한 인격은 아무리 숨기려 해도 향기로서 배우는 자를 감동시킨다. 인격의 향기로 가르치는 멘터는 진정한 가르침의 표본이다. 멘터의 향기는 절로 몸에서 나는 자연적인 향기다. 상품화된 지식을 파는 겉모습만 번듯한 선생님에게서는 값싼 향수 냄새가 날 수 있지만 지혜를 가르치는 멘터에게서는 깊고 오묘한 인격의 향기가 난다. 멘터의 향기에 취한 멘티는 결국에는 향기로운 인격을 발휘하는 인간이 될 수 있다.

• 심리학자로서의 멘터

가르치는 자와 배우는 자의 생각은 다르다. 학습자의 의도와 생각을 이해하고 가르치는 것과 그렇지 못한 경우는 결과가 달리 나타난다. 가르칠 상대를 이해하는 것은 심리학적인 이해를 의미한다. 상대의 편에서 생각하면 상대의 의도와 행동이 이해된다. 지혜로운 멘터는 멘티의 의도와 행동을 이해하는 심리학자여야 한다.

학습 과정에서는 심리학적인 보상의 법칙을 이해하기만 해서는 안 되며 이를 실행하는 것이 중요하다. 멘티의 잘한 점을 찾아서 칭찬을 아끼지 않는 멘토야말로 멘티의 긍정적 자아를 일깨워 주고 실패에 대한 용기와 희망을 심어 주는 심리치료사다. 하지만 의미 없이 던지는 작은 칭찬 열 번보다 의미 있는 큰 칭찬이 훨씬 큰 감동을 준다. 평생 잊지 못할 큰 칭찬을 통하여 인생의 결정적인 계기를 부여하고 큰 가르침을 줄 수 있는 멘토야말로 가장 뛰어난 심리학자다.

이러한 멘토의 특성은 위대한 스승의 표본이다. 멘토는 멘티에게 지식을 가르치는 자가 아니라 교육적 감화로 삶을 인도하는 안내자기 때문이다. 교사의 교육적 감화력은 지식의 전달체제에 관한 문제가 아니라 교사의 지혜로운 삶의 방식에 관한 문제이기에 교사의 삶과 관련되어 있다. 지혜롭고 인간적이며, 철학자이고 동시에 심리학자이며, 사랑의 실천자로서 삶의 모습을 보여 주는 사범적인 인간 멘토야말로 멘티의 삶을 구원할 본질적인 대안이 될 수 있다. 위대한 멘토가 훌륭한 멘티를 길러내며 지혜의 삶을 공유한다. 교사는 위대한 멘토의 능력을 갖추기 위해 노력하는 학습자여야 한다.

▮▮▮ 동양철학 에세이

환공이 어느 날 서재의 창가에서 책을 읽고 있었다. 뜰에서 수레를 손질하던 늙은 일꾼이 그것을 보고 일손을 멈추고 환공에게 말을 걸었다.

"어른신이 읽고 계시는 것은 무슨 책입니까?"

"선인의 말씀이 적힌 책이다."

"그 선인은 지금 어디에 계십니까?"

"이미 오래전에 죽었다."

"그러면 그 책에 쓰여 있는 것은 성인의 찌꺼기 같은 것이군요."

환공은 벌떡 일어서며 칼자루를 잡고 말했다.

"일꾼 주제에 무례한 말을 지껄이는구나. 잘 해명하지 못하면 네 목숨은 없을 줄 알아라."

그러자 늙은 일꾼은 담담하게 말했다.

"저는 제 자신의 경험에서 그렇게 생각했을 뿐입니다. 제가 만드는 수레바퀴는 너무 꼭 끼이게 하면 잘 돌아가지 않고, 너무 느슨하면 겉돕니다. 꼭 끼이지도 않고 너무 느슨하지도 않고, 손에도 마음에도 딱 맞는 그 정도를 맞추는 요령은 도저히 말로써는 표현할 수 없습니다. 그래서 제 아들 녀석에게도 가르칠 수가 없어 이 나이가 되도록 직접 수레바퀴를 만들고 있는 것입니다. 성인이라는 분도 진정한 것은 말하지 못하고 죽어 버린 게 아닐까 생각합니다. 그래서 그 책에 쓰여 있는 것은 성인의 찌꺼기 같은 것이라고 말한 것입니다."

동양의 철학자들이 '말로 표현할 수 없다.'고 한 말을 이 늙은 수레 제조공의 말로 이해해 보는 것이 좋다고 생각합니다. '말로 표현할 수 없다.'고도 하고 '몸으로 얻어야 한다.' '체득해야 한다.'고도 하는데, 이 말을 곧장 눈감고 명상으로 들어가라는 뜻으로 받아들이는 것은 곤란합니다. 또 '몸으로 얻어야 한다.'고 해서 책을 버리고 역사 경험을 무시하라는 의미로 해석하는 것도 곤란합니다.

수레 제조공이 '말로써는 표현할 수 없다.'고 한 것은 많은 경험을 쌓은 뒤에 얻은 가장 미묘한 작업, 가장 어려운 작업이었습니다. 동양의 철학자들은 대개 천하를 경영하는 문제를 연구 주제로 삼았습니다. 이것은 사업 중에서도 큰 사업입니다. 수레 제조공의 이야기처럼 자기가 할 수는 있지만 남에게 설명하여 대신 시키기 어려웠던 경험을 누구나 한 번쯤은 해 보았을 것입니다. 남을 가르치는 사람은, 자기가 알고 있는 것이 상대방에게 충분히 전달되지 않았다는 느낌을 받을 때가 많습니다. 하물며 일의 규모가 커진다면 더 말할 것도 없겠지요.

출처: 김교빈, 이현구(1993).

연구
문제

1. 교사는 어떤 삶을 사는 사람인가?

2. 교사의 삶이 행복해야 하는 이유는 무엇인가?

3. 행복한 교사의 삶을 사는 교사는 학생들의 삶에 어떤 영향을 미칠 수 있는 것인가?

4. 가르치는 전문가로서 교사는 어떤 능력과 자질을 갖추어야 하는가?

5. 교사의 삶과 관련하여 지적 전문성과 교육적 감화력이 어떤 의미로 필요한가?

6. 멘터로서 교사의 특징은 어떤 것인가?

Chapter **02**

교직에 대한 이해

교직에 대한 인식은 사회문화적 배경의 영향에 따라 다양한 관점에서 논의되어 왔다. 교직을 숭고한 성직으로 여기던 시절부터 노동의 관점에서 보려는 현재의 시점까지 교직에 대한 사회적 인식은 꾸준히 변화되어 왔다. 사회적 인식의 관점과는 별도로, 교사는 스스로의 삶을 통해 나름의 가치관과 교직관을 형성한다. 훌륭한 스승의 교직관은 삶의 과정을 통해 나타난 가치관과 같은 것이다.

교직을 보는 관점에 따라 몇 가지 유형으로 구분하더라도 교직관의 우월을 논하거나 상대적인 평가를 통하여 이상적인 교직관을 가려내기 위한 논의는 지양해야 한다. 그 이유는 교직의 본질 속에는 이미 윤리성, 전문성, 공공성, 노동성의 속성이 함께 농축되어 있다고 볼 수 있기 때문이다. 따라서 여러 가지 교직관을 통하여 교직의 역할 기대를 논할 때, 보다 본질적인 의미를 갖는다. 성직관을 통해서는 인격적인 가르침을 위한 바람직한 교사상의 의미를, 전문직관을 통해서는 교육활동의 특수성을 반영한 직업적 기대와 봉사의 정신을, 공직관에서는 교직을 통한 공공성의 기대와 수행을, 노동직관을 통해서는 근로자로서의 기본권 보장과 사회적 및 경제적 지위에 대한 기대와 역할을 발견할 수 있을 것이다.

1. 교직관

교직에 대한 인식은 사회문화적 환경의 영향을 받으며 변화되었고, 시대적 흐름과 역사적 발전의 과정을 거치면서 새로운 교직관이 형성되는 과정을 거쳐 왔다. 그중 대표적인 교직관은 다음의 네 가지로, 이 교직관의 특성은 다음과 같다.

1) 성직관

성직관(聖職觀)은 전통적인 교직관이다. 교사라는 직업이 있기 전에 가르치는 일과 가르치는 사람에 대한 관념이며 이를 오늘날의 해석적 관점에서 성직관으로 명명화한 것이다. 성직관은 교육활동을 고도의 정신적 봉사활동으로 생각하며, 돈, 명예, 권력 등의 세속적인 것들과는 거리가 멀다고 생각하는 직업의식이라고 할 수 있다. 이런 관점에서 교직을 세속과 분리된 신성한 것으로 인식하여 성직(聖職) 혹은 천직(天職)이라고 한다.

성직관은 성직자가 교사였다는 서양의 역사적 사실에 근거하고 있다. 그러나 동양사회에서는 신분을 근거로 본다면 성직관이 아닌 공직관으로 보는 관점이 타당하다고 볼 수 있다. 그러나 오늘날 성직관에 대한 실질적인 이해와 내용이 교사의 성직자와 같은 인격성에 중점을 두고 있다는 점에서 보면, 동서양 공히 같은 맥락에서 성직관을 이해할 수 있다. 흔히 동양에서 군사부일체(君師父一體: 스승을 임금이나 부모와 동일한 자리에 놓아 존경하여야 할 것을 말하는 것으로 스승의 인격이 모든 사람, 특히 학생에게 사범(師範)이 되어야 함을 의미한다.)라든가 사도(師道)를 강조하는 관점은 모두 스승의 사명과 역할의 중요성을 깊이 인식한 관점이다. 이러한 동양에서의 성직관의 원류는 유교사회의 사론(師論)에서 찾아볼 수 있다. 스승의 역할이 궁극적으로 '사람을 사람되게' 하는 일이었기에 교직을 인격성에 근거하여 성직시하였다고 보는 논리다. 이것은 교사의 직업적 신분보다도 교육행위의 본질적인 성격에 근거하고 있다.

그러나 최근에 전통적 교직관으로서 성직관이 교직의 현실성과 사회성을 부정하며 교원 복지와 교원의 권리문제를 도외시한 부분이 있다고 하여 전면적으로 거부될 관점이라 할 수는 없다. 오히려 성직관의 본래적 의미가 교직의 직업적 속성보다는 교육행위의 본질인 교사와 학생 간의 인격적 만남을 바탕으로 한 윤리적 측면에 기초하고 있기 때문에 더욱 강조되어야 할 관점이라고 볼 수 있다. 따라서 오늘날 비인간화되어 가는 사회에서 성직관에 본질적으로 내재된 인격자, 곧 스승으로서 교사상은 시대와 사회를 초월하여 더욱 요구되어야 할 관점이다.

2) 전문직관

교직을 전문직으로 보는 전문직관(專門職觀)이라는 견해는 상반된 논란에도 일반적인 견해다. 그러나 교직의 전문성에 대한 구체적인 논의에는 다양한 견해가 공존한다. 일반적으로 전문가는 '고도의 전문화된 이론적 지식을 소유하고 이러한 지식을 일상의 근무에 적용하는 방법과 기술을 가지며, 또한 자신들의 전문성을 위한 훈련과 원리, 방법 등을 가지고 이를 위한 단체결속권을 공유하는 자'를 말한다.

전문직에 대한 가장 초기의 정의는 1915년 A. Flexner의 일반적 전문직에 대한 논의에서 시작되었다. 현재 전문직의 특성으로 일반적으로 인용되고 있는 정의는 M. Lieberman의 정의다.

Lieberman은 Flexner의 정의를 보완하여 전문직의 특성으로 다음과 같은 내용을 제시하고 있다(Lieberman, 1958).

• 유일하고 독특한 사회적 봉사기능의 수행
• 고도의 지적 기술 요구

- 장기간의 준비기간 필요
- 개인적 · 집단적으로 광범위한 자율권 행사
- 자율의 범위 안에서 행사한 행동과 판단에 대한 책임
- 경제적인 이익보다는 사회봉사 우선
- 자치조직의 결성
- 윤리강령의 준수 등

미국의 N. E. A(National Education Association)가 제시한 전문직의 특성은 Lieberman의 특성과 함께 보다 공공의 이익과 관련된 조직적이고 구체적인 내용을 포함하고 있다.

- 지적성격을 가진 특수한 기술을 훈련과 경험을 통해 획득
- 단체 결성
- 목적과 절차에서 통일된 보조
- 양성기준을 정해 자격 검증
- 윤리 강령 채택
- 광범위한 개인적 자주성
- 개인적 이득보다 봉사와 사회복지 우선
- 구성원의 복지 증진
- 정부에 대한 의견 제출
- 대중에 대한 정보 제공과 신뢰감 확보
- 유관 직업과의 협조 등

이러한 외국의 전문직에 대한 특성에 대해 국내에서 정우현(1995)은 D. A. Myers의 정의를 교직에 적용하여 보다 다양한 특성을 제시하고 있다.

- 과학적 지식의 활용
- 봉사지향적인 임무
- 사회를 위한 기능 발휘

- 특정 기간의 교육정도 요구
- 해당 전문직의 문화수용을 위한 장기간의 소요
- 공적인 인정서
- 입법에 따른 보장
- 수입 · 권력 및 위신의 우위
- 자율성
- 전문직 자체의 규범
- 전문직과 조직체
- 전생애 직업
- 면허제

또한 유봉호(2004)는 전문직의 성격에 대한 여러 이론을 종합하여 "교직은 애타적인 정신으로 명확한 직무한계에서 고도의 자율성을 행사하게 되며, 그러기 위해서는 심오한 이론과 그 응용방법을 직전 · 직후의 장기간에 걸쳐 교육받아야 하고, 엄격한 표준에서 자격을 심사해야 한다. 이러한 직업인은 자율적인 조직체를 통해서 스스로 전문직 표준을 유지 · 향상할 수 있도록 윤리강령을 제정해야 한다."고 정의하고 있다.

이상에서 살펴본 여러 학자의 견해는 부분적으로 다른 점도 있으나 전체적으로는 몇 가지 공통적인 특징이 있음을 알 수 있다. 이를 요약해 보면 다음과 같다.

첫째, 교직은 전문적인 지식과 기술, 이론적 배경을 갖추어야 한다는 점에서 전문직으로서의 성격을 갖는다. 교육을 단순한 지식의 전달로 생각할 경우는 교사가 지식 전달자에 불과하며, 특별히 전문적인 지식과 이론적 배경을 필요로 하지 않는다. 그러나 본질적으로 교육은 단편적인 지식의 전달이 아니라 지적 · 정서적 · 신체적 · 윤리적 측면 등 인간에 관련된 모든 영역이 서로 종합적인 조화를 이루는 전인적 인간을 양성하는 활동이며, 이러한 활동을 위한 전문적인 지식과 이론을 갖추어야 가능한 것이므로 전문성을 요구한다.

둘째, 전문직은 평생학습의 삶을 사는 자여야 하며 장기간의 훈련과 교육을 요구한다. 교직 역시 이러한 조건을 충족시켜야 한다는 점에서 전문직이라고 할 수 있다. 전문직으로서의 교직에 종사하기 위해서는 다양한 영역에 걸쳐 높은 수준의 지식과 기술, 체계적인 이론을 갖추어야 한다. 그러나 그러한 지식과 이론적인 배경은 수개월만의 훈련과 교육만으로는 충분히 갖출 수 없다.

셋째, 교직에 종사하고자 하는 사람은 전문적인 지식과 기술을 획득하기 위하여 오랜 훈련과 교육기간이 필요할 뿐만 아니라, 엄격한 자격기준 또는 표준이 요구된다. 이것이 바로 국가에서 엄정하게 관리하는 교사자격증제도다.

넷째, 교직은 지속적인 이론 연구를 통해 그 전문성을 표준 이상으로 신장시켜야 한다. 교사자격증을 획득하고 일정한 시험에 합격하여 교직에 종사하고 있다 하더라도 지속적인 연구를 통하여 그 표준을 계속 향상시켜야 한다. 급변해 가고 있는 시대적 및 사회적 요구에 부응하기 위해서는 교사의 지속적인 전문성 신장이 요구되기 때문이다.

다섯째, 교직 수행에서 자율성과 그에 대한 책임은 필수불가결한 요소다. 교직은 다른 어떤 직종보다 자율성이 강조되어야 한다. 왜냐하면 교육이란 학생들의 학습능력과 성장배경, 흥미와 욕구, 적성, 성별, 인종 그리고 사회적 환경 등에 따라 다양하고 전문적인 지도가 요구되는 일이므로, 일방적이고 획일적인 방식으로는 효과적인 교육이 이루어지지 않기 때문이다.

여섯째, 교직은 다른 어떠한 직업보다 사회 봉사적 성격이 강하다. 교사들은 교육이라는 전문적인 영역에서 인류와 국가사회의 발전을 위해 공헌한다.

일곱째, 교직은 그 자체의 전문직 단체를 구성하고 있다. 미국의 경우는 이미 1857년에 전국교사협회(NTA)가 구성되어 1906년에 전국교육협회(NEA)로 개칭하여 의회의 승인을 받아 오늘날까지 활동하고 있는가 하면, 교직의 노동직성을 강조하는 미국교원연맹(AFT)도 이미 1916년에 조직되었다. 또한 일본의 경우도 일본교원조합이 결성되어 있으며, 우리나라도 한국교원단체총연합회와 전국교직원노동조합이 현재 활동 중이다.

여덟째, 앞에서도 말했듯이, 전문직은 자체적인 윤리강령을 채택하고 있다. 교직 역시 이러한 윤리규정을 채택하고 교원들에게 교사로서의 윤리적 규범을 준수하도록 요구하고 있다.

교직의 전문직에 대한 논의가 비슷한 내용으로 상식적이고 일반적인 수준에 머물러 있는 것은 교직의 내용적 속성을 너무 간과하고 사회적 측면만을 강조한 결과다. 이는 정신적 가치를 추구하는 성직관과 물질적 보상에 중점을 둔 노동직관을 변증법적으로 통합한 입장으로 주장되어 왔던 것에 근본적인 원인이 있다.

결국, 이러한 전문직에 대한 논의를 종합하면 전문직의 중요한 요건 중 하나는 전문성과 자율성이며 이를 인정받기 위해 필요한 장기간의 교육과 계속 교육을 통한 전문능력의 유지와 발전이 요구된다. 또한 제도적으로는 전문양성기관과 자격증제도 및 전문직 단체, 윤리강령 등이 마련되어야 함을 알 수 있다. 그러나 이러한 일반적인 특성만을 준거로 한다면 형식적인 전문직에 불과하다. 비록 직업적인 면에서는 사회적·경제적 지위를 보장받지만 내용적인 면에서는 본질적으로 사회에 대한 봉사직이라는 점을 우선적으로 고려할 때 실질적으로 전문직으로서의 요건을 갖출 수 있다. 따라서 교직의 전문성은 자율적 특성을 가진 봉사직이라는 가치를 목적적 가치로 하고 일반적인 전문성의 특성을 수단적 가치로 할 때 교직의 전문성이 명료하게 드러날 수 있다.

▌ 한국교원단체연합회 교직윤리헌장과 우리의 다짐

교직윤리헌장

우리는 교육이 인간의 가치와 존엄성을 높이며, 개인의 성장과 자아실현은 물론 국가와 민족의 미래에 중대한 영향을 준다는 사실을 명심하고, 국민으로부터 부여받은 교육자의 책무를 다하기 위해 최선을 다한다. 우리는 균형 있는 지·덕·체 교육을 통하여 미래사회를 열어갈 창조정신과 세계를 향한 진취적 기상을 길러 줌으로써, 학생을 학부모의 자랑스런 자녀요, 더불어 사는 민주 사회의 주인으로 성장하게 한다. 우리는 교육자의 품성과 언행이 학생의 인격형성을 좌우할 뿐만 아니라 사회전반의 윤리적 지표가 된다는 사실을 깊이 인식하고, 윤리성과 전문성을 높이기 위해 노력한다. 이에 우리 모두의 의지를 모아 교직의 윤리를 밝히고, 사랑과 정직과 성실에 바탕을 둔 교육자의 길을 걷는다.

우리의 다짐

- 나는 학생을 사랑하고 학생의 인권과 인격을 존중하며, 합리적인 절차와 방법에 따라 지도한다.
- 나는 학생의 개성과 가치관을 존중하며, 나의 사상 · 종교 · 신념을 강요하지 않는다.
- 나는 학생을 학업성적 · 성별 · 가정환경의 차이에 따라 차별하지 않으며, 부적응아와 약자를 세심하게 배려한다.
- 나는 수업이 교사의 최우선 본분임을 명심하고, 질 높은 수업을 위해 부단히 연구하고 노력한다.
- 나는 학생의 성적평가를 투명하고 엄정하게 처리하며, 각종 기록물을 정확하게 작성 · 관리한다.
- 나는 교육전문가로서 확고한 교육관과 교직에 대한 긍지를 갖고, 자기계발을 위해 노력한다.
- 나는 교직 수행과정에서 습득한 학생과 동료, 그리고 직무에 관한 정보를 악용하지 않는다.
- 나는 학생이나 학부모로부터 사적이익을 취하지 않으며, 사교육기관이나 외부업체와 부당하게 타협하지 않는다.
- 나는 잘못된 제도와 관행을 개선하는 데 앞장서며, 교육적 가치를 우선하는 건전한 교직문화 형성에 적극 참여한다.
- 나는 학부모와 지역사회를 교육의 동반자로 삼아 바람직한 교육공동체 형성을 위해 함께 노력한다.

출처: 교직윤리헌장 및 다짐

3) 노동직관

교사를 노동자로 보고자 하는 노동직관(勞動職觀)은 교사의 근로자로서 법적 권리와 노동자로서 교사 계급성을 주요 관심사로 하고 있다.

우리나라에서 노동직관은 1930년대에 발생한 교원노동운동 사건에서 표면화 되었으나 3.1운동 후 유입된 사회주의가 그 사상적 토대가 되었다. 사회주의가 이념적 좌표가 되면서 교육문제를 바라보는 시각도 달라졌다. 1923년 전조선청년당대회의 제1분과 회의에서는 자본주의 사회에서의 교육의 계급성을 인식하여 교육이 자본주의 사회의 재생산을 담당하고 교원은 이를 위한 기술자로 전락한다고 보고 자본주의적 교육을 부정하고 자아실현을 위한 해방적인 교육을 실시할 것을 주장하였다(한국교육문제연구소 편, 1993).

일제강점기에 교원단체를 결성하여 사회변혁운동의 일부분을 담당하려 했던 교사들은 자신을 직무상으로는 부르주아의 대변자로 파악하고, 계급구조에서의 위치로는 비밀결사 조직의 명칭에서도 나타나듯이 노동자로 파악하고 있었다고 할 수 있다. 이처럼 사회주의 사상적 기반의 노동직관은 제2차세계대전 후에도 교사계급론을 전개하였고 교육활동 자체를 '교육노동'으로 규명하고 이를 이론화해 갔다.

한편, 교육활동을 인간을 대상으로 하는 노동과정으로 파악하는 '교육노동 이론'은 교육에서의 노동을 육체적 노동과 다른 비생산적 노동의 하나인 정신노동의 일환으로 파악한다. 또한 교육노동의 특수성으로써 교육노동이 인간성을 노동대상으로 하며, 다른 노동대상과는 달리 사회적·집단적 존재인 학교집단을 대상으로 한다는 점을 들기도 한다.

앞서 설명한 바와 같이 노동직관은 지배계급이 독점하고 있는 교육체제 속에서 교사는 한낱 단순한 기능인으로서 지배 이데올로기를 재생산하는 역할을 담당하고 있다고 본다. 따라서 교사가 노동자로서 권리를 주장하는 것은 단순한 권리회복을 넘어 교육체제에서 지배계층으로부터의 해방을 목표로 하여야 한다고 보았고, 실제로 사회운동 및 노동운동과 연계하여 이데올로기 투쟁의 형태로 전개하였던 것이다(정우현, 1995). 이러한 노동직관은 인간과 인간의 관계성과 교사의 임무와 교육위임자로서 교사의 위치에 대한 전반적 방향을 제시하여 주기에는 부족하다. 즉, 교직이 갖는 특성인 인간성의 함양과 인간관계성의 특성을 간과한 측면과 노동의 계급투쟁성을 일방적으로 강조하고 있어서 교직의 특성을 온전하게 대변하는 교직관이라고 볼 수 없다는 비판을 받고 있다.

노동직관의 이론적 타당성보다 노동직관이 실제로 존재하기 위해서는 무엇보다 교사 자신의 노동자로서 계급의식과 사회일반의 교사에 대한 노동자로서의 인식이 필요하다고 할 수 있다.

따라서 교직을 노동직으로 보는 관점은 교사 자신의 노동자로서 지위 인식과 사회일반의 노동자로서 역할 기대에 기초하여 자생적으로 형성된 것이라고 할 수 없다. 오히려 노동직관은 자본주의 사회의 모순이 드러나게 되고 교사의 상대적 지위가 열악한 상황에서 허울 좋은 성직관의 굴레 타도를 표방한 교육노동운동의 부산물로 등장한 것이며, 교원노조 결성 과정에서 전문직관과 함께 갈등하면서 부각된 교직관이라고 할 수 있다.

4) 공직관

공직관(公職觀)은 교직을 공직으로 보는 관점은 교육활동을 사적 활동으로 보지 않고 공적(公的) 활동으로 보며 학교교육의 목적과 그 방법적 기초를 공공성(公共性)에 두는 직업이라는 뜻이다. 이런 맥락에서 교육의 인적 조건인 교사는 공직자(公職者)의 신분을 갖는 것이며 학교는 공공의 이익을 위한 공기(公器)로서의 성격을 갖고 있음을 의미한다.

흔히 교직이 공직이라고 하는 다른 근거는 교사의 주된 신분이 공무원이며 교육활동을 국가가 주관하는 공무(公務)로 파악하는 데 있다고 할 수 있다. 교사 측면에서 볼 때 공직관은 국민주권주의를 기본원리로 하는 헌법체제하에서 공직자로서의 위치에 선다는 것을 의미한다.

결국, 교직을 공직관의 입장에서 보는 이유는 국가사회의 공동선 추구라는 공교육의 이념 아래 국민의 교육기본권을 보장하기 위한 보장책으로써 교사를 공직제도의 하나로 보기 때문이라고 할 수 있다. 이것은 교사와 학생의 관계 자체가 공적인 것에서 비롯되는 것이라기보다는 교육목적 달성을 위한 수단 내지 방법적 원리로써 공공성이 요구되기 때문에 공직으로 자리매김되는 것이다.

5) 교직관 유형화의 문제

앞에서 열거한 교직관들은 나름대로 이론적 토대를 갖고 발전되어 왔다. 그러나 이러한 유형화는 각각의 논리를 주장하는 유형의 모형에 지나지 않는다. 실제로 교직관은 특정 교직관 한 가지로 존재하는 것도 아니고 갈등과 융합관계에 따라 달리 해석되는 것이다.

교직관을 유형화하면서 교직관의 우월을 논하거나 상대적인 평가를 통하여 이상적인 교직관을 가려내기 위한 방편의 하나로 논리 전개를 하는 것은 지양해야 한다. 그 이유는 교직의 본질 속에는 이미 윤리성, 전문성, 공공성, 노동성의 속성이 함께 농축되어 있다고 볼 수 있기 때문이다. 따라서 여러 가지 교직관을 통하여 교직의 역할 기대를 논할 때 보다 본질적인 의미를 갖는다. 이미 살펴본 것과 같이 성직관을 통해서는 인격적인 가르침을 위한 바람직한 교사상의 의미를, 전문직관을 통해서는 교육활동의 특수성을 반영한 직업적 기대와 봉사의 정신을, 공직관에서는 교직을 통한 공공성의 기대와 수행을, 노동직관을 통해서는 근로자로서의 기본권 보장과 사회적·경제적 지위에 대한 기대와 역할을 발견할 수 있을 것이다.

2. 교직윤리

1) 법규적 윤리

교사에게 요구되는 윤리규범은 궁극적으로 그 사회가 지향하는 정치사회적 이념과 신념에 기초적 근거를 두고 있다. 교사에게 부과되는 공직자로서의 행동규범의 기준, 행동규범의 준수 정도, 행동규범의 준수를 위하여 동원되는 수단 등은 정치사회적 이념에 따라 다르다. 민주주의를 지향하는 한국 사회는 기본적으로 민주주주의 이념에 입각한 법규적 윤리와 규범을 요구하고 있다. 공직자로서 교사의 행동규범 양태는 법령, 규칙, 윤리강령, 선언문 등의 공식적인 규범과 선례, 관습, 역할 기대 등의 비공식적인 규범으로 대별하여 볼 수 있다.

「헌법」에 나타난 공직자의 법적 행동규범은 헌법 제7조 1항에서 "공무원은 국민 전체에 대한 봉사자이며, 국민에 대하여 책임을 진다."고 하여 공무원의 헌법상 지위와 행동적 윤리규범을 규정하고 있다. 이것은 상위의 개념인 헌법 제1조의 민주공화국과 국민주권주의에 관한 이념적 규정에서 파생되는 종속적 규범이라고 할 수 있다. 그리고 제33조 2항에서는 "공무원인 근로자는 법률이 정하는 자에 한하여 단결권, 단체교섭권 및 단체행동권을 가진다."고 하여 공무원의 노동 3권을 법적으로 제한하고 있다. 이러한 법적 규정은 교원의 공식적인 행동규범과 윤리를 헌법적 규정으로 제한하며 교원은 이러한 제한에서 자유로울 수 없다.

이러한 헌법 정신은 「국가공무원법」에서 공무원의 법적 의무로 이어지고 있다. 「국가공무원법」에서 공무원의 행동규범은 선서, 성실, 복종, 직장 내 근무, 친절 공정, 비밀 엄수, 청렴, 외국정부의 영예 허가, 품위유지, 영리 및 겸직 금지, 정치활동의 금지, 집단행위의 금지 의무 등이 해당된다.

「국가공무원법」의 하위 규정인 공무원 복무선언과 복무규정에 따르면, 교사 역시 성실과 책임, 공익과 질서, 공정과 청렴의 의무적 실천을 미덕으로 삼을 것을 재삼 강조하고 있다. 국민의 편에 서서 정직과 성실로 직무에 전념하고 창의적 노력과 능동적 자세로 소임을 완수하며 법을 준수하고 상사의 직무 명령에 복종하며 정의의 실천자로서 부정의 발본에 앞장선다는 복무선언의 내용이 이를 말해 준다.

2) 도덕적·비공식적 윤리

교원의 비규범적 윤리를 강조하는 교원윤리강령, 사도강령(師道綱領), 사도헌장(師道憲章)은 교원의 윤리적 범위와 실천적 내용을 포함하고 있다.

우리나라에서 가장 먼저 공식적으로 나타난 교원의 윤리적 규범은 1954년 한국문화협회에서 제정한 '사도강령'인데 면학수행, 교학시범, 교직봉공 등 총 3장으로 구성되어 있다. 이어 1958년 대한교육연합회 대의원회에서는 학생, 가정, 사회, 교직, 교양 등 5장으로 구성된 한국교원윤리강령을 채택하였으며 이것은 1982년에 사도헌장과 사도강령으로 대체되었다.

(1) 사도헌장

오늘의 교육은 개인의 성장과 사회의 발전, 내일의 국운을 좌우한다. 우리는 국민 교육의 수임자로서 존경받는 스승이요, 신뢰받는 선도자임을 자각한다. 이에 긍지와 사명을 새로이 명심하고 스승의 길을 밝힌다.

- 우리는 제자를 사랑하고 개성을 존중하며 한마음 한뜻으로 명랑한 학풍을 조성한다.
- 우리는 폭넓은 교양과 부단한 연찬(研鑽)으로 교직의 전문성을 높여 국민의 사표(師表)가 된다.
- 우리는 원대하고 치밀한 교육계획의 수립과 성실한 실천으로 맡은 바 책임을 완수한다.

• 우리는 서로 협동하여 교육의 자주 혁신과 교육자의 지위 향상에 적극
노력한다.
• 우리는 가정 교육, 사회 교육과의 유대를 강화하여 복지국가 건설에 공
헌한다.

(2) 사도강령

민주 국가의 주인은 국민이므로 나라의 주인을 주인답게 길러 내는 교육
은 가장 중대한 국가적 과업이다. 우리 겨레가 오랜 역사와 찬란한 문화를 계
승 · 발전시키며, 선진과 어깨를 나란히 하여 인류 복지 증진에 주도적으로
기여하려면 무엇보다도 문화 국민으로서의 의식 개혁과 미래 사회에 대비한
창의적이고 자주적인 인간 육성에 온 힘을 기울여야 한다. 그러기 위하여 우
리 교육자는 국가 발전과 민족중흥의 선도자로서 사명과 긍지를 지니고 교
육을 통하여 국민 각자의 능력을 최대한으로 계발하여 개인의 자아실현과
국력의 신장, 그리고 민족의 번영에 열과 성을 다해야 한다.

또한 교육자의 품성과 언행이 학생의 성장 발달을 좌우할 뿐만 아니라 국
민 윤리 재건의 관건이 된다는 사실을 명심하고 사랑과 봉사, 정직과 성실,
청렴과 품위, 준법과 질서에 바탕을 둔 사도 확립에 우리 스스로 헌신해야
한다.

이러한 우리의 뜻은 교직에 종사하는 모든 교육자가 공동체 의식을 가지
고 노력해야만 이루어질 수 있다는 것을 인식하고, 사도헌장 제정에 맞추어
우리의 행동 지표인 현행 교원윤리강령으로 개정하여 이를 실천함으로써 국
민의 사표가 될 것을 다짐한다.

① 제1장 스승과 제자

스승의 주된 임무는 제자로 하여금 고매한 인격과 자주정신을 가지고 국
가 사회에 봉사할 수 있는 유능한 국민을 육성하는 데 있다.

- 우리는 제자를 사랑하고 그 인격을 존중한다.
- 우리는 제자의 심신 발달이나 가정의 환경에 따라 차별을 두지 아니 하고 공정하게 지도한다.
- 우리는 제자의 개성을 존중하며, 그들의 개인차와 욕구에 맞도록 지도한다.
- 우리는 제자에게 직업의 존귀함을 깨닫게 하고, 그들의 능력에 알맞는 직업을 선택하도록 지도한다.
- 우리는 제자 스스로가 원대한 이상을 세우고, 그 실현을 위하여 정진하도록 사제 동행한다.

② 제2장 스승의 자질
스승은 스승다워야 하며 제자의 거울이 되고 국민의 사표가 되어야 한다.

- 우리는 확고한 교육관과 긍지를 가지고 교직에 종사한다.
- 우리는 언행이 건전하고 생활이 청렴하여 제자와 사회의 존경을 받도록 한다.
- 우리는 단란한 가정을 이룩하고 국법을 준수하여 사회의 모범이 된다.
- 우리는 학부모의 경제적 · 사회적 지위를 이용하지 아니하며 이에 좌우되지 아니한다.
- 우리는 자기 향상을 위하여 전문적인 지식과 전문화된 기술을 계속 연마하는 데 주력한다.

③ 제3장 스승의 책임
스승은 제자 교육에 열과 성을 다하여 맡은 바 책임을 다하여야 한다.

- 우리는 사회의 일원으로서 모든 책임과 임무를 다한다.
- 우리는 교재 연구와 교육자료 개발에 만전을 기하여 수업에 최선을 다한다.

- 우리는 생활지도의 중요성을 인식하여 제자들이 올바른 사람이 될 수 있도록 지도의 철저를 기한다.
- 우리는 교육의 성과를 공정하게 평가하고 이를 교육에 충분히 활용한다.
- 우리는 제자와 성인들을 위한 정규 교과 외의 활동에 적극 참여한다.

④ 제4장 교육자와 단체

교육자는 그 지위의 향상과 복지의 증진을 위하여 교직 단체를 조직하고 적극 참여함으로써 단결된 힘을 발휘할 수 있다.

- 우리는 교직단체의 활동을 통하여 교육자의 처우와 근무 조건의 개선을 꾸준히 추진한다.
- 우리는 교직단체의 활동을 통하여 교육자의 자질 향상과 교권의 확립에 박차를 가한다.
- 우리는 편당적 · 편파적 활동에 참가하지 아니하고 교육을 그 방편으로 삼지 아니한다.
- 교직단체는 교육의 혁신과 국가의 발전을 위하여 다른 직능단체나 사회단체와 연대 협동한다.

⑤ 제5장 스승과 사회

스승은 제자의 성장 발달을 돕기 위하여 학부모와 협력하며, 학교와 사회와의 상호작용의 원동력이 되고 국가 발전의 선도자가 된다.

- 우리는 학교의 방침과 제자의 발달 상황을 가정에 알리고, 학부모의 정당한 의견을 학교교육에 반영시킨다.
- 우리는 사회의 실정을 정확하게 파악하고 지역사회의 생활과 문화 향상을 위하여 봉사한다.
- 우리는 사회의 요구를 교육계획에 반영하며 학교의 교육활동을 사회에 널리 알린다.

• 우리는 국민의 평생교육을 위하여 광범위하게 협조하고 그 핵심이 된다.
• 우리는 확고한 국가관과 건전한 가치관을 가지고 국민 의식 개혁에 솔선수범하며 국가 발전의 선도자가 된다.

연구 문제

1. 교직관과 교사의 삶은 어떤 관계가 있는가?

2. 성직관의 특징은 어떤 것이며 전통적인 성직관이 갖는 장점은 무엇인가?

3. 전문직으로서 교직의 일반적인 특성과 전문직관에 대한 학자들의 주장을 정리하여, 그 공통점을 요약하여 설명하라.

4. 교사의 노동직관에 대한 핵심적인 주장을 정리하여 설명하라.

5. 유형별 교직관을 상호 비교분석하고 자신의 교직관을 정확하게 주장하여 보라.

6. 교직의 법규적인 윤리와 도덕적 윤리를 상호 비교하여 보고 교직 윤리의 중심적인 내용을 설명하라.

7. 사도헌장과 사도강령에 나타난 교직윤리의 핵심적인 내용을 설명하라.

Chapter **03**

교원의 권리와 의무

　교원의 가장 중요한 권리 중의 하나는 자율적인 교수권이다. 자율성을 갖고 학생들을 가르치며 교육할 권리다. 이는 권리임과 동시에 적극적인 의무이기도 하다. 그 어떤 권리와 법적 보장도 교사의 권위와 자율성을 대신할 수 없다. 이는 교사의 존재적 가치를 결정하는 것이다.

　오늘날 공교육의 위상이 추락하는 것은 교사 스스로 권위를 지키지 못하고 자율적 교수권을 가볍게 여기며 가르치는 의무를 소홀히 하는 데서 기인한다. 교원의 권리와 의무는 스스로 노력하며 지키는 권리장전이다. 교실을 활기찬 배움의 장으로 만들며 스스로 교사의 권위와 자율성을 지키려고 할 때 교원의 법적 권리와 의무는 황금빛 보증서가 될 것이다.

1. 교원의 권리

교원은 기본적으로 자율성을 가지고 교육을 할 수 있는 권리를 가진다. 이러한 교원의 권리는 전문적 교육활동에 전념할 수 있는 교육 여건 조성에 관련된 적극적 권리와 신분보장, 교권침해 방지 등 법적 · 제도적 측면의 소극적인 권리로 나누어 볼 수 있다.

1) 적극적 권리

(1) 자율성과 권위

모든 전문직은 전문성과 관련된 활동에서 자율성과 권위를 가진다. 또한 사회는 그들이 전문직 능력을 자율적으로 발휘할 수 있도록 제반 여건을 조성해 주고 그에 따르는 사회적 책임을 질 수 있도록 하고 있다. 교직을 보는 관점에 따라 다양한 견해를 가지고 접근할 수 있지만 교육의 업무와 관련해서 전문직으로 보는 데는 별다른 이견이 없을 것이다. 따라서 교원은 교육의 전문가로서 그 직무를 수행하는 데 따르는 권위와 자율성이 보장될 수 있는 여건이 조성되어야 하고, 이 여건의 대부분은 교수 및 연구의 자유와 관련된 것이라고 할 수 있다.

(2) 사회적 지위와 경제적 생활 보장

교원은 안정된 경제적 기반 위에서 가르치는 일에 몰두할 수 있도록 사회적 지위와 경제적 여건을 제공받아야 한다. 이는 안정적인 교육의 수행을 위해, 그리고 우수한 교원을 유인하기 위해 사회적으로 보장되어야 할 기본적인 권리다. 「교육기본법」 제14조 1항의 '교원의 경제적 · 사회적 지위는 우대되고 그 신분은 보장되어야 한다.'는 규정과 「교육공무원법」 제34조의 '교육공무원의 보수는 우대되어야 한다.'는 규정은 자위권이 약한 교원에 대해서 타 직종보다 우대를 받도록 국가·사회가 특별하게 배려한 것이라고 할 수 있다.

(3) 근무 조건 개선

교원의 교육활동을 효율적으로 수행할 수 있도록 근무 조건을 개선하는 것은 교원의 교육적 권리다. 교원이 교육활동에 전념할 수 있도록 보장받아야할 권리 중의 하나가 근무 조건의 개선인 것이다. 전문직인 교직의 경우 교육의 효과와 능률을 높이기 위해서는 적정량의 근무 조건과 쾌적한 근무 환경, 적절한 수업 등이 주어져야 한다. OECD 회원국임에도 아직도 교원들이 담당하고 있는 평균 이상의 과중한 학생 수 부담과 수업 부담, 잡무 과다 등은 개선되어야 할 근무 여건이다.

(4) 복지·후생제도의 확충

교원들의 근무 의욕을 높이고 사기를 높이는 중요한 요인 중의 하나가 교원의 복지·후생제도다. 복지·후생제도의 확충은 교원들의 생활을 안정시키고 가족부양에 대한 책임을 덜어 줌으로써 교원들이 교육활동에 전념할 수 있도록 하는 데 그 의의가 있다.

2) 소극적 권리

(1) 신분보장

모든 교원은 「국가공무원법」(제68~74조)에 나타나 있는 신분보장은 물론이고 「교육공무원법」에 따라서 더 강력한 신분보장의 권리를 인정받고 있다. 「교육기본법」 제14조에서는 '교원의 경제적·사회적 지위는 우대되고 그 신분은 보장된다.'고 밝히고 있고 「교육공무원법」 제7장에서도 교육공무원의 의사에 반한 신분조치를 금지하고 직권휴직, 정년퇴직 등 신분조치의 법적인 한계와 처분사유 설명서의 교부 및 절차를 명시하고 있다. 또한 권고사직 금지, 불체포 특권 등의 규정에서 보는 것과 같이 일반 공무원보다 더 강력한 신분보장을 규정하고 있는데 이것은 교직의 전문성과 특수성을 인정하는 법 제도의 하나라고 할 수 있다.

(2) 쟁송제기권

교육공무원은 법에 어긋나는 부당한 처분을 받았을 때는 소청, 기타 행정상 쟁송제기권을 가질 수 있다. 소청은 징계처분에 대하여 재심을 청구할 수 있는 제도인데, 징계처분권자가 징계위원회의 의결이 가볍다고 볼 때 재심을 청구하는 경우와 징계처분 대상자가 징계위원회의 의결이 너무 과중하다고 느낄 때 이에 불복하고 재심을 청구하는 두 가지 경우가 있다.

(3) 불체포 특권

「교육공무원법」 제48조와 「사립학교법」 제60조를 보면 '교원은 현행범인 경우를 제외하고는 소속 학교장의 동의 없이 학원 안에서 체포되지 아니한다.'고 되어 있다. 이러한 교원의 불체포특권은 국회의원과 선거관리위원회의 위원 외의 여타 공무원에게는 인정되지 않는 권리다. 교원에게 이러한 특권을 인정하는 것은 학원의 자유를 보장하고 교원으로 하여금 교육 및 연구 활동을 수행할 때 권력기관의 부당한 압력을 배제하려는 데 그 목적이 있다.

(4) 교직단체 활동권

교원은 교원의 권리를 확보하고 교원으로서의 직업을 효과적으로 수행하기 위한 단체 활동을 할 수 있다. 다시 말해 교권들은 단체를 조직하고 그 적극적 운영을 통하여 교원들이 상호 협동하여 교육의 진흥과 문화의 창건에 진력하며 경제적 및 사회적 지위를 향상시키기 위해 각 지방자치단체 및 중앙에 교원단체를 조직할 수 있도록 규정하고 있다(「교육기본법」 제15조). 또한 교원은 교원의 노동조합설립 및 운영 등에 관한 법률에 의해 노동조합을 설립할 수 있으며(동법 제4조), 노동조합을 통해 교섭 및 체결 권한 등을 가지되(동법 제6조), 쟁의행위의 금지(동법 제8조) 및 정치활동의 금지(동법 제3조)

2. 교원의 의무 ••• 53

를 규정하고 있다(서울시특별시교육연구정보원, 2011).

2. 교원의 의무

교원은 직무를 성실하게 수행해야 할 적극적인 측면의 의무와 교원으로서 하지 말아야 할 소극적 측면의 금기사항이 있다. 적극적 의무는 교원 본연의 교육과 연구 활동을 비롯하여 공직을 수행하는 복무상의 의무사항이 있다.

1) 적극적 의무

(1) 교육 및 연구 활동의 의무

교원의 가장 적극적인 의무는 교사로서의 자질을 갖추는 것이다. 교원의 자질을 갖추기 위해서는 우선 학문연찬을 위한 교육과 연구 활동의 의무를 수행해야 한다. 「교육기본법」 및 「교육공무원법」상에 명시된 교원의 의무는 학문의 연찬과 교육의 원리 방법을 탐구 연마하여 교육에 진심 전력하는 일이다. 아울러 교원으로서 사표가 될 인격과 품성을 갖추기 위해 최선의 노력을 기울여야 한다.

(2) 선서, 성실, 복종의 의무

「교육공무원법」은 교원의 복무에 관한 사항을 동법에 별도로 규정하지 않고 「국가공무원법」을 준용하도록 하고 있다. 따라서 교육공무원은 「국가공무원법」에 규정된 공무원의 모든 의무를 이행해야 한다. 「국가공무원법」에는 공무원의 의무를 성실하게 수행할 것을 선서하는 선서의 의무(「국가공무원법」 제55조), 주어진 업무를 적극적으로 수행할 성실의 의무(「국가공무원법」 제56조), 정당한 상관의 명령에 복종할 복종의 의무(「국가공무원법」 제57조) 등이 있다. 교원도 이러한 공무원의 의무를 공직자로서 지켜야 한다.

(3) 품위유지의 의무

교원은 공·사립의 구분 없이 교육에 종사하는 공직자이며 동시에 국민에 대한 봉사자로서 직무의 내외를 불문하고 그 역할에 적합한 품위를 유지해야 할 의무가 있다(「국가공무원법」 제63조). 또한 공무를 집행하는 자의 적극적인 봉사자로서 친절하고 공정하게 집무해야 할 의무가 있다고 명시되어 있다(「국가공무원법」 제59조). 그 밖에도 공무원은 직무상의 관계 여하를 불문하고 그 소속 상관에게 증여하거나 소속 공무원으로부터 증여를 받아서는 안 된다고 규정하고 있다(「국가공무원법」 제61조). 이러한 공무원의 품위유지를 위한 의무조항은 교원의 품위유지에도 동일하게 적용되는 조항이며 오히려 교원은 이러한 법적 품위유지는 물론이고 교원이라는 직업상의 특별한 품위유지를 위해 남다른 노력을 기울여야 할 필요가 있다.

(4) 비밀 엄수의 의무

공무원은 재직 중은 물론 퇴직 후에도 직무상 알게 된 비밀을 엄수하여야 한다(「국가공무원법」 제60조). 이러한 비밀 엄수의 의무를 위반할 경우 징계의 사유가 될 뿐만 아니라 형법상의 범죄를 구성한다. 교원은 학교정책적인 측면의 중대한 기밀을 다루거나 국가적인 문제를 야기시킬 비밀을 접할 기회는 없다. 그러나 교원이 가지는 공무상의 비밀은 그 정도가 크고 작고의 구별에 관계없이 직무상의 비밀을 지켜야 할 의무가 있다. 특히 학생과 관련된 개인적인 신상의 비밀과 교육적 측면에서 지켜야 할 비밀은 평생을 두고 지켜야 할 의무가 있다(서울특별시교육연구정보원, 2011).

2) 소극적 의무

(1) 정치활동의 금지

공무원의 신분과 정치적 중립성은 헌법에 보장되어 있고, 이와 관련하여 공무원의 정치활동 금지 및 정치적 행위의 범위를 규정하고 있다. 공무원의 정치적 중립성을 보장하는 것은 직업공무원제의 확립에 따라 행정기술의 향상과 능률을 기함과 아울러 국민 전체의 봉사자로서 공평성을 유지하며 정권 교체에 따른 행정의 혼란을 억제하고 지속성을 유지하는 데 그 목적이 있다. 교육공무원도 일반직 공무원과 마찬가지로 정치활동에 관하여 중립을 지킬 것을 요구하고 있다.

(2) 집단행위의 제한

공무원은 노동운동, 기타 공무 이외의 일을 위한 집단행위를 해서는 안 된다고 규정하고 있다(「국가공무원법」 제66조). 이것은 공무원인 근로자는 법률이 정하는 자에 한하여 단결권, 단체교섭권, 단체행동권을 가진다고 규정한 「헌법」 제33조에 근거를 두고 있다. 그러나 교육공무원의 경우는 부분적으로 노동운동을 인정받고 있다. 즉, 교원들에게는 단체행동권을 제외한 단결권과 단체교섭권을 보장해 주고 있는데, '교원의 노동조합 설립 및 운영 등에 관한 법률'에 의거하여 설립된 교원단체는 교원지위 향상을 위한 특별법의 규정에 따라 교섭·협의의 권한을 부여받고 있다(서울특별시교육연구정보원, 2011).

(3) 영리업무 및 겸직의 금지

공무원은 공무 이외의 영리를 목적으로 하는 사업에 종사하지 못하며 소속기관장의 허가 없이 다른 직무를 겸할 수 없다고 규정하고 있다(「국가공무원법」 제64조). 이것은 모든 국민의 자유와 권리는 국가의 안전보장, 질서유지 또는 공공복리를 위하여 필요한 경우는 법률로써 제한할 수 있다는 헌법 조항(「헌법」 제37조)에 근거를 두고 있다. 교원 역시 동일한 규제를 받지 않을 수 없다(서울특별시교육연구정보원, 2011).

(4) 종교 중립의 의무

「국가공무원법」에는 공무원은 종교에 따른 차별 없이 직무를 수행하여야 하는 의무가 있음을 명시하고 있다(「국가공무원법」 제59조의 2). 따라서 교사는 학생의 종교적 선택을 존중해야 하며 교사 자신의 종교적 성향과 상관없이 종교적으로 중립의 자세를 지켜야 할 의무가 있다. 교사 자신의 종교에 대한 주관적인 생각을 학생에게 편향적으로 주입하거나 특정 종교를 강요하는 것은 종교적 중립을 지켜야 할 의무를 위반하는 것으로 볼 수 있다.

연구 문제

1. 교원의 기본적인 권리 중 적극적인 권리와 소극적인 권리의 차이를 설명하라.

2. 교원의 자율성과 교육적 권위는 어떻게 보장받을 수 있을 것인지 예를 들어 설명하라.

3. 교원이 안정된 사회적 지위를 갖고 경제적 생활보장을 받기 위한 사회적 안정 장치는 어떻게 보장되는 것인가?

4. 교원의 신분은 어떻게 보장받는 것인가?

5. 교원의 불체포특권의 조건을 제시하고 그 의미를 설명하라.

6. 교원의 적극적인 의무를 설명하고 교사로서 가장 중요시되는 적극적인 의무를 제시하고 그 이유를 설명하라.

7. 교원의 소극적 의무를 적극적 의무와 비교하여 설명하라.

제2부

학습자를 위한
교직실무

TEACHING PRACTICE

Chapter **04**

학급경영의 실제

학급경영의 주체는 담임교사이며 담임교사의 학급경영 방식에 따라 학급경영의 성공 여부가 결정된다. 학급담임에게는 학급경영의 효율성과 교육적 효과성을 동시에 실현하기 위한 다재다능한 역할을 요구한다.

우선적으로 담임교사에게 성공적인 경영을 위한 리더(leader)의 공통적인 특성인 섬김의 리더십이 필요하다. 학생을 섬기는 리더(servant leader)야말로 학생들의 존경과 신뢰를 받으며 성공적으로 학급을 경영할 수 있다. 교사가 학급에서 학생들에게 군림하며 일방적으로 지시하는 것은 가장 비효율적인 학급경영 방식이다. 담임은 학생들과 함께 학급의 목표를 향해 달려가는 팀플레이어(team player)가 되어야 하며 학급을 낙원으로 만들기 위해 노련한 엔터테이너(entertainer)가 되어야 한다. 이와 함께 다양한 학생의 특성을 고려하여 공동의 목표를 추구하는 오케스트라의 지휘자와 같은 사람이 되어야 한다.

학급은 교수-학습을 통하여 교육과정의 목표를 구현하는 학교의 기본 단위조직이다. 동시에 학급은 인격형성과 지식 연마의 장이고 교사에게는 교육실천의 장이다. 학급은 교수-학습을 위한 기초적인 조직이며 학생들의 삶의 경험을 공유하는 곳이다.

초·중등학교 교육의 가장 기초적인 단위조직은 학급이며, 학급 내 교육활동을 통해서 교육적 성취와 성공과 실패의 경험이 이루어진다. 초·중등학교와 학급에서의 성취와 성공적인 경험은 성공적인 삶과 연결될 수 있다. 역으로 학교와 학급에서의 실패 경험은 부정적 자아개념을 형성하고 성취동기를 약화시키며 삶의 방식에 부정적 영향을 미칠 수 있다. 따라서 학급에서의 삶과 경험이 학생의 미래와 삶에 중대한 영향을 미치는 삶의 과정일 수 있다.

이런 점에서 학급을 경영하는 담임교사는 학생의 삶에 영향을 미치는 결정적인 요인 중의 하나며 교육의 성패를 가늠하는 척도기도 하다. 담임교사의 학급경영 방침과 경영 방법, 학급을 위한 헌신적인 노력 여하에 따라 학급의 효율적인 운영이 이루어지고 학생의 삶의 경험이 달라지며 거시적인 관점에서 교육의 성패가 결정된다.

1. 학급경영의 개념

1) 학급경영의 성격

학급경영에 대한 학자들의 견해는 다양하지만 근본적인 차이는 없다. 학급경영을, 교육의 기능을 보다 충실하게, 보다 능률적으로, 보다 바람직하게 발휘시키기 위해서 여러 가지 조건을 정비하는 작용으로 보는 관점과 학급의 목적을 달성하기 위하여 인적 자원과 비인적 자원을 사용하여 계획하고 조직하며 지도하고 통제하는 일련의 활동으로 보는 관점이 있다. 또한 학급의 목적-학급 교육목표의 실현과 학급 구성원의 개인적 집단적 욕구충족을 효율적으로 달성하기 위해 인적 및 물적 자원을 활용하고 계획, 조직, 지도, 통제하는 활동을 통해서 학급을 운영하는 활동으로 보는 관점도 있다(박병량, 1999).

이러한 관점들을 참고로 하여 학급경영은 다음과 같이 정의할 수 있다. 학급경영이란 학급이라는 학교조직을 효율적으로 경영하는 활동을 말하며, 구체적으로 학년별 교육과정 목표달성을 위한 생활지도와 교수-학습을 촉진하기 위한 교육적인 활동이라고 할 수 있다. 학급경영은 학급이라는 교육적 조직에 경영의 효율적인 의미가 결합되어, 학급의 인적 및 비인적 자원을 계획, 조직, 지도, 통제하는 일련의 활동을 말한다. 그런 점에서 학급경영은 경영의 원리를 학급이라는 교육적 조직에 활용하는 일련의 행위다. 일반적 의미의 경영은 효율성과 생산성의 양적 측면을 기준으로 생산성을 우선시하는 반면, 학급경영은 교육적 목적을 위해 이루어지는 양적인 성취보다는 질적인 수행과정 측면을 더 중요시한다. 이러한 학급경영의 특성을 요약하면 다음과 같다.

(1) 교육목적을 실현하는 과정

학급경영은 국가의 교육목적과 학교의 교육목표를 실현하기 위한 기초적 교육활동 과정이다. 국가와 학교의 거시적 교육목표를 실현하고 학생 개개인의 교육적 의미와 목적을 실천하는 삶의 과정이 학급경영을 통해 이루어진다. 결국, 학급경영이란 교육목적의 실천적 과정을 의미한다.

(2) 교사는 학급경영의 CEO

학급의 경영자는 교사이며 교사에 따라 학급의 교육적 성패가 결정된다. 담임교사의 학급경영 방식에 따라 학급의 분위기와 교육적 효과가 달리 나타난다. 이는 기업체 CEO의 경영 방식에 따라 기업의 생산성이 달리 나타나는 것과 동일한 이치다. 학급의 경영자인 교사의 리더십에 따라 학생들의 생각과 꿈, 성공과 실패 경험 그리고 교육적 삶의 경험이 달라진다. 그런 점에서 교사는 학급경영의 CEO이며 학급경영의 성패를 결정짓는 결정적 주체자다.

(3) 학급경영은 인간경영

학급경영의 대상은 미성숙한 학생이다. 그들은 생산성의 대상이 아니라 교육의 대상이기에 학급경영의 핵심은 교육적 인간경영이다. 교육적 인간경영이란 학생들을 위한 교사의 배려와 섬김의 실천적 노력을 의미한다. 기업의 인간경영 원리에도 종업원에 대한 섬김의 리더십을 강조한다. 이는 학급에도 동일하게 통용되는 경영원리다. 학급의 인간경영을 위한 교사의 노력은 흔히 교육적 사랑의 실천이라는 포괄적인 의미로 말할 수 있고 인간경영을 교육적 사랑으로 표현할 수도 있다.

2) 학급경영의 원리

학급경영을 위한 기본 원리로는 학습자의 특성을 고려한 학습의 개별화와 교사의 경영능력을 위한 교원의 전문화, 학급경영에서의 운영의 민주화 등을 들 수 있다. 학급경영의 기본적인 경영 원리는 다음과 같다.

첫째, 학습자의 개별화다. 구체적으로 학급경영의 구체적인 목적 중의 하나인 학습의 효과를 극대화하기 위해서는 학습자 개개인의 학습능력을 고려

[그림 4-1] 학급경영의 원리

한 학습의 개별화가 이루어지도록 학급을 조직하고 운영해야 한다. 동시에 학습자의 개인적인 특성을 고려한 인성교육이 이루어지도록 학습자 중심의 학급경영이 필요하다.

둘째, 학급경영의 주체자는 교사다. 효율적인 학급경영을 위한 교사의 전문적인 능력은 학급경영의 결정적인 요소 중의 하나다. 교육은 교사의 능력과 전문성에 따라 결정되는 것이기에 장기간의 교육과 훈련, 엄격한 자격기준의 적용, 고도의 자율성과 사회적 책임성, 자질향상 및 정책에의 참여 등을 통해 교원의 전문성이 갖추어져야 한다.

셋째, 학급운영의 민주화다. 민주적인 방식의 학급경영은 자율적이고 창의적인 교육활동을 동반할 수 있고 교육의 효율성을 극대화하는 최선의 방법이 될 수 있다. 이를 위해 교사의 민주적 리더십이 전제되어야 한다.

이러한 기본적인 경영의 원리를 토대로 구체적으로 학급을 경영하는 원리는 다음과 같다.

(1) 타당성의 원리

학급경영을 위한 학급경영의 목표, 내용, 방법 등은 학급경영과 관련된 국가 교육의 목적, 학교교육의 목표, 교육적 원리 등과 같은 상위의 요소와 사회적 요구, 시대적 요구 등과 같은 환경적 요소를 비롯하여 경영 대상자인 학생의 특성과 필요에 비추어 타당성을 확보해야 한다(진영은, 조인진, 2006).

(2) 개별성 존중의 원리

학급 담임교사는 학생 개인의 특성과 개인차를 인정하는 인식을 갖고 학생 각자의 존재적 가치를 존중하는 바탕 위에 학급경영을 해야 한다. 학생의 존재적 가치에는 다양한 요소가 포함될 수 있다. 학생의 학습능력을 포함하여 타고난 재능, 성격, 성장배경, 학습자의 요구, 학습자의 꿈과 희망 등이 있다. 학급의 모든 학생이 각각의 존재 가치를 가지고 있다는 사실을 인정하고 존중하는 것은 인간경영의 원리와 상통하는 기본적인 원리다.

(3) 사회성 개발의 원리

학급은 작은 사회다. 같은 연령층의 학생들이 각자의 권리와 의무를 가지고 공존하는 교육적 조직이며 사회적 조직이다. 따라서 사회생활의 기본적인 원칙이 학급의 경영을 위해서도 동등하게 적용되고 존중되어야 한다. 상대의 권리에 대한 배려, 공동생활의 규칙준수, 공동의 의무에 대한 철저 이행 등 사회유지를 위한 일반적인 원리를 엄격하게 적용하고 이를 실천하는 사회성 개발 노력이 필요하다.

(4) 창조적 경영의 원리

학급담임교사의 자주적이고 창의적인 의사와 판단에 따라 학급경영이 이루어지도록 학급담임의 경영의 주체적 권리를 보장하고 이를 권장해야 한다. 담임교사의 창의적 자주경영의 권리를 보장함으로써 교육의 획일성을 탈피하고 다양성을 확보하는 민주적 경영의 장점을 확보할 수 있다.

(5) 환경 적용의 원리

학급담임교사는 학생의 가정환경과 주변 환경, 학부모의 특성과 구성, 학교의 교육환경과 지역적 특성 등 학급경영에 관련된 모든 환경적 요인을 충분히 분석하여 경영전략을 수립하여야 한다.

(6) 합리성의 원리

교사는 학급경영을 위해 학생에 대한 정확한 이해, 학급을 구성하는 환경 요인에 대한 분석을 토대로 합리적인 경영 계획과 전략을 수립하고 이를 실천하며 학급경영의 효율화를 기할 수 있도록 해야 한다.

2. 학급경영의 계획

학급경영을 위한 계획을 수립하기 위해서는 우선적으로 학급에 대한 기초
조사가 필요하며 이를 토대로 학급경영 계획서를 작성해야 한다. 학급경영
의 대상이 학생이기에 학급 기초조사는 학생의 특성을 파악하기 위해 작성
되어야 한다. 학생들의 인구 사회학적 특성을 포함하여 학생 개개인의 능력
과 다양한 특성을 조사하고, 이 기초조사를 토대로 학급경영의 목표를 설정
하여 목표에 적합한 경영계획을 수립해야 한다.

그러기 위해서는 학생 개개인의 학습능력과 가정환경, 개성과 적성, 학교
와 학급의 면학 분위기, 심리적 특성 등을 파악하는 노력이 필요하다. 학생
의 특성을 파악하는 방법으로는 설문 조사, 면접 상담, 동료 교사의 조언, 학
교 주변 환경 조사 등 다양한 방식이 있다.

1) 학급경영 계획서 수립

(1) 학급실태 조사서 작성

학생의 가정배경, 학습능력, 성격, 건강, 생활습관과 학부모의 교육의지
및 기대, 교육환경 등을 조사하여 학생의 개인적 특성을 분석하고, 이를 근
거로 학생 개인별 실태 조사서를 작성하여 학급경영과 학생 지도의 기초 자
료로 활용한다.

(2) 일반적인 학생발달 단계 이해

학급 학생의 연령에 따른 심신발달의 특징을 이해하고 발달단계에 따른
교육적 조치 등을 학급경영 계획 수립에 반영하도록 한다.

(3) 담임의 교육철학

학급경영의 책임자는 담임이기에 담임의 교육철학은 학급경영 철학과 직결되며 학급경영 목표로 나타난다. 따라서 교육적으로 의미가 있는 교육철학을 학급경영 계획에 반영하는 것이 필요하다.

(4) 학급경영 목표 설정

학급경영 목표는 학교경영 목표의 하위 영역이다. 따라서 학교 단위의 교육목적에 부합되는 학급 단위의 교육목적을 설정하는 것이 필요하다. 학급의 교육목표가 결정되면 교육목표를 달성하기 위한 구체적인 학급경영 목표를 학생의 특성과 담임의 교육철학에 부합하도록 정한다.

- 국가 · 사회의 시대적 요구와 학교 교육과정 목표를 구체적으로 반영한다.
- 학교 · 학년 경영 목표의 하위 개념으로 실천성 있는 행동적인 목표가 되게 한다.
- 학급의 전체적 특성과 학생들의 실태를 기반으로 하는 학생 중심의 경영계획이 되도록 한다.
- 학급담임교사의 투철한 교육관과 시대적 요구를 담아 도덕적이고 창의적이며 건강한 인재 육성이 되도록 한다.

(5) 실천행동 제정

학급경영 목표에 따른 구체적 실천행동을 정하여 이를 실행한다. 학생들이 1년간 열심히 실천할 수 있는 교육적이고 유익한 행동방안이 되어야 한다.

2) 학급경영의 구체화 예시[1]

학급경영의 구체적 예시를 보면 다음과 같다.

----

1) 서울특별시교육연구정보원(2011).

(1) 학급경영 목표

학급경영을 통해서 추구하는 인간상은 다음과 같다.

- 실천인: 늘 바르게 행동하는 정직한 학생
- 자주인: 자기 일에 최선을 다하고 책임감이 있는 학생
- 실력인: 자기 스스로 공부하면서 실력을 쌓는 학생
- 건강인: 강한 신념으로 큰 꿈을 키우는 학생

(2) 학급경영 방침

학급경영 방침은 학급경영 목표를 달성하기 위한 행동전략이며 경영 목표를 달성하기 위한 수단적 활동으로써 구체적인 학급경영 활동 또는 행동 노선으로 진술한다. 앞의 목표에서 제시된 인간상을 위한 구체적 경영 방침은 다음과 같다.

- 실천인: 기본 생활 습관을 통하여 올바른 가치관을 갖고 늘 바르게 행동하는 정직한 학생이 되도록 한다.
- 자주인: 정직하고 성실한 태도로 항상 남에게 친절을 베풀며 자기 일에 최선을 다하며 책임감 있는 태도를 갖는다.
- 실력인: 책 속에 길이 있음을 알고 항상 책을 가까이 하며 바른 독서습관을 형성하도록 노력한다.
- 건강인: 바른 식생활을 습관화하고 튼튼한 체력을 기르며 꿈을 키우기 위해 꾸준히 노력한다.

(3) 학급경영 목표 구현 방안

앞서 설명한 경영 목표와 경영 방침을 토대로 한 구체적인 학급경영의 구현 방안은 다음과 같다.

표 4-1 **학급경영 목표 구현 방안**(예시)

경영 목표	구현 방안	실천 내용
늘 바르게 행동하는 정직한 학생 (실천인)	기본 생활의 습관화	• 밝고 고운 말 쓰기 지도 • 일기 및 편지 쓰기 지도 • 아침 협의활동을 통한 명상의 시간 운영
	우리 것 알기 교육의 강화	• 우리 고장 자랑거리 알기 • 우리 학교 자랑거리 알기 　(교목, 교화, 교가, 학교 특색)
	근검, 절약, 저축의 생활화	• 1인 1통장 갖기 • 저축의 생활화 • 물자절약 생활화 지도
	칭찬 릴레이 운동 전개	• 항상 웃는 얼굴 표정 짓기 • 칭찬 일기 쓰기
정직, 성실로 바르게 자라는 학생 (자주인)	기본 생활 규범의 실천지도	• 바른생활 실천 운동 전개 • 생활지도 철저(월별 지도내용) • 친절운동 전개(인사 잘하기)
	또래 활동의 활성화	• 학교 폭력 없는 즐거운 학급 만들기 • 집단 따돌림 없는 학급 만들기 • 조직 및 활동의 활성화 • 학급, 가족신문
	다양한 체험학습 실시	• 교과와 관련 있는 체험학습 실시 • 함께하는 현장체험학습 권장
자기 학습력 신장으로 실력 있는 학생 (실력인)	다양한 독서활동을 통한 바른 독서습관 형성	• 독서 약속하기 • 필독도서 및 권장도서 선정 • 학급문고 운영 • 다양한 독서행사 참여
	개인차를 고려한 수준별 교육과정 운영	• 수준별 교육과정 편성 · 운영 • 개인차를 존중하는 학습활동 전개
	개성과 소질을 살리는 교육	• 특기, 적성교육 참여 • 학급 발표회 개최
강한 신념으로 큰 꿈을 키우는 학생 (건강인)	덕목 중심의 학급운영	• 가훈, 나의 꿈, 나의 자랑 갖기 • 학급의 노래, 모둠구호 정하여 실천
	기초체력 향상	• 규칙적인 생활하기 • 30분간 운동하기
	바른 식생활 실천 지도	• 음식물 남기지 않기 • 바른 식습관 형성

출처: 서울특별시교육연구정보원(2011).

(4) 학급경영 목표 달성을 위한 교사의 노력

학급의 경영 목표를 달성하기 위해 교사는 전문적인 지식을 갖추기 위한 자기 계발을 위해 끊임없이 탐구하는 자세를 보여 주어야 한다. 교사는 학생들 자신이 가지고 있는 잠재력을 발견하도록 도와주고, 지식을 전달하는 것이 아니라 학생들로 하여금 탐구하는 방법을 학습하도록 도와주어야 한다.

교사는 학생들이 스스로 문제를 찾아내고 흥미를 가지며 문제를 추구하고 해결하도록 학급을 운영한다. 교사와 학생 간의 관계는 종속적인 관계가 아니라 인격적으로 대등한 인간관계가 형성되도록 학생을 이해하고 존중한다. 학생들에게 풍부한 정서나 창의성, 지적 호기심, 모험심, 도전의욕을 신장시킬 수 있는 다양한 체험학습자료 및 환경을 제공한다.

3) 월별 활동 계획(예시)

월별로 다양하게 접근해 볼 수 있는 활동을 계획하기 위해서 그 해당되는 월의 성격이나 행사의 범위에 맞는 활동들을 중심으로 계획을 세우도록 한다.

1학기: 월별 활동 계획(예시)

- **3월** 학급경영 계획 발표, 가정환경 조사서, 학급 임원선거 및 부서조직, 또래집단(모둠, 두레 구성), 교실환경 구성, 학부모 총회 실시, 다양한 아침 활동 계획, 학급도서 마련, 3월의 생일잔치, 가정 통신문 보내기, 1인 1역 분담, 기본 학습 훈련, 시간표 안내, 놀토 활동 안내, 교환학습 및 체험학습 취지 및 활용절차 안내, 특기 · 적성교육 활동 안내, 기초학력평가 실시, 계발활동 부서조직, 도서실 이용 안내 등
- **4월** 모둠 일기 쓰기, 재미있는 숙제하기, 모둠 상담하기, 현장학습과 즐거운 놀이, 모둠 단합 대회, 과학 관련 행사(4월 과학의 달 행사), 학급신문 만들기(1호), 학급 사진첩 만들기(학급 홈페이지 활용), 가정 통신문 보내기, 4월의 생일잔치 등

- **5월** 시사교육(어린이날, 어버이날, 스승의 날), 어버이날 감사 편지와 선물 증정식, 어린이날 책갈피 선물 주기, 학급신문 만들기, 가정 통신문 보내기, 살아 있는 생물 기르고 관찰하기, 가족신문 만들기, 5월의 생일잔치, 신체검사, 중간평가, 현장학습 등
- **6월** 현충일 노래 지도, 알뜰시장 행사를 통한 절약생활 지도, 다양한 통일 교육 행사, 6월의 생일잔치, 가정통신 배부, 학습활동 평가, 독서 지도 등
- **7월** 다양한 시상, 즐거운 여름방학 계획 세우기, 여름방학 사전생활 지도, 학급경영록 정리, 1학기 되돌아보기(반성 및 새로운 각오), 방학 중 특기 · 적성교육 활동 안내, 생활 통지표 작성, 7월의 생일잔치, 학생의 능력을 고려한 개별화 방학과제 부여 등

출처: 서울특별시교육연구정보원(2011).

4) 학급경영을 위한 참고 사이트[2]

- 네모 샘 http://oksone.new21.org
- 초등참사랑 http://chamedu.new21.org
- 광철샘의 아해 사랑방 http://saem4u.new21.org
- 초등교사 커뮤니티 인디스쿨 http://www.indischool.com
- 서울교육포털 http://www.ssem.or.kr
- 티처빌 http://www.teacherville.co.kr
- 키드피아 http://kidpia.new21.org
- 즐거운 학교 http://www.njoyschool.net

----

2) 서울특별시교육연구정보원(2011).

3. 학급경영의 실제

학급경영의 주체는 담임교사며 담임교사의 역할은 경영의 결정적인 요인이다. 학급경영을 위한 담임교사의 역할은 다음과 같다.

1) 학급담임교사의 역할

(1) 학급담임은 섬김의 리더

학생의 전인적 성장을 위해 학생을 도와주고 학생의 삶을 바르게 인도하는 역할이 가장 중요하다. 이를 위해 교사는 부모와 같은 사랑과 보살핌, 섬김의 마음으로 학생을 대하며 담임의 역할을 수행해야 한다.

우선 학생에게 무엇을 도와주며 어떻게 사랑을 베풀까를 생각하여야 한다. 소위 학생을 섬기는 자세를 통해 교사로서의 권위와 존경을 받는 학급의 리더가 되어야 한다.

(2) 학급담임은 팀 플레이어

많은 교사가 학생에게 일방적인 지시와 명령을 함으로써 학급을 통솔하고 경영해야 한다고 생각한다. 그렇지 않고는 학생들을 다룰 수 없다는 고정관념에 사로잡혀 있다. 그러나 비민주적이고 일방적인 군대식 통솔로는 교육적 목적과 인간적 성장을 이루어 낼 수 없다. 교사가 지휘관이 되면 학생들은 교사가 지시하는 것에 수동적으로 반응만 한다. 하지만 교사가 학생과 함께 팀을 이루어 공동의 목적을 달성하는 팀 플레이어의 역할을 수행하면 학생들은 능동적으로 학급의 주인공으로 창조적 역할을 수행해 낼 수 있다.

(3) 학급담임은 노련한 엔터테이너

학생은 학교와 학급 생활이 즐거워야 한다. 매일 등교하는 학교가 괴롭고

힘든 지옥이라면 이미 교육적 효과는 기대할 수 없다. 이런 상황에서는 학급 경영을 아무리 잘해도 (기계적인 학급 운영은 되지만) 전인적 교육의 효과를 기대할 수 없고 훗날 담임을 기억하는 학생도 없다. 담임교사는 학급을 즐거움이 가득 찬 낙원으로 만들어야 한다. 낙원에서 공부를 하면 훨씬 효과적인 것은 당연하다. 그러기 위해서는 교사 스스로가 훌륭한 엔터테이너가 되어야 한다.

엔터테이너란, 학생의 요구와 교육적 효과를 고려하여 학생의 요구는 수용하되 비교육적인 것은 철저하게 학생을 설득하고, 교육적인 효과를 가져올 수 있는 요구는 수용하여 이를 연출하는 교사를 의미한다. 따라서 훌륭한 엔터테이너란 학생을 이해하고 학생 편에서 학급을 경영하는 전략가를 의미한다.

경기도 모 중학교의 젊은 담임교사는 종례시간에 통상적인 지시와 전달사항 대신에 색소폰으로 아이들이 좋아하는 곡을 멋있게 연주해 주었다. 결과는 어떻게 되었을까? 담임교사의 백 마디 말보다 색소폰으로 들려주는 한 곡의 노래가 아이들에게 즐거운 학교, 행복한 학급으로 만들었고 선생님과 아이들이 함께 팀 플레이를 하는 낙원이 되었다. 색소폰을 불지 못하면 어떻게 할까? 생각을 바꾸면 또 다른 즐거움을 얼마든지 창출해 낼 수 있을 것이다.

(4) 담임은 오케스트라 지휘자

학급 내의 학생들은 각기 다른 개성의 소유자며 가정환경과 학습능력이 각기 다르다. 그런 점에서 학급은 각자의 목소리를 내고 있는 개성 있는 인격체의 모임이다. 어려운 환경, 불운한 가정, 행복한 가정, 정신적 장애, 특이한 성격, 뛰어난 두뇌 등 각기 다른 소리를 내는 악기처럼 학생들도 서로 이해할 수 없을 정도로 이질적인 조건과 특성을 가지고 학급이라는 공간에서 함께 살고 있다. 교사는 이러한 각각의 개성적인 존재를 인정하고 전체적으로 조화를 이루는 아름다운 음악을 창조하는 오케스트라의 지휘자와 같은 역할을 해야 한다. 교사는 학생들이 서로의 다름을 인정하고 함께 교사의 지휘를 따를 때 아름다운 하모니를 이룰 수 있다는 것을 배우도록 선도하는 명지휘자가 되어야 한다.

2) 학급담임교사의 일반적인 업무

학급담임교사의 업무를 영역별로 구분하여 세분화해서 볼 수 있으나 업무의 내용은 동시적이며 복합적으로 이루어진다.

학급담임교사의 일반적인 업무

- **학급운영을 위한 업무**
  - 급훈의 선정과 실천 지도
  - 조회와 종례 지도
  - 가정환경 파악과 가정 연계 지도
  - 환경구성 및 청소 지도
  - 교실비품 관리 지도

- **교육과정 편성 및 평가 업무**
  - 학급 교육과정 편성 · 운영
  - 교육과정 재구성 및 교육 프로그램 개발
  - 교육과정 운영 평가
  - 학습태도 및 방법 지도
  - 학생의 학업 성취도 평가
  - 학교생활기록부 전산 입력
  - 교육평가 결과 집계 및 통계, 통지표 작성

- **교과지도 업무**
  - 담당 교과에 대한 전문성 확보 및 학습지도
  - 교수-학습(연간, 단위, 차시)지도 계획 수립 및 운영
  - 교수-학습 과정안 작성

-가정학습 지도: 예습, 복습, 자습, 과제, 방학생활 등

• **특별활동을 위한 업무**
-학급회 운영 지도
-학급임원 선출 지도
-자치, 적응, 계발, 봉사, 행사활동
-교과 재량활동, 창의적 재량활동

• **학교 · 학급경영 직무 수행**
-학급 학습환경 조성: 청소, 게시물, 채광, 통풍, 난방, 방음 관리 등
-학사 및 각종 사무 관리: 출석부, 학교생활 기록부 및 건강 기록부 관리, 교육평가의 집계 및 통계, 통지표 작성, 학급경영록, 수업 연구안, 연수물 기록, 학생 기록물 관리(일기장, 학습장, 회의록 등), 기타 학생에 대한 일체의 사무 담당
-시설 및 비품 관리

• **사안 처리**
-학생 사안 발생 시 1차적인 책임자로서 사안 발생 사전 예방 교육
-사안 발생 시 해당 부서를 경유하여 학교장에게 즉시 보고 후 지시에 따라 처리

• **대외 관계 및 기타**
-직원 간 인화 단결 및 업무 협조
-지역사회, 교육 관련 기관과의 유대 형성
-바람직한 학부모와의 관계 형성 및 교사의 품위유지

출처: 서울특별시교육연구정보원(2011).

3) 학급담임교사의 일과

학급담임교사의 하루는 학생들이 등교하기 전부터 모든 학생이 정규수업을 마치고 하교하기까지다. 즉, 담임은 학생과 함께 일과가 시작되고 학생과 함께 일과가 끝난다고 볼 수 있다. 다음은 학급담임교사의 일반적인 일과를 구분하여 정리한 것이다.

학급담임교사의 일과

• **조회 전후**
 - 교실 정리 및 당번활동 지도
 - 자율학습 지도
 - 학생 출석상황 확인
 - 학생들 건강 및 특이상황 관찰
 - 학급 조회
 - 1일 1과제 제시 및 지도
 - 학급 특색 사업 추진

• **일과 중**
 - 교과지도
 - 휴식시간 및 점심시간 학생 생활지도
 - 출결상황 확인 지도: 결과, 무단외출, 무단조퇴 지도
 - 학생안전 지도
 - 특별한 경우 학생 면담

• **종례 전후**
 - 학급일지 점검
 - 당번활동 지도 및 확인
 - 특별활동 및 잔류학생 지도
 - 청소, 교실정리 및 문단속
 - 학급학생들 하루 생활 평가 및 반성

4. 학급경영의 평가

1) 학급경영 평가의 기본 방향

- 평가는 시기별로 나누어 체계적이고 계획적으로 해야 한다.
- 평가는 합목적적이고 구체적이며 타당성과 신뢰성, 객관성 등이 고려되어야 한다.
- 평가의 목적을 위해 다양한 방법과 내용이 도입되어야 한다. 교사와 학생 상호평가, 교사의 자기평가, 학생의 자기평가 등의 방법을 사용하되 평가목적에 적합한 방법을 선택하여야 한다.

2) 학급경영 평가의 기능과 절차

학급경영 평가의 주요 기능은 학급의 경영활동의 성취도를 분석하고 학급 경영의 개선을 위한 정보를 제공받기 위한 것이다. 이러한 기능을 위해 학급 경영의 구체적인 평가의 절차는 일반적인 평가의 절차를 그대로 적용한다.

학급경영 평가의 기능과 절차

- **학급경영 평가의 기능**
  - 학급경영 활동의 성취도 확인
  - 학급경영의 문제점 진단
  - 교사 및 학급 구성원의 동기유발
  - 학급경영의 개선을 위한 정보 제공
  - 학급경영의 책무성의 확인
  - 학급경영에 대한 제반 의사결정에 도움

- **학급경영 평가의 절차**
  - 평가목표 설정
  - 평가할 대상 영역 확정
  - 평가방법 상정(시기, 평가도구, 평가자)
  - 평가기준 척도의 작성
  - 평가 실시(자기평가, 상호평가, 장학적 평가)
  - 측정, 조사결과 정리
  - 자료 분석 및 판단
  - 평가결과 활용(학급경영 과정에 환류하여 개선)

출처: 서울특별시교육연구정보원(2011).

3) 학급경영 평가의 영역과 내용

학급경영 평가의 영역은 투입, 과정, 산출, 총괄의 네 가지 평가의 영역별로 구분하여 평가하는 방법이 있으며, 학급경영 평가의 내용은 학급경영의 전 분야에 걸쳐 이루어진다.

학급경영 평가의 영역과 내용

- **학급경영 평가의 영역**
  - 투입평가: 학급경영 활동에 투입된 요소들의 질과 양이 평가된다. 투입평가 대부분의 내용은 학기 초 학급경영 계획을 세울 때 미리 분석한다.
  - 과정평가: 학급경영 계획을 실천하는 활동이 평가된다. 즉, 영역별 활동이 평가되고 분석된다.
  - 산출평가: 학급의 산출, 곧 목표가 어느 정도 달성되었는가를 판단하여 학급경영의 효과를 측정하는 평가다.
  - 총괄평가: 투입평가, 과정평가, 산출평가의 결과를 결합시키거나 종합

하여 학급경영을 총괄적으로 평가하는 것이다.

- **학급경영 평가의 내용**
  - 학급경영 목표 및 계획: 학년, 학교 목표 등 상위 목표는 물론 교사의 교육관이나 경영관을 반영한 경영 목표나 방침이 포함되어야 한다.
  - 중점지도 사항: 교사의 중점지도 사항을 하나의 독립된 영역으로 평가하여야 한다.
  - 교수-학습지도: 교과목표, 교수활동 및 유형, 교수-학습 환경, 교수-학습 집단 조직, 교수-학습 자료, 특별 지도, 가정학습 지도 등이 포함된다.
  - 특별활동: 자치활동, 적응활동, 계발활동, 봉사활동, 행사활동 지도 등이 포함된다.
  - 재량활동: 학생들이 다양하고 창의적인 활동을 체험할 수 있도록 활동 내용이 잘 조직되었는지, 재량활동을 통해 학생들의 자기 주도적 학습력이나 창의력, 문제해결력, 정보 활용 능력이 길러졌는지를 중점적으로 평가하여야 한다.
  - 생활지도: 인성문제에 대한 지도, 학업상의 문제에 대한 지도, 진학 및 진로 지도, 건강 지도, 여가 생활 지도 등이 포함된다.
  - 환경 및 시설 관리: 게시물 관리, 시설 관리, 비품 관리, 청소 관리, 사회 심리적 환경 관리, 물리적 환경 정비 등이 포함된다.
  - 사무 관리: 사무 관리에는 학사물 관리, 학생기록물 관리, 가정 연락물 관리, 각종 잡무처리 등이 포함된다.

출처: 서울특별시교육연구정보원(2011).

4) 학급경영 평가의 실제

표 4-2 **교사 자신의 학급경영 평가표**(예시)

평가영역	평가관점	평가척도				
		5	4	3	2	1
기본관점 (10점)	학급의 독자적 특성이 조성되고 있는가?					
	학급의 일에 전 학생이 참여하고 있는가?					
학급경영 계획 (10점)	학급경영 계획은 학교의 교육계획과 일관성을 가지고 있는가?					
	학급경영 계획은 꾸준히 재구성, 보완되고 있는가?					
교과학습 지도 (25점)	기본학습 태도가 잘 이루어졌는가?					
	학생의 학습개발상담 지도가 잘 되고 있는가?					
	부진학생 지도가 잘 이루어졌는가?					
	가정과 연계한 가정학습 지도가 잘 이루어졌는가?					
	학습 기자재는 잘 정비되어 교수-학습에 효과적으로 쓰일 수 있는가?					
특별활동 (10점)	학생 자치활동과 역할분담 활동은 효과적으로 운영되고 있는가?					
	5대 영역이 균형 있게 이루어지고 있는가?					
재량활동 (5점)	재량활동 시간이 창의적이고 다양하게 이루어지고 있는가?					
생활지도 (30점)	기본생활습관 지도가 잘 이루어지고 있는가?					
	예절생활 지도는 잘 이루어지고 있는가?					
	요선도 학생 지도는 잘 이루어지고 있는가?					
	교외생활 지도는 잘 이루어지고 있는가?					
	안전생활에 대한 지도가 잘 이루어졌는가?					
	건전한 소비생활 교육은 잘 이루어지고 있는가?					
기타 (10점)	게시물과 학급비품은 잘 정비되어 있는가?					
	학급사무 및 분장사무는 신속 정확하게 처리되고 있는가?					
계(100점)						

출처: 서울특별시교육연구정보원(2011).

연구
문제

1. 학급경영의 의미를 설명하고 학급경영의 특성을 요약하여 제시하라.

2. 학창시절의 기억을 되살려 가장 기억에 남는 담임교사의 학급경영 능력과 특징을 설명하여 보고 이를 학급경영의 원리에 비추어 설명하라.

3. 학급경영 계획을 작성하기 위한 자료의 필요와 내용을 설명하라.

4. 학창시절 가장 학급경영을 잘한 것으로 기억나는 담임교사의 구체적인 학급경영 예를 제시하고 교재에 제시된 예시와 비교하여 설명하라.

5. 학급경영의 월별 예시를 참고로 하여 담임교사의 입장에서 월별 계획서를 작성해 보라.

6. 학급경영을 위한 담임교사의 역할을 구체적으로 제시하고 예를 들어 설명하라.

7. 학급경영을 위한 담임교사의 기본적인 업무를 요약하여 정리하라.

8. 학급경영 평가의 영역과 내용을 정리하여 설명하라.

Chapter **05**

학교 교육과정 편성과 운영

교육과정은 교육의 목표와 방향이다. 무엇을 가르칠 것인가를 결정하는 것은 철학적 과제다. 국가의 교육목표를 구체적으로 실현하는 학교의 교육과정은 국가와 지역사회의 교육목표를 충실하게 반영하는 교육과정을 편성할 수밖에 없다.

7차 교육과정의 기본 방향은 21세기의 세계화 정보화 시대를 주도할 자율적이고 창의적인 한국인의 육성에 있다. 이러한 교육과정의 방향을 토대로 추구하는 인간상은 전인적인 성장을 토대로 개성을 추구하는 사람, 기초능력을 토대로 창의적인 능력을 발휘하는 사람, 폭넓은 교양을 바탕으로 진로를 개척하는 사람, 우리 문화 이해의 토대 위에 새로운 가치를 창조하는 사람, 민주 시민 의식의 기초위에 공동체 발전에 공헌하는 사람이다.

학교의 교육과정은 이러한 교육목표와 사람을 육성하기 위해 학교 급별로 국가에서 정한 교육과정 편성 기준에 따라 교과와 시간을 편성하여 운영해야 한다.

1. 교육과정 구성의 방향[1]

1) 추구하는 인간상

우리나라의 교육은 홍익인간의 이념 아래 모든 국민으로 하여금 인격을 도야하고, 자주적 생활능력과 민주 시민으로서 필요한 자질을 갖추게 하여 인간다운 삶을 영위하게 하고, 민주 국가의 발전과 인류공영의 이상을 실현하는 데 이바지하게 함을 목적으로 하고 있다. 이러한 교육이념을 바탕으로 2012년 개정된 초·중등학교 학교 급별 교육목표 및 교육과정이 추구하는 인간상은 다음의 〈표 5-1〉과 같다.

표 5-1 학교 급별 추구하는 인간상과 교육목표

교육목표 인간상	초등학교	중학교	고등학교
전인적 성장의 기반 위에 개성의 발달과 진로를 개척하는 사람	풍부한 학습경험을 통해 몸과 마음이 건강하고 균형 있게 자랄 수 있도록 하며 다양한 일의 세계에 대한 기초적인 이해를 한다.	심신의 건강하고 조화로운 발달을 토대로 바른 인성을 기르고, 다양한 분야의 경험과 지식을 익혀 적극적으로 진로를 탐색한다.	성숙한 자아의식을 토대로 다양한 분야의 지식과 기능을 익혀 진로를 개척하며 평생학습의 기본 역량과 태도를 갖춘다.
기초능력의 바탕 위에 새로운 발상과 도전으로 창의성을 발휘하는 사람	학습과 생활에서 문제를 인식하고 해결하는 기초 능력을 기르고, 이를 새롭게 경험할 수 있는 상상력을 키운다.	학습과 생활에 필요한 기초 능력과 문제해결력을 바탕으로 창의적 사고력을 기른다.	학습과 생활에서 새로운 이해와 가치를 창출할 수 있는 비판적, 창의적 사고력과 태도를 익힌다.

---

1) 교육부(2007). 초중등 교육과정 총론. 교육부 고시 제2007-79호.

문화적 소양과 다원적 가치에 대한 이해를 바탕으로 품격 있는 삶을 영위하는 사람	우리 문화에 대해 이해하고 문화를 향유하는 올바른 태도를 기른다.	자신을 둘러싼 세계에 대한 경험을 토대로 다양한 문화와 가치에 대한 이해를 넓힌다.	우리의 문화를 향유하고 다양한 문화와 가치를 수용할 수 있는 자질과 태도를 갖춘다.
세계와 소통하는 시민으로서 배려와 나눔의 정신으로 공동체 발전에 참여하는 사람	자신의 경험과 생각을 다양하게 표현하며 타인과 공감하고 협동하는 태도, 배려하는 마음을 기른다.	타인과 공감하고 소통하는 능력, 배려하는 마음, 민주 시민으로서의 자질과 태도를 갖춘다.	국가 공동체의 발전을 위해 노력하고, 더불어 살아가며 협동하는 세계 시민으로서의 자질과 태도를 기른다.

출처: 교육부(2012).

2) 교육과정의 성격과 구성 방침

우리나라의 교육과정은 국가, 시·도교육청, 학교의 3단계로 나누어 편성되어 있다. 우선 국가 수준의 교육과정에서는 학교 교육과정의 기준을 제시하고 있다. 이를 바탕으로 시·도교육청에서는 지역의 특수성을 살린 교육과정의 편성·운영 지침을 만들어 학교에 제시한다. 각 학교에서는 학교장이 국가 수준 교육과정과 시·도 수준의 교육과정 지침을 바탕으로, 학교의 특수성에 따라 자율성과 창의성을 살려 학교 교육과정을 편성·운영한다.

이러한 교육과정 구성의 방침에 따라 현행 7차 교육과정은 다음과 같은 성격을 지니고 있다.

첫째, 국가 수준의 공통성과 지역, 학교, 개인 수준의 다양성을 동시에 추구하는 교육과정

둘째, 학습자의 자율성과 창의성 신장을 위한 학습자 중심의 교육과정

셋째, 교육청과 학교, 교사, 학습자 및 학부모가 함께 실현해 가는 교육과정

넷째, 학교교육 체제를 교육과정 중심으로 개선하기 위한 교육과정

다섯째, 교육의 과정과 결과의 질적 수준을 유지 · 관리하기 위한 교육과정

또한 7차 교육과정이 추구하는 인간상의 구현을 위한 교육과정의 구성 방침은 다음과 같다.

첫째, 사회적 변화의 흐름을 주도하는 기본능력 신장의 교육과정을 구성한다.
둘째, 국민공통 기본 교육과정 체제와 선택중심 교육과정 체제를 병행하여 도입한다.
셋째, 교육내용의 양과 수준을 적정화하고 심도 있는 학습수행을 위하여 수준별 교육과정을 도입한다.
넷째, 학습자의 능력, 적성, 진로를 고려하여 교육내용과 방법을 다양화한다.
다섯째, 교육과정 편성 · 운영에서 현장의 자율성을 확대한다.
여섯째, 교육과정의 평가체제를 확립하여 교육의 질적 관리를 강화한다.

3) 학교 교육과정 편성 방향[2]

학교 교육과정은 다음의 절차에 따라 교육목표를 설정하고 내용을 선정 조직하며, 내용에 합당한 교육방법을 선택하여 시행한다.

(1) 교육목표 설정

교육과정을 구성하는 첫 단계는 교육목표의 설정이다. 교육목표에는 교육을 통해서 육성하고자 하는 인간상이 제시된다. 교육목표는 상위 교육목표와 하위 교육목표 및 수준별 교육목표로 나눌 수 있다. 상위 교육목표는 일반적이고 포괄적인 목표로 제시된다. 하위 교육목표는 상위 목표를 토대로 구

---

2) 서울특별시교육연구정보원(2011).

체화된 목표로 제시된다. 각 단계별 교육목표는 상위 목표와 일관성이 유지되도록 체계화되어 설정된다.

각 단계별 교육목표는 앞에서 제시된 교육이념을 토대로 구체적으로 교육목표와 추구하는 인간상을 설정하며 이를 토대로 하위의 학교 급별 교육목표와 교육과정 목표가 설정된다.

(2) 교육내용 선정 · 조직

교육목표에 근거하여 적합한 교육내용의 선정과 조직을 위해서 다음의 몇 가지 점을 고려하여 교육내용을 선정하고 조직하여야 한다.

첫째, 학교 교육과정에서 교육내용을 선정하고 조직할 때는 우선 학습자가 미래 사회에 적응하도록 기초적이면서도 기본적인 교육내용을 선정한다.

둘째, 읽기 · 쓰기 능력과 기초적인 계산능력 등 필수 기초지식은 물론이고, 정보사회에 필요한 컴퓨터를 다루는 정보능력, 지식과 정보를 교환하는 데 필요한 의사소통 능력, 세계화 시대에 필수적인 외국어 사용 능력 등을 갖추기 위한 내용을 선정하여 조직한다.

셋째, 진로를 개척하고 직업 관련 능력을 강화하는 내용을 선정한다.

넷째, 학습자 자신의 적성에 맞는 진로 탐색의 기회를 제공하고 다른 사람과 어울려 일할 수 있는 팀워크, 협동력, 지도력 등도 개발하는 내용을 선정한다.

다섯째, 지식의 전달보다도 자기 주도적 학습능력을 키워 주는 학습 프로그램을 도입한다. 즉, 기존의 지식 전수 위주의 교육에서 탈피해 학습자 스스로 문제를 해결해 나가는 과정을 중시한 내용을 제시한다.

여섯째, 교과 및 교과내용을 조직할 때는 분과주의보다는 교과통합을 통해 의미 있는 학습이 되도록 내용을 구성한다.

(3) 교육 방법

교육내용이 선정되고 조직되면 교육내용에 적합한 교육 방법이 필요하다. 이를 위한 구체적인 방법은 다음과 같다.

첫째, 교육 방법은 획일적인 교육에서 개인차를 고려하는 수준별 교육으로 전환되어야 하며 이에 합당한 교육 방법이 조성되어야 한다. 이런 점에서 7차 교육과정은 학습자의 능력과 필요나 요구에 따른 차별화된 교육 방법을 적용하기 위해 수준별 교육과정을 편성·운영하도록 되어 있다.

둘째, 학습자 중심의 교육이 되도록 수업 방법을 개선해야 한다. 즉, 단편적 지식의 일방적인 수용학습이 아닌, 학습자 스스로 지식을 능동적으로 구성해 가는 창조적 학습을 강조한다. 지식의 관계 맺기를 통한 새로운 지식의 창출이 중요시되는 미래 사회에서는 학습자의 능동적인 지식 구성을 돕는 다양한 교육 방법들이 사용되어야 한다.

셋째, 사회 구성원 간의 지식을 공유하고 학문 간의 지식 교류를 위해 협동학습, 팀 학습방법 등이 활용되어야 한다. 특히 학습자 중심의 학습을 위한 흥미롭고 다양한 학습을 위해 ICT 활용 교육을 적극적으로 이용해야 한다. 학교현장에서 나날이 발전해 가는 ICT 활용 교육을 교수-학습과정에서 적극적으로 도입함으로써 미래 사회를 주도하는 학습자를 육성하고 이를 위해 첨단 기술을 활용하는 교육 방법의 혁신이 필요하다.

(4) 교육평가

교육과정을 시행한 다음 교육과정의 결과를 평가하는 것은 교육과정의 적합성 여부를 판단하는 중요한 근거가 된다. 평가의 결과는 교육과정의 전 분야로 피드백되어 교육과정 편성과 운영의 자료로 활용된다. 이러한 교육과정 평가는 다음과 같은 의미로 시행되어야 한다.

첫째, 학교교육에서 실시하는 평가는 학습자 모두가 교육목표를 성공적으로 달성하도록 돕기 위한 교육의 과정(過程)으로 실시한다.

둘째, 다양한 평가도구와 방법을 개발하여 활용하고 평가 결과는 수업의 질 개선을 위한 피드백 자료로 활용한다.

셋째, 선다형 지필 고사 중심의 평가 방법에서 벗어나 학습자의 사고력과 문제해결력, 창의적인 생각을 평가할 수 있는 다양한 평가 방법과 이를 위한 서술형 평가 비율을 높여 나간다.

넷째, 지식 이해 중심의 평가와 함께 가치 · 태도 등 정의적인 영역의 평가도 다양한 평가 방법으로 이루어지도록 한다.

다섯째, 평가 결과를 정확하게 기록하는 방법과 학부모에게 통지하는 방법을 개선하고 평가에 대한 객관성과 신뢰도를 높이는 방법을 모색한다.

여섯째, 학교 교육과정을 비롯한 교육 프로그램 평가도 정기적으로 실시하여 평가의 결과를 토대로 교육과정 편성자료로 활용하도록 한다.

4) 교육과정 편제와 시간(단위)배당 기준

2009년 개정 교육과정은 세계화와 다문화 사회의 진입을 수용하는 선진화된 교육의 틀을 만들기 위해 편성되었다. 학교 교육의 현실이 학습부담은 과중하나 학습효과는 상대적으로 저하되어 있고, 기존의 교육과정이 학습자 개개인의 특성과 수준, 관심을 반영하지 못하고 있다는 전제하에 이를 해소하고 창의인재 육성이라는 사회적 요구에 적합한 목적을 달성하기 위한 교육과정의 개편이었다. 구체적인 개정의 방향과 특성은 다음의 몇 가지로 요약할 수 있다.

(1) 개정 교육과정의 특성

① 학기당 이수 교과목 수 축소

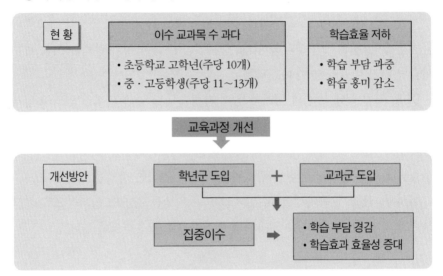

[그림 5-1] 학기당 이수 교과목 수 축소

출처: 교육부(2015).

② 학년군 도입

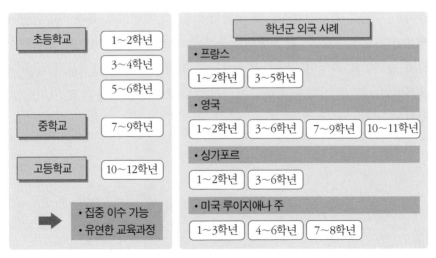

[그림 5-2] 학년군 도입

출처: 교육부(2015).

③ 교과군 도입

• 초등학교 교육과정 교과군

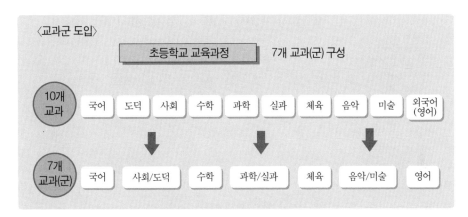

[그림 5-3] 초등학교 교육과정 교과군

출처: 교육부(2015).

• 중학교 교육과정 교과군

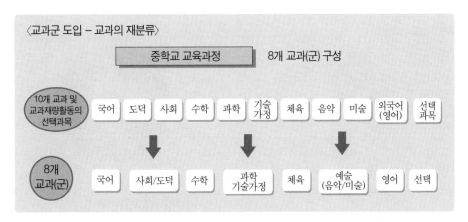

[그림 5-4] 중학교 교육과정 교과군

출처: 교육부(2015).

• 고등학교 교육과정 교과군

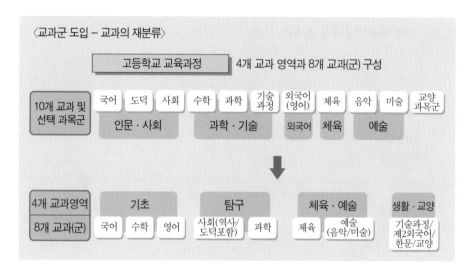

[그림 5-5] 고등학교 교육과정 교과군

출처: 교육부(2015).

④ 창의적 체험활동 도입

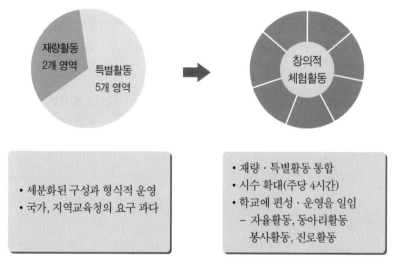

[그림 5-6] 창의적 체험활동 도입

출처: 교육부(2015).

(2) 초등학교 교육과정 편제와 시간배당

표 5-2 ▸ 초등학교 교육과정 편제와 시간배당

구 분		1~2학년	3~4학년	5~6학년
교 과 (군)	국어	국 어 448	408	408
	사회/도덕	수 학 256	272	272
	수학		272	272
	과학/실과	바른 생활 128	204	340
	체육	슬기로운 생활 192	204	204
	예술(음악/미술)	즐거운 생활 384	272	272
	영어		136	204
창의적 체험활동		272	204	204
학년군별 총 수업시간 수		1,680	1,972	2,176

출처: 교육부(2012).

① 이 표에서 1시간 수업은 40분을 원칙으로 하되, 기후 및 계절, 학생의 발달 정도, 학습 내용의 성격 등과 학교 실정을 고려하여 탄력적으로 편성·운영할 수 있다.
② 학년군 및 교과(군)별 시간 배당은 연간 34주를 기준으로 한 2년간의 기준 수업 시수를 나타낸 것이다.
③ 학년군별 총 수업시간 수는 최소 수업 시수를 나타낸 것이다.
④ 실과의 수업 시간은 5~6학년 과학/실과의 수업시수에만 포함된 것이다.

(3) 중학교 교육과정 편제와 시간배당

표 5-3 중학교 교육과정 편제와 시간배당

구 분			1~3학년
교 과 (군)		국어	442
		사회(역사 포함)/도덕	510
		수학	374
		과학/기술 · 가정	646
		체육	272
		예술(음악/미술)	272
		영어	340
		선택	204
창의적 체험활동			306
총 수업시간 수			3,366

출처: 교육부(2012).

① 이 표에서 1시간 수업은 45분을 원칙으로 하되, 기후 및 계절, 학생의 발달 정도, 학습 내용의 성격 등과 학교 실정을 고려하여 탄력적으로 편성 · 운영할 수 있다.

② 학년군 및 교과(군)별 시간 배당은 연간 34주를 기준으로 한 3년간의 기준 수업 시수를 나타낸 것이다.

③ 총 수업시간 수는 3년간의 최소 수업 시수를 나타낸 것이다.

(4) 고등학교 교육과정 편제와 시간배당

① 1단위는 50분을 기준으로 하여 17회를 이수하는 수업량이다.

② 1시간 수업은 50분을 원칙으로 하되, 기후 및 계절, 학생의 발달 정도, 학습 내용의 성격 등과 학교 실정을 고려하여 탄력적으로 편성 · 운영할 수 있다.

표 5-4 고등학교 교육과정 편제와 시간배당

교과 영역		교과(군)	필수 이수 단위		학교자율과정
			교과(군)	교과 영역	
교과(군)	기초	국어	15 (10)	45 (30)	학생의 적성과 진로를 고려하여 편성
		수학	15 (10)		
		영어	15 (10)		
	탐구	사회(역사/도덕 포함)	15 (10)	35 (20)	
		과학	15 (10)		
	체육 · 예술	체육	10 (5)	20 (10)	
		예술(음악/미술)	10 (5)		
	생활 · 교양	기술 · 가정/ 제2외국어/ 한문/교양	16 (12)	16 (12)	
소 계			116(72)		64
창의적 체험활동			24(408시간)		
총 이수 단위			204		

출처: 교육부(2012).

③ 필수 이수 단위의 교과(군) 및 교과 영역 단위 수는 해당 교과(군) 및 교과 영역의 '최소 이수 단위'를 가리킨다.

④ 필수 이수 단위의 (   ) 안의 숫자는 특성화 고등학교, 특수 목적 고등학교 및 체육 · 예술 등 교육과정 편성 · 운영의 자율권을 인정받은 학교가 이수할 것을 권장한다.

⑤ 창의적 체험활동의 단위는 최소 이수 단위이며, (   ) 안의 숫자는 이수 단위를 이수 시간 수로 환산한 것이다.

⑥ 총 이수 단위 수는 고등학교 3년간 이수해야 할 '최소 이수 단위'를 가리킨다.

2. 교육과정 편성 · 운영 지침[4]

1) 국민공통 기본교육과정

1학년부터 10학년까지의 10년 동안에는 국민공통 기본 교육과정을 편성 · 운영한다. 국민공통 기본교육과정의 시간배당 기준에 배당된 각 학년별 교과, 재량활동, 특별활동의 수업시간 수는 이 기간 동안에 모든 학생이 필수적으로 이수해야 할 연간 기준 수업시간 수다.

(1) 수준별 교육과정

국민공통 기본교육과정에서는 학생의 능력과 적성, 진로를 고려하여 교육 내용과 방법을 다양화한다. 특히 국어, 사회, 수학, 과학, 영어 교과에서는 수준별 수업을 권장한다(2006. 8. 29., 교육부 고시 제2006-75호).

(2) 재량활동 교육과정

재량활동에서 교과 재량활동은 중등학교의 선택과목 학습과 국민공통 기본교과의 심화 · 보충 학습을 위한 것이며, 창의적 재량활동은 학교의 독특한 교육적 필요, 학생의 요구 등에 따른 범교과 학습과 자기주도적 학습을 위한 것이다.

----

4) 교육부(2007).
　서울특별시교육연구정보원(2011).

- **초등학교**
  - 초등학교의 재량활동은 학교의 실정에 따라 융통성 있게 배정
  - 교과의 심화 · 보충 학습보다는 학생의 자기주도적 학습능력을 촉진시키기 위한 창의적 재량활동에 중점

- **중학교**
  - 중학교 교과 재량활동의 연간 수업시간 수는 102시간 이상
  - 한문, 컴퓨터, 환경, 생활 외국어(독일어, 프랑스어, 스페인어, 중국어, 일본어, 러시아어, 아랍어), 기타의 선택과목 학습 시간에 우선 배정
  - 나머지 시간은 국민공통 기본교과의 심화 · 보충 학습 시간으로 활용
  - 창의적 재량활동에는 연간 34시간 이상을 배정

- **고등학교**
  - 고등학교 1학년 교과 재량활동 연간 이수 단위 수는 10단위
  - 국민공통 기본교과의 심화 · 보충 학습에 4~6단위
  - 선택중심 교육과정의 선택과목에 4~6단위
  - 다만, 실업계 고등학교의 교과 재량활동은 전문교과로 대체하여 이수
  - 창의적 재량활동에는 2단위를 배정

출처: 교육부(2007).

(3) 특별활동 교육과정

특별활동 교육과정은 다음과 같이 편성 · 운영되어야 한다.

- 특별활동에 배당된 시간(단위) 수는 학습자의 요구와 지역 및 학교의 특성을 고려하여 학교 재량으로 배정하되, 영역 간의 균형이 유지될 수 있도록 유의한다.
- 시간(단위) 수가 배정되지 않은 활동에는 학교의 실정에 따라 별도의 시간을 확보한다.

• 특별활동은 학교의 필요에 따라 시간(단위)배당 기준보다 더 많은 시간을 확보하여 운영할 수 있으며, 다양한 방식으로 시간 운영을 통합하거나 분할하여 융통성 있게 할 수 있다.

2) 고등학교 선택중심 교육과정

11, 12학년의 2년 동안에는 선택중심 교육과정을 편성·운영한다. 선택중심 교육과정의 총 이수 단위는 140단위로, 선택과목에 132단위, 특별활동에 8단위로 나누어 편성한다. 학교별 구체적인 편성·운영 지침은 다음과 같다.

(1) 일반계 고등학교의 교과 편성·운영

선택과목은 학생들의 균형적인 이수를 위하여 6개 과목군으로 나누어 편성·운영한다.

표 5-5 일반계 고등학교의 교과 편성·운영

과목군	과 목	과목 이수	공통사항
인문·사회 과목군	국어, 도덕, 사회	이 과목군에서는 각각 1과목 이상 이수한다.	• 선택과목 중 과목명에 II가 있는 과목을 선택하기 위해서는 I을 먼저 이수해야 하나, 학교의 실정, 학생의 요구, 과목의 성격에 따라 이수를 면제하거나 대체할 수 있다. • 선택과목에 배당된 132단위 중에서 시·도교육청, 단위학교는 각각 28단위 이상 지정할 수 있다. 학생의 선택은 최소 28단위 이상으로 하되, 이에 대한 구체적인 사항은 시·도교육청이 정한 지침에 따른다.
과학·기술 과목군	수학, 과학, 기술·가정		
체육과목군	체육		
예술과목군	음악, 미술		

외국어 과목군	외국어	외국어과목군에서는 영어를 제외한 외국어 중 1과목 이상 이수한다.	• 보통교과의 선택과목은 기준 단위를 2~4단위까지 증감 운영할 수 있다. 다만, 이수 단위가 4단위인 과목은 증배 운영만 가능하다.
교양 과목군	한문, 교양	교양과목군에서는 2과목 이상을 이수한다.	

출처: 교육부(2007).

(2) 전문교육을 주로 하는 고등학교의 교과 편성·운영

• 국민공통 기본교과에 배당된 60단위는 필수적으로 이수하도록 하고, 이를 포함하여 보통교과를 80단위 이상 이수하도록 한다.

• 선택과목 중에서 전문교과의 기초가 되는 과목을 선택하여 이수할 경우, 이를 해당 국민공통 기본교과의 이수로 간주할 수 있다.

• 교원 및 시설 여건과 학생들의 요구를 반영하여 11학년에서도 국민공통 기본교과의 일부를 편성할 수 있다.

• 보통교과의 선택과목은 기준 단위를 2~4단위까지 증감 운영할 수 있다.

• 내용이 유사하거나 관련되는 보통교과의 선택과목과 전문교과는 교체하여 편성·운영할 수 있다.

• 전문교과는 필요한 경우 다른 계열의 전문과목을 선택하여 편성·운영할 수 있다.

• 2개 이상의 계열을 운영하는 실업계 고등학교의 경우 해당 학과가 속한 계열의 필수과목을 이수한다.

• 학교는 필요에 따라 시·도 교육감의 승인을 받아 총 교과 이수 단위를 10% 범위 내에서 증배 운영할 수 있다. 다만, 특수목적고등학교는 전문교과에 한하여 증배 운영할 수 있다(2004. 11. 26., 교육부 고시 제2004-85호).

• 11, 12학년의 특별활동에 배당된 8단위는 지역 및 학교 실정에 따라 각 영역별 이수 단위를 학교에서 재량으로 편성한다.

(3) 지역 및 학교에서의 편성 · 운영

교육과정 편성 및 운영은 상급 단위의 기관에서 결정한 편성 및 운영 지침에 따라 하급기관에서 교육과정 편성 및 운영 지침을 마련하여 시행한다. 이는 교육과정의 편성 및 운영에서는 종적인 일관성과 상호 맥락성을 유지하여야 함을 의미한다. 다음의 〈표 5-6〉에서 볼 수 있는 것과 같이 상급기관은 하급기관의 편성 및 운영에 관한 지침을 정하고 하급기관은 이를 기준으로 교육과정을 편성하여 운영하면 된다.

표 5-6 지역 및 학교에서의 편성 · 운영 과정

	시 · 도교육청	지역교육청	학 교
편성	시 · 도교육청에서는 이 교육과정에 의거하여 각급 학교 교육과정 편성 · 운영 지침을 작성하고, 이를 관내의 지역교육청과 각급 학교에 제시한다.	지역교육청은 시 · 도교육청의 학교 급별 교육과정 편성 · 운영 지침을 기초로 하여 학교 교육과정 편성 · 운영에 관한 실천 중심의 장학자료를 작성하여 이를 관내의 초 · 중등학교에 제시한다.	학교는 이 교육과정과 시 · 도교육청의 교육과정 편성 · 운영 지침, 지역교육청의 학교 교육과정 편성 · 운영에 관한 장학 자료를 바탕으로, 학교 실정에 알맞은 학교 교육과정을 편성 · 운영한다.
운영	시 · 도교육청은 관내의 지역 교육청에서의 교육과정 운영 지원 실태와 각급 학교 교육과정 편성과 운영 실태를 정기적으로 파악하고, 효과적인 교육과정의 운영과 개선 및 질 관리에 필요한 적절한 지원, 지도, 조언을 한다.	지역교육청은 각 학교의 교육과정 운영이 충실히 이루어질 수 있도록 장학 활동 계획을 수립하고, 정기적으로 시행한다.	학교 교육과정은 모든 교원이 전문성을 발휘하여 참여하는 민주적인 절차와 과정을 거쳐 편성 · 운영한다.

출처: 교육부(2007).

3) 학 교

(1) 편성[5]

각급 학교는 교육과정 편성과 운영을 위해 기본적으로 국가의 교육과정과 시 · 도교육청의 교육과정 편성 · 운영 지침, 이에 따른 지역교육청의 학교 교육과정 편성 · 운영에 관한 장학 자료를 바탕으로, 학교 실정에 알맞은 학교 교육과정을 편성 · 운영한다. 이를 위해 다음과 같은 공통의 지침을 따른다.

- 편성의 공통 지침
  - 교과와 재량활동 및 특별활동에 배당된 시간은 연간 34주를 기준으로 한 최소한의 시간이므로, 이 기준에 미달되지 않도록 편성한다.
  - 학교에서는 연간 수업시간 수를 계절, 학교 실정, 학생 실태, 교육 여건 등에 알맞게 월별, 주별로 적절히 배정하여 편성한다.
  - 하루 및 한 주의 시간 배정은 요일 및 교과 간의 균형이 유지되도록 하며, 교과의 특성과 재량활동, 특별활동의 내용에 따라서는 시간을 통합하여 연속적으로 운영할 수 있다.
  - 중학교와 고등학교에서는 교과에 배당된 수업시간 수를 학기 또는 학년 단위로 집중 편성하여 이수하도록 할 수 있다.
- 교육과정의 합리적 편성과 효율적 운영을 위하여 교원, 교육과정(교과 교육) 전문가, 학부모 등이 참여하는 학교 교육과정 위원회를 구성하여 운영하며, 이 위원회는 학교장의 교육과정 운영 및 의사결정에 관한 자문의 역할을 담당한다.
- 학교는 학교 교육과정 편성 · 운영 계획을 바탕으로 학년, 학급, 교과목별 교육과정을 편성할 수 있다.
- 학교 교육과정을 편성 · 운영함에는 교원의 조직, 학생의 실태, 학부모

---

5) 서울특별시교육연구정보원(2011).
   교육부(2007).

의 요구, 지역사회의 실정 및 교육 시설·설비 등 교육 여건과 환경이 충분히 반영되도록 노력한다.

• 수준별 수업은 다음 사항에 유의하여 편성·운영한다(2006. 8. 29., 교육부 고시 제2006-75호).

– 수준별 수업을 적용하는 교과는 심화·보충 학습을 위한 추가 시간이 필요할 경우, 재량활동에 배당된 시간 등 별도의 시간을 활용할 수 있다.

– 수준별 수업 운영을 위한 학습 집단은 학교의 여건이나 학생의 특성에 따라 다양하게 편성할 수 있다.

• 이 교육과정에 제시된 과목 이외의 과목을 설치·운영하고자 할 때는 시·도교육청의 교육과정 편성·운영 지침에 의거하여 사전에 필요한 절차를 거쳐야 한다.

학교 급별 편성 지침

• **초등학교**

– 초등학교의 교과 중에서 주당 평균 3시간 이상의 수업시간 수가 배당된 교과는 주당 평균 1시간 이내에서 시수를 감축하여 학생의 요구와 학교의 필요에 따라 감축된 교과의 학습활동과 관련되는 체험활동 등으로 통합·운영할 수 있다.

– 복식 학급을 편성·운영하는 경우는, 교육내용의 학년별 순서를 조정하거나 공통 주제를 중심으로 교재를 재구성하여 활용할 수 있다.

– 초등학교 재량활동에서는 주제 탐구, 소집단 공동 연구, 학습하는 방법의 학습, 통합적인 범교과 학습 등 다양한 교육 프로그램을 학교와 교사, 학생의 요구와 필요에 따라 편성하여 선택적으로 운영할 수 있다.

– 초등학교에서는 모든 교육활동을 통해 학생의 기본생활습관을 형성할 수 있도록 편성하고, 정확한 국어 사용 능력을 신장할 수 있도록 특별히 배려한다.

• 중학교

- 학교는 재량활동에 배당된 시간 수를 학생의 요구와 학교의 실정을 기초로 융통성 있게 배정한다.
- 선택과목을 개설할 경우, 학교는 2개 이상의 과목을 동시에 개설함으로써 학생들의 선택권이 보장되도록 유의한다.

• 고등학교

- 일반계 고등학교는 10학년까지 국민공통 기본교육과정을 이수할 수 있도록 교과를 편성한다.
- 일반계 고등학교의 교육과정에는 학생의 진로와 관련한 엄격한 과정을 따로 두지 아니하며, 개별 학생은 자신이 선택하여 이수한 과목들을 모아 자신의 과정을 만들어 가는 것을 원칙으로 한다. 「초 · 중등교육법」 시행령 제90조 제1항의 제5호 내지 제9호에 해당하지 아니하는 학교는 학생의 진로 선택을 돕고, 계열성 있는 선택과목의 이수를 위하여 필요한 과정을 설치하여 운영할 수 있으며, 이와 관련한 구체적인 사항은 시 · 도교육청이 정한 지침에 따른다(2004. 11. 26., 교육부 고시 제2004-85호).
- 창의적 재량활동을 포함한 고등학교의 재량활동에서는 학생의 적성과 진로 등을 고려하여 11, 12학년의 선택중심 교육과정과 연계하여 운영할 수 있도록 노력한다.
- 선택과목은 학교의 실정과 학생들의 요구를 반영해서 편성한다. 특히 시 · 도가 정한 일정 규모 이상의 학생이 이 교육과정의 편제에 있는 특정 선택과목의 개설을 요청할 경우, 학교는 이를 개설하여야 한다.
- 학기당 이수 과목 수는 시 · 도교육감이 정한 범위 이내로 편성하되, 가능한 10과목 이내로 하도록 한다.
- 학교가 종교 과목을 개설할 때는 종교 이외의 과목을 포함, 복수로 과목을 편성하여 학생에게 선택의 기회를 주어야 한다.
- 학교장은 자신의 학교에서 개설하지 않은 선택과목 이수를 희망하는 학생이 있을 경우, 그 과목을 개설한 다른 학교에서의 이수도 인정하도록 한다. 특정 과목의 경우, 공공성 있는 지역사회 학습장에서의 학습

이 해당 학교에서보다 효과적이라고 판단할 경우, 학교장은 이를 허용하여야 하며, 이와 관련한 구체적인 사항은 시·도교육청이 정한 지침에 따른다.

- 실업계 및 기타계 고등학교의 학과별 필수과목은 필요한 경우 학교장이 정할 수 있으며, 선택과목은 학교장이 정하는 비율의 범위 내에서 학생이 선택하여 이수할 수 있도록 한다.

- 실업계 고등학교에서는 교육과정 내용과 관련이 있는 현장 실습을 운영하여야 한다. 이 경우, 다양한 형태로 운영할 수 있으며 이와 관련된 구체적인 사항은 시·도교육청이 정한 지침에 따른다.

- 외국어 계열 고등학교에서는 전문교과 총 이수 단위의 50% 이상의 전공 외국어와 전공 외국어 이외의 2개 외국어를 포함하여 전문교과를 편성해야 한다(2004. 11. 26., 교육부 고시 제2004-85호).

- 이 교육과정에 명시되지 아니한 계열의 교육과정은 유사 계열의 교육과정에 준한다. 부득이 새로운 계열의 설치 및 그에 따른 교육과정을 편성할 경우와 학교의 실정에 따라 새로운 과목을 설정하여 운영하고자 할 경우는 시·도의 교육과정 편성·운영 지침에 의거하여 사전에 필요한 절차를 거쳐야 한다.

출처: 교육부(2007).

(2) 학교 교육과정 운영

학교 교육과정은 모든 교원이 전문성을 발휘하여 참여하는 민주적인 절차와 과정을 거쳐 편성·운영하여야 하며, 학교 교육활동 전반을 통하여 인성교육이 통합적이고 체계적으로 이루어지도록 하여야 한다.

교육과정 운영 내용

• **수준별 수업**
- 교과용 도서 이외의 수준별 교수-학습 자료는 교육청이나 학교에서 개

발한 것을 사용할 수 있다.

－수준별 수업을 적용할 경우, 학습 결손을 보충할 수 있도록 '특별 보충 수업'을 운영할 수 있다. 특별 보충수업의 편성 · 운영에 관한 제반 사항은 학교가 자율적으로 결정한다(2006. 8. 29., 교육부 고시 제2006-75호).

• **유의점**

－각 교과의 기초적, 기본적 요소들이 체계적으로 학습되도록 계획하고, 이를 일관성 있고 지속성 있게 지도한다.

－각 교과목별 학습목표를 모든 학생이 성취하도록 지도하고, 능력에 알맞은 성취가 가능하도록 다양한 학습의 기회와 방법을 제공하며, 이를 위한 계획적인 배려와 지도를 하여 학습 결손이 누적되거나 학습 의욕이 저하되지 않도록 노력한다.

－교과수업은 탐구적인 활동을 통하여 개념 및 원리를 이해하고, 이는 새로운 사태에 적용하는 기회를 많이 가지게 한다. 특히 여러 가지 자료를 활용한 정보처리 능력을 가지도록 하는 데 힘쓴다.

－개별적인 학습활동과 더불어 소집단 공동 학습활동을 중시하여 공동으로 문제를 해결하는 경험을 많이 가지게 한다.

－각 교과활동에서는 학습의 개별화가 이루어지도록 하고, 발표 · 토의 활동과 실험, 관찰, 조사, 실측, 수집, 노작, 견학 등의 직접 체험활동이 충분히 이루어지도록 유의한다.

－교과와 특별활동의 내용 배열은 반드시 학습의 순서를 의미하는 것이 아닌 예시적인 성격을 지니고 있으므로, 필요한 경우에 지역의 특수성, 계절 및 학교의 실정과 학생의 요구, 교사의 필요에 따라 각 교과목의 학년별 목표에 대한 지도 내용의 순서와 비중, 방법 등을 조정하여 운영할 수 있다.

－교과와 재량활동, 특별활동의 효율적인 운영을 위하여 지역사회의 인적, 물적 자원을 계획적으로 활용한다.

－실험 · 실습이나 실기 지도에서는 실습 시설 및 기계 · 기구 사용 시 안전에 특히 유의하도록 한다.

－교육활동 전반을 통하여 남녀의 역할에 관한 편견을 가지지 않도록 지

도한다.

- **특별활동**
  - 특별활동의 각 영역이 균형 있게 운영되도록 노력하여야 하며, 각 학교 별로 특색 있는 중점 영역을 설정하여 육성함으로써 학교의 전통을 가 꾸어 나가도록 한다.
  - 지역사회의 인적 자원과 물적 자원을 계획적으로 활용하고, 학생의 개 성, 취미, 흥미, 특기 등이 충분히 신장될 수 있도록 배려한다.
  - 공동체 의식과 민주 시민의 자질이 형성될 수 있는 자율적인 집단활동 이 되도록 한다.
  - 지역 및 학교 실정과 활동 내용의 특성에 따라 집중 연속적인 이수를 할 수 있으며, 다양한 방법으로 융통성 있게 운영하도록 한다.
  - 학생의 적성과 능력에 적합한 진로를 결정할 수 있도록 상담의 기회를 마련한다.

- **학습효과 고양**
  - 학습효과를 높이기 위하여 교과용 도서 이외에 교육방송, 시청각 기교 재, 각종 학습자료 등을 활용한다.
  - 교과용 도서 중심의 교육에서 탈피하여 교육 정보망, 멀티미디어 등 컴 퓨터를 활용한 교육이 활성화되도록 한다.

- **범교과 학습주제**
  - 범교과적 학습주제는 관련되는 교과, 재량활동, 특별활동 등 학교 교육 활동 전반에 걸쳐 통합적으로 다루어지도록 하고, 지역사회 및 가정과 의 연계 지도에도 힘쓴다.

- **계기 교육**
  - 학교에서는 교육과정에 제시되지 않은 사회 현안에 대해 학생들의 올 바른 이해를 돕기 위하여 계기 교육을 실시할 수 있으며, 이 경우 계기 교육 지침에 따른다.

- **독서교육**
  - 학교에서는 독서교육 계획을 수립하고, 국어과를 비롯한 각 교과 교육과 재량활동 및 특별활동에 활용할 수 있도록 한다.

- **특수학급 운영**
  - 심신 장애 학생을 위한 특수학급을 설치, 운영하는 경우, 학생의 장애 정도와 능력을 고려하여 이 교육과정을 조정, 운영하거나 특수학교 교육과정 및 교수-학습 자료를 활용할 수 있다.

- **방학 중 프로그램**
  - 학교는 학생과 학부모의 요구를 바탕으로 방과 후 학교 또는 방학 중 프로그램을 개설할 수 있으며, 학생들의 자발적인 참여를 원칙으로 한다.

- **교사들의 교육활동**
  - 학교는 동학년 모임, 교과별 모임, 현장 연구, 자체 연수 등을 통해서 교사들의 교육활동 개선이 이루어지도록 한다.

- **교육과정 평가**
  - 학교는 교육과정 편성과 운영의 적합성, 타당성, 효과성을 자체 평가하여 문제점과 개선점을 추출하고, 다음 학년도의 교육과정 편성 · 운영에 그 결과를 반영한다.

출처: 교육부(2007).
　　서울특별시교육연구정보원(2011).

4) 교육과정의 평가와 질 관리[6)]

(1) 교육과정의 질 관리

교육과정 질 관리를 위하여 국가 수준에서는 주기적으로 학생 학력평가,

----

6) 서울특별시교육연구정보원(2011).

학교와 교육기관 평가, 교육과정 편성·운영에 관한 평가를 실시한다. 이를 토대로 교육과정의 적절성을 확보하고 개선의 자료로 활용한다.

- 학업 성취도를 평가하기 위하여 교과별, 학년별 학생 평가를 실시하고, 평가 결과는 교육과정의 적절성 확보와 그 개선에 활용한다.
- 학교의 교육과정 편성·운영과 교육청의 교육과정 지원 상황을 파악하기 위하여 학교와 관련 교육청에 대한 평가를 주기적으로 실시한다.
- 교육과정 편성·운영과 지원 체제의 적절성과 실효성을 평가하기 위한 연구를 수행한다. 이 교육과정이 적용되는 첫 해부터 다양한 절차를 거쳐 해당 학교, 학년, 학생에게 적절한지를 조사하여 평가하되, 교육과정 평가 연구는 교육과정의 편제, 시간(단위)배당, 편성·운영 지침의 적절성과 그 적용 효과에 중점을 둔다.

(2) 국가의 교육과정 평가활동

국가 수준에서는 학교에서 교육과정의 정신을 구현한 평가활동이 원활히 이루어질 수 있도록 다양한 방안을 강구해서 학교현장에 제공해 주어야 한다.

- 교과별로 '절대평가 기준'을 개발, 보급하여 학교가 교과교육과정의 목표에 부합되는 평가를 실시할 수 있도록 한다.
- 국가 수준의 평가 문항 은행을 구축하여 에듀넷 등 통신망을 통해 학교가 평가에 이용할 수 있도록 한다.
- 교과별 평가활동에 활용할 수 있는 다양한 평가방법, 절차, 도구 등을 개발하여 학교에 제공한다.

(3) 시·도교육청의 교육과정 질 관리

시·도교육청에서는 관내 학교의 교육과정 편성·운영에 대한 질 관리 및 지역 교육청의 교육과정 편성·운영 체제의 적절성과 실효성을 높이기 위하여 학업 성취도 평가, 교육과정 편성 · 운영 평가 등을 실시할 수 있다.

(4) 학교 교육과정 평가

학교에서 실시하는 평가 활동은 다음과 같은 사항을 고려해서 이루어져야
한다.

- 평가는 모든 학생들이 교육목표를 성공적으로 달성하기 위한 교육의 과
  정으로 실시한다.
- 학교는 다양한 평가도구와 방법으로 성취도를 평가하여 학생의 목표 도
  달도를 확인하고, 수업의 질 개선을 위한 자료로 활용한다.
- 교과의 평가는 선다형 일변도의 지필 검사를 지양하고, 서술형 주관식
  평가와 표현 및 태도의 관찰 평가가 조화롭게 이루어지도록 한다.
- 실험 · 실습의 평가는 교과목의 성격을 고려하여 합리적인 세부 평가 기
  준을 마련하여 실시한다.
- 정의적, 기능적, 창의적인 면이 특히 중시되는 교과의 평가는 타당한 평
  정 기준과 척도에 의거하여 실시한다.
- 학교와 교사는 학교에서 가르친 내용과 기능을 평가하도록 유의한다.
  학생이 학교에서 배울 기회를 마련해 주지 않고, 학교 밖의 교육 수단을
  통해서 익힐 수밖에 없는 내용과 기능은 평가하지 않도록 유의한다.
- 초등학교의 교과활동 평가는 학생의 활동 상황과 특징, 진보의 정도 등
  을 파악하여, 그 결과를 서술적으로 기록하는 것을 원칙으로 한다.
- 재량활동에 대한 평가는 교과 재량활동과 창의적 재량활동의 특성과 학
  생의 특성을 감안하여 평가의 주안점을 학교에서 작성 · 활용한다. 다
  만, 창의적 재량활동의 평가는 그 결과를 문장으로 기록하도록 한다.

5) 학교 교육과정 편성의 일반 절차[7]

학교 교육과정은 학교의 실정에 맞도록 계획을 수립하여 편성하여야 한다. 학년도가 시작되기 전에 충분한 시간을 두고 자료를 수집·분석하여 학교의 특성과 창의성을 살릴 수 있는 교육과정을 편성·운영해야 한다. 학교 교육과정 편성의 일반적 절차는 다음과 같다.

- **학교 교육과정 편성 계획 수립**
  - 학교 교육과정 위원회 구성: 교사, 학부모, 지역사회 인사, 교육과정 전문가 포함
  - 조직, 업무, 역할의 구체화 및 세부 추진 일정 작성: 전년도 11월부터 시작
  - 업무 일정과 작업할 내용의 역할별 분담 및 추진

- **국가 사회의 요구 및 상위 교육과정 목표 분석**
  - 국가 수준 교육과정 및 서울특별시교육청 교육과정 편성·운영 지침 분석
  - 법령(「교육기본법」 「초·중등교육법」 및 시행령 등) 중 교육과정 관련규정 분석
  - 서울특별시교육청의 교육지표, 교육방향, 역점 과제 분석
  - 지역교육청의 주요 업무 분석

- **기초 조사 내용 분석 및 시사점 추출**
  - 학생, 교사, 학부모, 지역사회, 지역 주민의 실태분석 및 요구 조사
  - 학교의 교육 여건 분석
  - 학교의 선택교과목, 창의적 재량활동 주제, 특기·적성 활동 요구 조사
  - 전년도 교육과정 운영 평가 결과 분석
  - 기초 조사 분석 결과 후, 교육과정에 반영해야 할 시사점 추출

- **학교 교육과정 편성·운영의 기본방향 설정**
  - 학교장 경영 방침 설정

---

7) 서울특별시교육정보연구원(2011).

- 학교교육목표 및 중점 과제 설정
- 학교 교육과정 구성 방침 및 체제 결정
- 학년별, 영역별(교과, 재량활동, 특별활동) 교육과정 작성 방향 및 구성 체제 결정
- 학년별, 교과별, 재량활동, 특별활동 중점 지도 내용 설정
- 학교의 중장기 발전 계획 수립

• **학교 교육과정 시안 작성**
- 편제와 시간배당, 수업 일수 및 수업 시수 확보 계획 수립
- 교과, 재량활동, 특별활동 연간 운영 계획 수립(목표, 내용 수준, 지도 순서, 방법의 조정, 자료활용 계획 등), 조기 진급 및 조기 졸업 시행 계획 수립
- 수능 및 졸업고사 이후 특별 면학 프로그램 운영 계획 수립
- 교육평가 계획 수립(평가 시기, 평가방법, 기록, 결과 활용, 통지 방법 등)
- 생활지도, 특수아 · 영재아 · 학습부진아 지도계획 수립 · 교과 전담제, 특별교실, 운동장, 강당, 체육관 등의 활용 계획 수립

• **학교 교육과정 운영지원 계획 수립**
- 교육과정 운영 중심의 교직원 업무 분담 계획
- 학교 규칙 제정 및 개정
- 교육과정 운영에 필요한 예산 확보 및 시설관리 계획
- 교사 연수 및 자율 장학 계획

• **학교 교육과정 시안 심의 확정 및 홍보**
- 시안 검토 후 수정 및 보안
- 학교 운영위원회 심의 및 확정
- 학교 교육과정 홍보 자료 작성: 학습자, 학부모, 지역사회에 홍보

• **학교 교육과정 운영**
- 교육목표 실현을 위한 교육활동 전개
- 운영 과정상의 문제점에 대한 탄력적 운영(시간 운영, 장소 활용, 교사 조직, 학습내용 조직, 집단편성, 자료, 예산 등)

> ─교육과정위원회의 중간 평가를 통한 수정 및 보완
>
> • **학교 교육과정 평가와 개선**
>   ─학생의 학업 성취도 결과 분석
>   ─평가기준에 따라 학교 교육과정, 영역별 교육 프로그램 성과 분석
>   ─문제점과 개선점 분석 후, 차기 교육과정 편성 자료로 활용

출처: 서울특별시교육연구정보원(2011).

3. 중등학교 교육과정 편성 운영 · 실제

1) 수업 일수와 수업 시수 확보

초·중등학교 법정 수업 일수와 시수는 학교 급별로 구분하여 규정되어 있으며 교육과정 운영을 위해 엄격하게 지킬 것을 요구하고 있다.

> **초등학교**
>
> • **연간 34주(205일) 이상 확보**
> • **실수업 시수**
>   ─1학년: 830시간
>   ─2학년: 850시간
>   ─3학년: 952시간
>   ─4학년: 952시간
>   ─5학년: 1057시간
>   ─6학년: 1057시간
>
> **중학교**
>
> • **연간 32주(192일) 기준**

- **실수업 시수 1,088시간(32×34시간) 이상 확보**
  - 실수업 시수는 고사 시수를 제외하고, 교과활동, 재량활동, 특별활동에 실제로 투입된 시수를 말함
  - 실수업 시수에는 학교의 계획에 따라 교과 및 선택과목 학습과 관련하여 실시한 체험학습 시간이 포함됨
  - 형성평가, 수행평가 등 수업활동의 일환으로 실시되는 평가와 수준별 교육과정 운영을 위한 성취도 평가는 실수업 시수에 포함됨
  - 국가 또는 교육청 주관 학력평가(예: 한국교육과정평가원 주관 학업 성취도 평가 등)가 시행되는 날은 정상적으로 교육과정이 운영된 것으로 간주하여 당일 시간표상의 시간을 실수업 시수에 포함시킴
  - 특별활동의 일환으로 교육과정의 융통성 있는 운영을 위한 일수(16일)를 활용하여 실시하는 체험학습(활동) 등은 실수업 시수에 포함하지 않음
  - 특별활동 시수는 32주 기준으로 연간 64시간 이상만 확보하면 되나, 특별활동 평가는 정기고사 시간이 아니라 특별활동 중에 이루어지는 점을 감안하면 연간 68시간을 운영하는 것이 바람직하며 격주제 · 전일제 운영의 경우, 사전에 고사 기간을 피해 운영하도록 계획해야 함

고등학교

- **연간 34주(204일) 기준**
- **수업 시수 1,224시간(34주×36시간) 이상 확보**
  - 고등학교 수업 시수를 사용하며 실수업 시수는 적용하지 않음
  - 수업 시수는 교과활동, 특별활동, 재량활동에 실제로 투입된 시수와 고사 시수를 합한 것임
  - 수업 시수에는 형성평가, 수행평가 등 수업활동의 일환으로 실시되는 평가와 수준별 교육과정 운영을 위한 성취도 평가 시수가 포함됨
  - 학교장은 교육과정의 융통성 있는 운영을 위한 일수(16일)를 특별활동 영역 운영에 필요한 시간으로 확보하거나 정기고사(일부) 일수 등으로 활용할 수 있음

- 고사 일수가 많은 고등학교의 현장 여건을 고려하여 정기고사와 국가 또는 교육청 주관 학력평가(예: 한국교육과정평가원 주관 학업 성취도 평가, 전국 연합학력평가 등)가 시행되는 날은 교육과정이 정상적으로 운영 된 것으로 간주하여, 당일 시간표상의 수업 시수에 포함시킴(예: 월요일 부터 토요일까지 정기고사를 실시한 경우, 시간표상의 시간이 36시간이라면 고사 기간의 수업 시수는 36시간으로 간주함)
- 특별활동 시수는 4단위 68시간을 확보해야 하며, 고사 기간 중의 특별 활동 시간은 위와 같은 방식으로 운영한 것으로 간주할 수 있으나, 격 주제·전일제 운영의 경우는 사전에 고사 기간을 피해 운영하도록 계 획하는 것이 바람직함

※ 고등학교에서의 1단위라 함은 1학기(17주) 동안 주당 1시간(50분)씩 이수함을 말함.
출처: 서울특별시교육연구정보원(2011).

2) 재량활동의 운영

재량활동은 교과 재량활동과 창의적 재량활동으로 나뉘어 있으며 구체적 인 내용은 다음과 같다.

표 5-7 재량활동의 하위 영역과 학교 급별 연간 수업 시수(단위)

영 역	학교급 및 연간시수 하위영역	초등학교 (68시간)	중학교 (학년당 136시간)		고등학교 (1학년 204시간)		비 고
교과 재량 활동	선택과목 학습		34~102 시간	학년당 102시간 (주당)	68~102시간 (4~6단위)	170시간 (10단위)	교과서 제공
	국민공통 기본교과 심화·보충학습		0~68 시간		68~102시간 (4~6단위)		교과서 자체개발
창의적 재량 활동	범교과학습		학년 당 34시간 (주당 1시간)		34시간 (2단위)		교과서 자체개발
	자기 주도적 학습						

출처: 교육부(2007).

표 5-8 교과 재량활동

중학교	선택과목 학습	• 한문, 컴퓨터, 환경, 생활외국어(독일어, 프랑스어, 스페인어, 중국어, 일본어, 러시아어, 아랍어), 기타 • 학교에서 선택과목에 대해 충분히 안내하여 학습자의 적성과 소질, 미래의 진로 등을 고려하여 선택하도록 지도함 • 학습자 선택의 폭을 넓히는 방향으로 최소한 1개 학년 이상에서 학습자의 실질적인 과목 선택권을 부여하는 것이 바람직함
	기본교과 심화 보충학습	• 학습자의 희망과 학교의 실정을 고려하여 10개 국민공통기본교과 중에서 결정하되 특정 교과목의 3년 동안 이수시간이 34시간을 초과하지 않도록 함
고등학교	선택과목 학습	• 일반 선택과목 중에서 4~6단위 편성
	기본교과 심화 보충학습 (4~6단위)	• 학습자의 희망과 학교의 실정을 고려하여 10개 국민공통기본교과 중에서 결정하되, 특정 교과목의 이수 단위가 2단위를 초과하지 않도록 함 • 실업계, 기타계 고등학교에서는 교과 재량활동 10단위를 전문교과로 대체하여 이수할 수 있음

출처: 교육부(2007).

표 5-9 창의적 재량활동

범교과 학습	• 여러 교과와 관련되는 주제나 사회적인 문제들을 하나의 독립 영역으로 구성하여 지도함 - 민주시민교육, 인성교육, 환경교육, 에너지교육, 근로정신함양교육, 보건교육, 안전교육, 성교육, 소비자교육, 진로교육, 통일교육, 한국문화정체성교육, 국제이해교육, 해양교육, 정보화 및 정보윤리교육 등이 있으며 지역 여건과 학교의 전통 및 학습자의 요구 등을 고려하여 학교에서 자율적으로 새로운 학습주제를 설정할 수 있음
자기 주도적 학습	• 학습자 스스로 계획하고 정보를 수집 · 분석 · 탐색하여 문제를 파악하고 해결방안을 도출하는 적극적인 학습활동임

창의적 재량 활동의 운영	• 창의적 재량활동(범교과 학습+자기 주도적 학습)은 연간 수업 시수로 34시간 이상을 배정하되, 범교과 학습과 자기 주도적 학습은 적절히 분할하거나 통합하여 운영할 수 있음 • 창의적 재량활동은 강의식 수업, 학습자 참여식 토론수업 및 발표수업, 시청각 기자재를 활용한 수업, ICT 활용 수업, 전체 학습자를 대상으로 한 강연식 수업, 현장체험 학습 등 다양한 방법을 활용하여 운영할 수 있음 • 창의적 재량활동은 재직 교사가 담당하는 것을 원칙으로 하나, 특수한 전문 분야의 주제에 대해서는 해당 분야의 외부 전문가를 강사로 위촉하여 수업을 담당하도록 할 수 있음

출처: 교육부(2007).

3) 특별활동의 운영

특별활동은 자치활동, 적응활동, 계발활동, 봉사활동, 행사활동의 5대 영역으로 이루어져 있다.

특별활동에 배당된 연간 시간 수(68시간)는 학습자의 요구와 지역 및 학교의 특성을 고려하여 학교 재량으로 4개 영역(자치, 적응, 계발, 봉사)에 배정하되 두 가지 이상의 영역을 통합하여 시간을 배정할 수 있다.

행사활동과 시간 수가 배정되지 않은 영역 및 추가 시간이 필요한 영역의 활동은 학교의 실정에 따라 교육과정의 융통성 있는 운용을 위한 일수(16일)에서 별도의 시간을 확보하여 운영할 수 있다.

봉사활동 시간을 교육과정 시간 중에서 10시간 이상을 확보하여야 하며 특별활동에 배당된 68시간과 교육과정의 융통성 있는 운영을 위한 일수에서 별도로 확보하는 시간을 합하여 10시간 이상이어야 한다. 그중 몇 시간은 봉사활동 태도와 방법을 익히는 교육 시간으로 배정하는 것이 바람직하다.

연구
문제

1. 우리나라 교육이념에 입각한 7차 교육과정의 기본방향을 제시하라.

2. 학교 급별로 추구하는 인간상의 핵심적인 내용을 제시하라.

3. 교육과정 구성의 방침과 교육과정 편성의 방향에 대해서 설명하라.

4. 국민공통 기본과목 교육과정 편제의 특징을 요약하여 설명하라.

5. 최근에 개정된 고등학교 선택 교육과정의 특징을 요약하여 설명하라.

6. 국민공통 기본과목 교육과정의 편성과 운영의 내용을 설명하라. 특히 수준별 교육과
   정의 운영, 재량활동 교육과정, 특별활동 교육과정의 운영에 대해 설명하라.

7. 일반적인 교육과정의 운영 지침에 따라 이루어지는 학교 교육과정의 편성과 운영에
   관한 내용을 요약하여 설명하라.

8. 학교 교육과정 편성의 일반적인 절차에 대해 설명하라.

9. 일선 중·고등학교의 교육과정의 예를 보고 교육과정 편성의 실제적인 내용을 설명
   하라.

Chapter **06**

효과적인 수업기술

　　수업은 창조적 예술이다. 가르치는 자와 배우는 자가 함께 이루어 내는 창조적 작업이 수업이다. 창조적 작업의 주체는 교사이며 교사의 수업계획과 수업을 위한 열정과 인격적 감동과 몸짓, 전문적 기술 등이 창조적 수업을 만들어 낸다. 모든 수업은 일회적인 것이며 그 누구도 동일한 수업을 두 번 할 수는 없다. 모든 수업이 각각 일회성의 창조적 작업이기 때문이다.

　　잘 가르치는 것은 학습자를 감동시키는 것이며 효율적인 교사는 감동적인 수업을 하는 교사다. 지적 감화력과 교육적 감화력은 창조적 작업을 하는 교사의 중요한 수업기술이다. 감동적인 수업을 위한 교육적 감화력은 학습자에 대한 이해와 교사의 열정과 사랑, 전략적 의지 교사의 인격과 아가페적인 만남의 의지 등을 통해 나타난다.

1. 교수-학습의 원리

잘 가르치는 것은 학습자를 감동시키는 것이다. 학습자를 감동시키며 변화를 유도하는 인격적인 가르침은 말의 유희로 결정되는 것이 아니고 학습자를 감동시키는 교수자의 인격적인 몸짓 전체를 통하여 이루어지는 것이다. 학습자에게 감동과 동기를 유발하며 교수자에 대한 인격적인 신뢰가 형성되면서 가르침은 시작된다. 인격적인 신뢰와 가르침은 말로써는 불가능하다. 지혜롭게 가르치는 것은 학습자를 이해하고 학습자를 감동시키며 인격적인 신뢰의 바탕 위에서 가르치는 것이다. 그러기에 지혜롭게 잘 가르치는 것은 학생의 특성을 이해하면서 말과 행동이 일치하는 가르침을 의미한다고도 볼 수 있다(김진한, 2007).

지혜롭게 가르치기 위해서는 학습자의 특성을 이해하는 교수-학습의 원리가 필요하다. 이러한 교수-학습의 원리는 기본적으로 학습자의 특성을 이해하는 측면과 학습자 중심의 교수-학습의 원리를 적용하는 측면, 그리고 교실의 상황을 이끌어 가는 교사의 리더십의 문제 등으로 구분하여 볼 수 있다. 여기서는 이러한 측면들을 고려하여 실제로 수업에서 적용할 수 있는 교수-학습의 방법과 원리를 제시하고자 한다.

1) 인간의 학습본능에 대한 이해

인간을 새로운 현상에 대한 이해와 학습의 본능을 지닌 존재로서 인식하는 것은 인간의 문화 창조적인 특성과 관련하여 다양한 측면에서 논의되어 왔다. 인간의 배움에 대한 역사는 인류의 시작과 더불어 아주 오래된 것이며 이는 동서양의 차이가 없다. 학습하는 인간의 모습은 인류의 문명 역사와 일치하는 것으로 보는 것이 타당할 수 있다. 위대한 서양의 철학사상가인 Socrates는 인간 스스로의 성찰을 바탕으로 한 진리 탐구를 주장함으로써 인간의 근원적인 학습의지를 전제로 하고 있다. 공자(孔子, 551~479 B.C.)가 그의 삼천제자들에게 가르친 첫 번째 사상이 바로 학이시습(學而時習)의 인간상이었다. '배우고 때때로 익히면 즐겁지 아니하리오.'라고 해석되는 배우며 익히는 인간의 지표인 학이시습은 동양 사상의 학습 정신이다. 공자가 그의 제자들이 삶을 통틀어 가장 중요한 거울로 삼도록 남긴 말인 학이시습은 학습하는 인간의 본성과 자기 주도 학습능력, 일상생활 속의 경험을 통한 지혜, 이런 것들을 총칭하는 것이다(한준상, 1999).

그러나 동서양 모두에게 학습이란 완전한 인간됨의 과정을 의미한다고 볼 수 있다. 즉, 지식의 습득만을 인간됨의 학습으로 보지 않았다. 서양에서도 Socrates를 중심으로 한 그리스의 철학자들은 지혜와 지식을 분명하게 구분하며 지혜 있는 자를 학습하는 철인(哲人)으로 보고 있다. 그들은 스스로를 자각하는 과정이야말로 인간됨의 기초이며 깨달음의 시작으로 보았는데, 이러한 깨달음을 인간됨의 학습의 기본으로 본 것이다. 서양의 이러한 역사적인 배경이 서양의 도제교육제도로 이어져 오늘에 이르고 있다고 본다. 동양에서도 서양과 마찬가지로 인간됨을 전제로 학습하는 오랜 역사를 갖고 있고 동양의 선현들은 이를 스승과 제자의 관계를 설정하는 기본적인 덕목으로 여겨 왔다. 따라서 동서양은 학습의 기본적인 의미를 동일하게 해석하고 발전시켜 왔다는 것으로 보는 것이 타당하다. 동양의 이러한 학습에 대한 관점을 두 가지 동양적인 모습의 배우는 인간으로 설명한 한준상(1999)에 따르면, 하나는 공부론(工夫論)적으로 학습하는 인간의 모습이고, 다른 하나는 수행론(修行論)적으로 학습하는 인간의 모습이다.

그러나 이것은 서로 분리되어 있는 것이 아니라 하나로 통합된 학습하는 인간의 총체적인 모습이다. 김지하 시인이 이야기했듯이 배운다는 것과 공부한다는 것은 지식을 머리로만 이해하는 것이 아니라, 몸으로 익히고 내면화시켜 삶의 자연스러운 태도를 발현하는 자발적인 노력이다. 인간 내면의 행동이나 느낌은 따르지 않은 채, 오로지 지적 습득이나 지식 이해를 위해서 앞서 나가는 공부는 사람 스스로를 불균형하게 만든다. 공부와 비슷하게,

수행 역시 '없는 것'에서 무엇을 '만들어 내거나 얻어 내는' 노력이다. 그러나 사람에게는 '잘못 만들어지거나 불필요한 것'을 '닦아 내는' 자정으로서의 인간성 회복을 추구하는 노력이 더 중요하다. 인간은 얻은 후에는 반드시 버리고 비우기 때문에 자기의 생명을 유지할 수 있는 것과 마찬가지로, 교육역시 공부와 수행의 버리고 비우는 행위를 지속하기에 그 학습이 생명력을 갖게 된다(한준상, 1999).

이러한 주장에 따르면, 동양에서의 학습은 인간됨의 학습(수행론)이 우선적이고 이를 전제로 지식을 습득하는 지적 학습(공부론)이 필요한 것이며 이는 통합된 학습의 모습으로 나타난다. 따라서 학습은 지식을 습득하는 삶이라는 것이 적절하며 지식을 습득하는 삶이 인간다움의 모습으로 나타날 때 온전한 학습의 과정이라는 것이다. 이러한 논의의 관점에서 보면 인간은 본능적으로 학습하는 존재이며 학습은 인간됨을 바탕으로 지식을 습득하는 과정으로 보아야 한다(김진한, 2007).

2) 교사의 특성과 교수-학습

학습이 단순한 지식의 전달을 의미하는 것이 아니고 인간됨의 모습을 전제로 지식을 전달하는 삶의 과정으로 본다면 가르치는 교사의 어떠한 특성이 온전한 학습을 가져오는 것인가?

P. Jackson은 저서 『Life in Classrooms』에서 교사와 학생 간의 역동적인 관계를 설명하면서, 교실에서 학생들의 행동과 반응은 교사의 계획과 노력과는 다르게 나타나는 예측 불가능의 변수라고 설명한다. 학생들은 교실에서 교사의 모습과 학생을 대하는 말과 태도, 교실의 상황을 이끌어 가는 독특한 방식과 같은 교사의 특성에 따라 반응한다. 학생들은 가변성을 가진 존재다. 월요일 아침과 화요일 아침의 수업시간에 학생들이 보이는 태도는 다를 수 있다. 가변적이고 예측 불가능한 속성을 가진 학생을 어떠한 상황에서도 적절한 방식으로 대응하는 교사의 특성은 무엇일까? Kounin(1970)의 연구에

서는 교실을 효율적으로 운영하는 교사는 수업을 방해하는 문제가 발생했을 때 이를 어떻게 잘 처리하느냐가 아니라, 문제가 일어나기 전에 학생들을 얼마나 잘 관리하느냐와 관계가 깊다는 사실을 시사하였다. Brophy와 Putnam(1979)은 교실은 교사의 교실관리 기술이나 기법뿐만 아니라 교사의 개인적인 자질에 따라서도 결정된다고 하였으며, 학생들에게 호감을 느끼게 하는 즐거운 성격, 다정다감, 성실성, 적응력 등의 자질과 함께 '강인한 자아력'을 중요한 자질로 설명하고 있다. Anderson, Evertson과 Emmer(1980)는

온·통(通) 놀면서 배우는 행복한 교실 만들기

나 온(on)통 놀기
- 행복을 여는 인사
- 나를 표현해요
- 내가 듣고 싶은 말
- 꿈꾸는 아이(Dream-I)

온(on)통
내 마음 열기

자기 이해,
자존감, 자신감

내 마음을 열고
나를 먼저 이해하고
다른 사람을 받아들일 준비가
되어 있는 열린 상태(on)로
긍정적 자아개념을
형성한다.

너 온(溫)통 놀기
- 소통 풀이 역할극
- 소통 놀이
- 놀이도감으로 놀기
- 협동하여 놀기
- 공부하며 놀기

온(溫)통
친구와 만나기

타인 이해(존중),
배려, 소통

따뜻한(溫) 마음으로
타인을 존중하고 배려하며
놀이를 통하여
함께 소통(通)한다.

우리 온통(모두) 놀기
- 책이랑 놀기
- 자연이랑 놀기
- 우리는 환경 지킴이
- 가족과 소통하기
- 이웃과 소통하기
- 사회와 소통하기

온통(모두)
다 같이 놀기

나눔, 봉사, 감사

자연, 가족, 이웃,
사회에 감사하며
온통(모두) 함께 놀며
나눔과 봉사를 실천하는
공동체의식을 기른다.

[그림 6-1] 온·통(通) 놀면서 배우는 행복한 교실 만들기

출처: 김현영(2014).

효과적으로 교실을 운영하는 교사의 가장 중요한 자질 중 하나는 학생과의 의사소통이라는 사실을 밝혔다. 이러한 연구 결과들은 교실에서 교사의 행동 특성이 학습자를 원하는 학습의 목적으로 만들어 갈 수 있음을 보여 준다(김진한, 2002).

동일한 교실에서 선생님에 따라 수업을 하기 어려울 정도로 무너지는 교실이 되기도 하고 교육적인 분위기에서 정상적인 수업이 이루어지는 살아 있는 교실이 되기도 한다. 교실의 상황을 결정짓는 교사의 특성은 다음과 같이 몇 가지로 요약할 수 있다.

(1) 교사의 수업에 대한 열정

교사의 수업에 대한 열정은 교사의 중요한 본분임과 동시에 학생들로부터 가장 호감을 살 수 있는 요인 중의 하나다(김진한, 1999; 박병학, 1997). 교사의 수업에 대한 열정은 학생들이 본능적으로 감지한다. 학생들은 교사의 열정에 따라 수업 태도와 자세를 취한다. 최선을 다해 학생들을 가르치려는 선생님의 수업에 임하는 학생들의 태도는 그렇지 않은 경우와는 다르다. 선생님이 열정적으로 가르치는 수업에 대해서는 학생들이 기본적인 예의와 태도를 갖춘다. 이것은 교사가 베푸는 열정과 사랑에 대한 학생들의 대접이며 자연스러운 결과라고 할 수 있다(김진한, 2002).

Brophy와 Putnam(1979)은 교실관리의 성공은 교사의 기술이나 기법뿐만 아니라 교사의 개인적 자질에 따라서도 결정된다는 사실을 지적하였다. 교사의 개인적 자질로는 학생들에게 호감을 느끼게 하는 밝은 성격, 다정다감, 성숙된 정서, 성실성, 적응력, 이러한 자질과 함께 '강인한 자아력'을 중요한 교실관리의 능력 요인으로 설명하였다. 무너지는 교실과 살아 있는 교실의 차이를 설명하는 교사의 열정은 Brophy와 Putnam이 말하는 교사의 개인적 자질의 총체적인 모습이 행동으로 표출되는 것을 간결하게 표현한 것이라고 할 수 있다. 교사의 열정은 교사의 밝은 성격, 학생에 대한 호감, 성실성 등이 없이는 불가능한 표현이기 때문이다. 교실에서 학습자의 태도 차이는 교사의 개인적인 자질의 차이며, 이를 한마디로 표현하면 열정의 차이라고 할 수 있다(김진한, 2002).

교사의 열정은 실제 장면에서 교사의 전문성이 실현됨을 의미한다. 열정과 전문성이 별개인 것처럼 인식되어 왔던 이유는 전문성을 지식에 국한시켰기 때문이다. 열정이 많은 교사의 일상적 행동을 분석해 보면, 우리는 이 열정이 전문성을 의미하는 것임을 쉽게 알 수 있다. 열정이 많은 교사는 학생 개개인의 장점과 단점, 개별 학생들의 열망과 좌절, 개인적 고민, 가정의 사회경제적 조건과 교육적 환경 등을 소상하게 파악하고 있다.

교사의 전문성은 교사가 소지한 대학졸업장, 교사자격증, 교원 임용고사 합격증 등에 의해서 확보되지 않으며, 교사가 수행한 수업, 학생상담 등 구체적 교육활동의 성과와 교사가 가진 가치관, 태도, 일상적 행위 등에 의한 간접적인 교육효과에 의해서 드러난다.

다음은 한 교생이 작성한 보고서다. "오늘 학교에서 목격한 일은 개인이 저지른 대(大)학살극이나 마찬가지였다. 교사 한 사람이 아이 30명의 목숨을 파괴한 만행이었다. 그 교사는 말을 무기 삼아 교실에 참상을 일으켰다. 어떤 여교사는 지각한 남자 아이에게 상징적인 매질을 가하는 일로 하루를 시작했다. 그다음에는 잊어버리고 숙제를 해 오지 않은 여자 아이가 징벌의 표적이 되었다. 숙제를 베끼다 들킨 아이에게 욕설을 퍼붓고 난 다음에는 베끼게 해 준 남자 아이를 비난했다. 수업은 아직 시작하지도 못했는데 분위기는 이미 엉망이 된 상태였다."

출처: 오욱환(2005).

---

(2) 학생에 대한 관심과 사랑

학습은 형식과 결과에 따른 것이 아니라 내용과 과정에 따라 결정된다. 가르침의 형식과 결과를 위해서는 가르쳐야 할 지식을 열심히 학생들에게 전달하면 된다. 하지만 온전한 학습은 지식의 전달이라는 형식에 내용이 담겨 있을 때 가능하다. 지식에 내용을 담는 그릇이 학생에 대한 관심이며 이를 포괄하는 의미의 사랑이다. 학생을 아끼고 바르게 지도하고 싶은 마음, 교사의 철학과 사상, 인생관, 학생에게 꼭 해 주고 싶은 이야기는 형식에 담겨지는 내용이다. 이러한 내용은 사랑이라는 그릇에 담지 않으면 학생에게 전달되기 전에 다 없어지고 말거나 전달되더라도 금방 없어지고 만다. 사랑이라는 그릇이 없기 때문이다.

교사는 지식에 내용을 담아 전달하는 그릇을 가져야 하며 큰 그릇일수록 많은 내용을 담을 수 있다. 학생에 대한 관심과 사랑은 완전한 학습을 유도하는 그릇의 소재다. 학생에 대한 사랑과 관심은 교사의 삶의 모습을 통해 자연스럽게 드러나는 교육적인 행위다. 수업 중 학생의 이름을 기억해서 불러 주는 간단한 관심에서부터 학생의 학습과정에 대해 진지한 지도에 이르기까지 다양한 모습의 교육적인 행위가 학생에게는 관심과 사랑의 표현으로 인식된다.

교사가 한 시간 내내 단 한 명의 학생 이름도 부르지 않거나 학생들의 학습과정에 대해 관심을 보이지 않은 채 별다른 전략을 구사하지 않는다면 학생들은 교사가 학생에 대한 관심과 열정이 없다고 인식하는 것으로 드러났다. 그 결과 학생들의 수업에 대한 참여도는 떨어지고 학생을 감동시키며 학습을 유도하는 온전한 학습은 불가능한 것으로 나타났다.

교실에는 교사의 관심과 사랑을 거부하는 학생은 없다. 오히려 교사의 사랑에 굶주린 학생들만 있을 뿐이다. 그들은 교사의 사랑과 관심에 굶주리고 학습에 대한 무관심의 대상으로 소외되어 있을 뿐이다. 학생들은 교실을 교사의 일방적인 권위와 요구만 있는 곳으로 생각하기에 창살 없는 감옥과 같은 곳으로 인식하는 것이다. 교사의 적은 사랑과 정성에도 굶주림의 허기를 채우며 교실에서 행복한 시간을 보낼 수 있는 학생들은 너무나 많다. 그러한 학생들에게 교사가 먼저 관심과 사랑으로 다가가면 학습은 시작된다(김진한, 2002).

(3) 교수-학습의 전략에 대한 의지

학습의 정도는 교수-학습의 전략을 효과적으로 적용하는 교사의 지혜로운 노력의 결과로 결정된다. 교사가 교수-학습이 제대로 이루어지지 않은 상황에서도 전략을 개선하려는 의지가 없고 별다른 변화의 노력을 보이지 않는다면 학습은 불가능하다. 반면에 교사가 교수-학습에 대한 다양한 전략을 구사하여 수업을 성공적으로 이끌어 가려는 노력을 계속한다면 학습자의 수업에 대한 효율적인 반응은 증대한다. 이와 관련한 실증적인 질적 연구의 결과(김진한, 2002)를 보면, 학습의 정도가 높은 교실의 교사는 열정적인 목소리로 설명을 하면서, 학생들의 일거수일투족을 놓치지 않으려는 철저함으로 수업을 완전히 장악하며 학생들의 이름을 정확하게 불러 학생들이 수업에 집중하지 않을 수 없도록 했다. 교사는 학습자의 심리를 잘 이용하는 다양한 교수-학습 전략을 구사하고 있었다. 적절한 보상을 이용한 동기유발, 학생들의 이름을 외워 불러서 학생들로 하여금 수업에 참여하지 않을 수 없도록 하는 방법, 학생들에게 적절한 역할을 부여하고 역할에 대한 보상을 주는 방법, 시작 전 수업환경 조성을 위한 학생들의 관심 소재의 활용 등 매 시간 학습환경에 적합한 창조적인 교수-학습의 전략을 구사하고 있었다(김진한, 2002).

(4) 교사의 인격을 통한 사범적인 행위

교사가 단순한 지식의 전달자가 아니고 인격을 통한 가르침의 존재라는 것은 교사를 존경의 대상으로 보는 전통적인 교사상의 표본이다. 이 경우 교사는 사범적인 존재로서 전문적인 지식은 물론이고 고매한 인격의 소유자가 되어야 함이 요구된다(곽영우, 1998; 이칭찬, 1998; 박병학, 1997; 김진한, 1997). 사람은 누구나 인격적인 특성을 따른 독특한 향기를 갖고 있으며, 교사는 수업을 통해 학생들에게 인격적인 향기를 가장 정확하게 드러내는 존재다.

고매한 인격과 바르고 건강한 교직관, 원만한 성품, 밝고 유머가 있는 자세, 뛰어난 학식, 고상한 취미 등이 어우러져 나는 향기는 학생들에게 신선한 자극과 유익한 표본이 된다. 인격적인 향기는 숨길 수가 없다. 학생들은 교사의 지식 정도가 아니라, 인격적인 향기로 정확하게 교사의 인품을 알아차리고 존경과 감동을 표하게 된다. 이는 한 시간의 수업을 감동적인 학습으로 유도하는 중요한 동기유발 요인이 된다.

인격적인 향기로 가르치는 선생님이야말로 진정한 가르침의 표본이며 온전한 학습을 위한 사범적인 모습이다. 동서양 선현의 모습이 인격적인 가르침을 통해 이루어진 것은 오늘의 교사에게도 동일하게 적용된다. 교사의 사범적인 행위는 가르침 자체이며 학습의 선행도구다.

(5) 아가페적인 만남을 위한 의지

교사의 타산적인 사랑을 위한 에로스적인 만남으로 야기되는 교육의 병폐는 사랑의 결핍과 편애 등의 부정적인 결과로 나타난다. 학생들은 교사의 선택적인 의지로 사랑의 대상에서 선택되기도 하고 이유 없이 제외되기도 한다. 그 결과 학생들은 교사의 타산적 사랑의 대상으로 전락함으로써 교육에서의 인간소외와 비인간화의 문제가 가속화되는 것이다.

진정한 교육에서의 만남을 위해서는 아가페(agape)적인 사랑의 의지가 필요하다. 이는 비(非)에로스적인 만남을 의미하며 교육에서의 만남과 사랑은 교사가 사랑하고 싶은 사람을 일방적으로 선택하는 것이 아니라 자신의 앞에 있는 학생을 조건 없이 평등하게 사랑하는 것을 의미한다. 교사가 학생들과의 만남을 아가페적인 사랑의 상황으로 인식하고 소중한 만남으로 승화시키는 노력을 계속할 때 온전한 학습의 조건이 형성된다.

2. 학습자 중심의 지혜로운 교수-학습의 원리[1]

1) 눈의 법칙

사람의 눈은 인간의 감정과 심리적인 상태를 가장 적절하게 표현하는 신체 기관이다. 수업을 시작하기 전 교수-학습의 가장 중요한 첫 번째 단계는

---

1) 김진한(2007).

학습자의 눈을 똑바로 직시하고 눈맞춤을 함으로써 학습자와의 눈(目) 싸움에서 이기는 것이다. 학습자와의 눈맞춤은 학습의 성공을 판가름하는 기본적인 척도다. 학습자의 눈을 놓치는 것은 학습자의 감정과 심리, 나아가 학습의 상태를 놓치는 것이기 때문이다. 이런 측면에서 수업은 눈으로 시작하여 눈으로 끝나는 것이며 이는 학습자를 이해하고 정확하게 파악하기 위한 학습자 중심의 수업전략이다.

또한 교사의 눈빛은 학생을 보는 생각을 드러내는 것이기에 눈을 통하여 교사의 사랑을 전하는 것은 수업 중 학생에 대한 사랑을 가장 자연스럽게 전달하는 방법이다. 눈으로 사랑을 말하라는 유행가의 가사는 사랑의 심리적인 표현에 눈빛이 가장 중요한 몸짓이라는 것을 대변하는 말이다.

학습자의 눈을 놓치지 않고 수업을 하는 교사는 학습자의 수업에 대한 이해와 흥미도를 정확하게 감지할 수 있다. 교사의 수업 내용을 정확하게 이해하는 눈빛과 이해하지 못하는 눈빛은 다르기 때문이다. 따라서 수업 중 학습 내용에 대한 가장 기본적이고 모든 학생을 대상으로 하는 형성평가의 방법은 눈으로 하는 평가방법이다. 수업 중 끊임없이 학습자의 이해도를 감지하면서 수업을 진행하고 적절한 보상을 위해 눈으로 칭찬의 따뜻한 눈빛을 보내는 것은 성공적인 학습자 중심의 수업전략이다.

2) 인감도장의 법칙

수업 중 학습의 과정을 잘 이해하면서 최선을 다하는 학생에게 적시에 적절한 보상을 하는 것은 중요한 학습 전략의 하나다. 바람직한 행동에 대한 적절한 보상은 Skinner 등의 행동주의 학습이론가들의 가장 고전적인 학습이론 중 하나다. 문제는 수업의 진행 과정에서 보상을 하는 방법이다. 인감도장의 법칙은 눈으로 형성평가를 하는 수업의 과정을 거치면서 가장 큰 보상을 받아야 할 학생을 물색한 후, 이 학생의 학습 이해 수준을 면밀하게 눈을 통한 형성평가로 확인한다. 그리고 수업 내용 중 핵심에 대한 질문을 하고, 이 질문에 대한 정확한 답을 하거나 문제를 해결했을 경우에 보상을 하는 것을 말한다. 보상은 학생이 평생 기억할 정도의 최상의 칭찬을 아낌없이 진지하고도 정확하게 해야 하며, 이는 인감도장의 사용용도와 유사하기에 이를 비유로 한 법칙이다. 수업 중 작은 칭찬을 막도장이라고 한다면 최상의 칭찬으로 보상하는 것을 인감도장의 법칙이라 할 수 있고, 인감도장의 법칙에 따라 칭찬을 받은 학생은 다음 수업시간 최선을 다할 것이고 이러한 학생의 숫자가 증가되면 수업의 밀도는 자연스럽게 높아지는 것이다.

3) 피자의 법칙

교사 중심의 일방적인 수업은, 가르치되 학습은 일어나지 않는 결과를 초래한다. 교사 중심의 수업에서는 모든 학습자가 교사 자신이 준비한 피자를 좋아할 것이라고 단정하고 교사 중심의 피자를 준비하여 수업 중 학생들에게 먹도록 강요하는 것이며 교사가 이를 적절한 수업으로 착각하는 것이다. 교사 중심의 수업의 핵심은 학습자의 입맛과 흥미를 무시하는 피자를 일방적으로 준비하는 것이다.

피자는 학생들이 좋아할 수 있는 것이지만 모든 학생이 똑같은 피자를 좋아하지는 않는다. 단지 피자라는 것만으로 학습자의 입맛과 구미에 상관없이 좋아할 것으로 착각해서는 안 된다.

피자의 법칙은 학습자를 이해하는 바탕 위에서 학습자의 구미와 입맛에 맞는 다양한 피자를 준비하는 학습자 중심의 수업전략을 의미하는 총칭이다. 학습자의 학습능력과 흥미에 맞는 수업 내용의 선정과 수업전략의 수립은 학생들이 먹을 수 있는 피자를 굽는 것과 같다. 경우에 따라서는 학습자의 수준과 흥미를 고려하여 피자 대신에 빈대떡을 구울 수도 있는 것이 학습자 중심의 수업전략이며, 이는 학생이라면 누구든지 피자를 좋아할 것으로 착각하는 교사 중심의 수업에 대비되는 법칙이다.

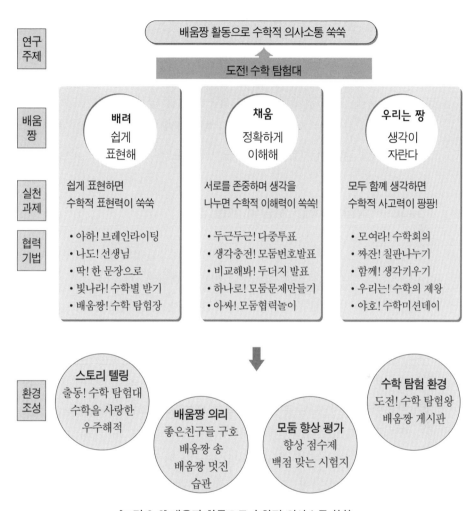

[그림 6-2] 배움짱 활동으로 수학적 의사소통 쑥쑥

출처: 제16회 교실수업개선 실천사례연구발표대회(2013).

4) '난 알아요'의 법칙

학생들은 다 아는데, 선생님만 학생들이 모르고 있다는 것으로 착각하는 경우가 있다. 교사의 부족한 수업 준비, 적당한 수준의 불성실, 가식적인 모습, 겉과 속이 다른 이중적인 인격, 전문 지식의 부족 등을 교사가 아무리 숨기려

해도 학생들은 모두 알고 있다. 문제는 학생들이 모르고 있을 것으로 착각하는 교사의 무지다. 학생들이 교사의 모든 것을 안다는 것을 정확하게 인식하면 교사는 자신을 냉정하게 자각하는 무서운 자기 성찰과 피나는 노력의 과정을 거치지 않을 수 없다. 그렇지 않고서는 학생들 앞에 당당하게 설 수 없는 것이 정상적인 상태다. 지혜로운 교사는 학습자가 나의 모든 것을 알고 있다는 반성적 자각 속에서 최선의 노력으로 사범적인 모범을 보이는 교사다.

5) 교수-학습의 마법-사랑의 샘물 법칙

사랑은 우리 모두에게 내재되어 있는 무한한 가능성의 힘이다. 이 가능성의 힘은 교수-학습의 상황에서 마법의 힘을 발휘한다. 사랑이 담긴 가르침은 백 배의 효과를 발휘한다. 하나를 가르치면 백 가지의 학습으로 통할 수 있는 통로가 사랑이다. 사랑의 가르침은 산술적인 결과를 초월한다. 사랑으로 가르치는 사람은 계산하지 않으며, 사랑을 통하여 배우는 사람은 상식적인 수준을 초월한 결실을 맺는다. 사랑의 감정이 이성적인 지적 결과를 지배하는 것이 가르침의 시작이요, 끝이다. 사랑은 가르침의 가장 근원적인 바탕이요, 가르침의 필수적 요소다(김진한, 1997).

누구나 가슴속에 사랑을 품고 있지만 누구나 베풀 수 있는 것은 아니다. 사랑은 샘물과 같아서 많이, 자주 퍼낼수록 더 맑고 많은 물이 솟아난다. 가장 쉬우면서도 가장 어려운 것이 샘물을 퍼내듯이 끊임없는 사랑으로 가르치는 것이다. 지식을 나누어 주기는 쉬워도 지식을 사랑에 담아서 주기는 어렵다. 누구나 사랑으로 가르치는 선생님이 될 수 없는 까닭이 여기에 있다. 잘 가르치는 선생님이 되기 위해서는 내재적인 힘의 원천인 사랑을 줄 수 있는 방법을 터득해야 한다. 무한한 능력의 본류인 사랑을 통해서 가르치는 방법을 터득해야 한다. 이것이 가르치는 사람이 가져야 할 가장 중요한 능력이며 잘 가르치는 훌륭한 선생님이 되기 위한 가장 근원적인 능력이다(김진한, 1997). 마법 같은 사랑의 샘물 법칙으로 가르칠 때 진정한 교수-학습이 가능하다.

3. 수업을 위한 마음 자세와 전략[2]

효과적인 수업을 위한 전략에는 학문적인 이론을 토대로 한 접근과 경험적인 접근이 있으나 여기에서는 교사 초년생의 입장에서 갖추어야 할 기본적인 자세와 전략을 다음의 몇 가지로 정리하였다.

1) 열정을 가지고 최선을 다하는 자세

수업의 가장 중요한 요체는 가르치는 사람의 열정과 학생에 대한 사랑이다. 이것이 전제된 수업은 다소 서투르고 부족함이 있더라도 충분히 수업의 효율성을 기대할 수 있다. 수업에 대한 열정과 사랑은 어떠한 전략보다 우선하여 갖추어야 할 조건이다.

학생들은 교사의 완벽한 수업기술을 기대하지 않는다. 오히려 있는 그대로의 열정을 통한 수업의 자연스러운 교육적 효과를 기대한다. 교사의 열정은 수업을 준비하고 전략을 세우며 학습자의 수준에 적합한 다양한 자료를 준비하는 등 모든 수업준비 행위를 유발하며, 학습자의 이름을 기억하고 관심을 표하여 학습동기를 유발시키고, 학습자를 이해하는 노력을 하며 학습자 편에서 생각하는 행동을 유발한다.

2) 무엇보다 수업은 재미있게

수업을 재미있게 해야 한다는 것은 잘 알고 있으면서도 실천하기는 어렵다. 더구나 딱딱하고 이론 중심적인 내용을 전달할수록 수업을 재미있게 하기는 더 어려워진다.

----
2) 김진한(2003).

기본적으로 수업을 재미있게 하려면 유머감각이 있어야 한다. 유머감각은 선천적인 요소가 강하다. 하지만 선천적으로 가지고 있지 않다 하더라도 후천적으로나마 여러 가지 다양한 보완책들을 개발하면 가능하다.

우선적으로 학습자들이 가지고 있는 동기를 불러일으켜 주는 것이다. 동

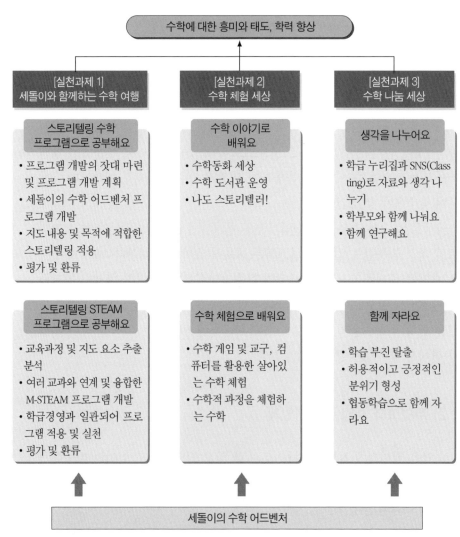

[그림 6-3] 수학에 대한 흥미와 태도, 학력 향상

출처: 제15회 교실수업개선 실천사례연구발표대회(2013).

기유발을 위해 학습자들이 평상시에 생각하는 것, 간절히 원하는 것, 피부에
와 닿는 얘기부터 시작하는 것이다. 학습자의 관심과 동기유발이 재미있는
강의의 시발점이라 할 수 있다.

다음으로 중요한 것은 새로운 정보 제공이다. 아무리 재미있게 진행하려
고 해도 새로운 정보가 없으면 곧 실망하게 되며 강의가 학습자의 가슴에 와
닿을 리가 없다. 따라서 학습자가 평상시에는 느끼기 어려웠던 새로운 관점
에서 정보를 준비하여 재미있는 수업의 소재로 활용하는 지혜가 필요하다.

3) 자신감을 갖고 당당하게

모든 교사는 수업에 임할 때 자신감을 갖고 싶어 한다. 하지만 결코 쉽지
않으며 처음 학생들 앞에서 수업을 하는 교사 초년생의 입장에서 자신감은
그야말로 그림의 떡이다. 문제는 자신감을 가지려면 어떻게 해야 할 것인가
에 대한 방법론을 터득하고 이를 위해 노력하는 것이다.

우선은 자성 예언의 중요성을 자각하는 일이다. 수업에 임하기 전에 내가
이 수업을 훌륭하게 해낼 수 있다는 자성 예언을 할 필요가 있다. 수업을 훌
륭하게 수행해 낼 수 있는 능력이 있음을 스스로 예언하며 자신감을 갖는 것
은 매우 중요한 심리적 요인이다. 즉, '난 멋있는 수업을 할 수 있다.'는 것을
미리 예언하여여야 한다.

다음으로 무대 공포증을 없애는 것이다. 대부분의 사람은 경험에 상관없
이 사람들 앞에 서면 떨리게끔 되어 있다. 교사의 입장에서는 처음으로 학생
들 앞에 서면 두렵고 떨린다. 이럴 때 필요한 것은 약간의 당당함이다. 필요
이상으로 건방지고 오만한 마음은 금물이지만, 어느 정도는 학습자들이 나
에게서 배울 것이 많을 거라고 생각하는 것이 바람직하다. 선생님이 학생들
을 위해 열정을 가지고 섰다는 것을 학습자들에게 보이는 것은 학습자들로
하여금 심리적으로 편안한 마음을 갖게 한다. 따라서 약간의 당당함은 선생
님으로서 필수적으로 가져야 할 마음 자세다.

4) 학습자 중심의 언어로 명쾌하게

수업을 쉽고 명쾌하게 하는 것은 효과적인 수업을 위하여 매우 중요하다. 수업을 들을 때 무슨 얘기인지 모르겠다는 생각이 들면 처음 5분간은 듣다가도 5분 후에는 학습자는 자신도 모르게 저절로 집중력을 잃고 다른 생각에 빠져들게 된다.

교사가 쉽고 명쾌하게 수업하려면 다음과 같은 능력이 필요하다.

첫째, 교사는 가르치는 내용에 대해서 정확하고 풍부한 지식을 가져야만 한다. 해박한 지식을 가지고 있을 때 수업에 대한 자신감을 갖고 효율적인 수업을 할 수 있다.

둘째, 교사는 알고 있는 지식을 명확하게 설명하는 능력이 필요하다. 내용을 정확하게 알고 명쾌하게 전달하기 위해 전달의 순서와 방법을 사전에 충분하게 숙지하는 방법이 필요하다.

셋째, 학습자 중심의 용어를 적절하게 구사하는 능력이 필요하다. 학습자의 수준에 적합한 용어를 사용하여 설득력 있는 어투와 설명력으로 수업하는 것이 학습자의 집중력을 높일 수 있다.

5) 수업을 적극적으로 즐기는 자세

좋은 수업을 하려면 교사는 우선 그 수업을 스스로 즐기는 마음이 있어야 한다. 자연스럽게 수업시간을 활용하지 못하고 시간을 때우는 듯한 기분으로 시시때때로 시계를 보면 학습자도 마음이 불안해진다. 교사의 감정은 순간적으로 학습자에게 전달된다. 교사가 여유가 있는지 없는지, 그 수업을 즐기고 있는지 아닌지를 학습자는 본능적으로 알 수 있다.

6) 눈으로 애정을 표현

통상적인 인간관계에서 사람들은 상대방이 자신을 좋아하는지 싫어하는지를 느낌으로 알게 된다. 교사와 학생 관계도 마찬가지다. 학생들은 교사가 자기들을 좋아하는지 싫어하는지를 수업을 시작하면서부터 바로 알게 된다.

교사와 학생 간에 시선이 마주치는 것은 매우 중요하다. 눈과 눈이 마주치는 것은 마음과 마음이 마주치는 것과 같기 때문이다. 눈을 통해서 교사의 열정과 애정이 그대로 학생에게 전달된다. 마음이 맞아야 지식도 효과적으로 전달된다.

7) 위기를 순발력과 인내심으로

교사는 수업 중 순발력과 인내력을 발휘해야 한다. 교실에는 다양한 학생들이 있기 때문이다. 어떤 학생은 착하고 얌전한 반면에 어떤 학생은 도전적이고 반항적일 수 있다. 교실에서 순간적으로 일어나는 일들에 대해서 교사는 당황하지 말고 마음의 여유를 가져야 한다. 예컨대, 학생의 예상치 못한 당돌한 질문에 대하여 그 상황에 맞게 순발력을 가지고 대답하는 것, 학생이 인신공격적인 질문을 할 때나 여러 가지 방법으로 수업을 방해할 때는 인내심을 발휘하여 감정적인 대응을 자제하고 기지를 발휘하여 상황을 반전시켜야 한다.

8) 인격의 향기로 감동

교사의 인격은 숨길 수 없는 향기로 학습자에게 전달된다. 학생을 인격적으로 존중하며 평등한 인격적 교류를 위한 교사와 학습자와의 관계를 유지하는 것은 성공적인 수업을 위한 조건이다. 교사와 학습자의 관계가 상하 관계로 인식되는 상황에서의 수업은 결코 성공할 수가 없다. 인격의 교류가 불가능하기 때문이다. 인격적 감동을 통한 가르침이 지식을 통한 감동보다 효과적이고 호소력이 있는 가르침이다.

9) 다양한 수업 방법 적용

교육학자들의 학습과 기억력에 관한 연구에 따르면, 보기만 하면 10%밖에 기억에 남지 않는 데 반하여, 보기와 말하기를 함께할 때는 70%, 보기와 행동하기를 함께할 때는 90%가 기억에 남는 것으로 조사되었다. 이러한 사실은 교수–학습 방법을 다양하게 사용해야 할 필요성을 나타낸다. 이를 위해 학습자가 참여하는 학습방법과 적절한 교수매체를 활용하는 방법이 필요하다.

전통적인 매체인 칠판 외에 OHP, Power Point, 비디오, 슬라이드 등 시각적 효과가 높은 도구를 수업 중에 알맞게 활용하는 것이 좋다. 다만, 이러한 기구들을 사용할 때는 수업 보조용으로만 적절하게 사용해야 한다.

10) 물 흐르듯이

효율적인 수업은 물 흐르듯이 자연스럽게 기승전결을 극대화시키는 수업계획을 통해서 이루어진다. 시작을 위한 준비와 밀도 있는 수업의 진행, 학습목표 달성을 위한 형성평가의 적절한 활용은 수업의 성패를 가름하는 기본적인 요소다. 자연스러운 수업의 흐름을 유도하는 적절한 질문과 수업 중 형성평가를 위한 다양한 수업기술은 수업의 흐름을 물 흐르듯이 자연스럽게 이끌어 가는 교사의 중요한 수업기술이다. 교사가 수업 중간 중간에 수업목표에 부합되는 형성평가와 피드백을 실시한다면 학습자는 학업 성취를 위해 수업에 더 열성적으로 참여할 수 있을 것이다.

┌─────────────────────────────────────┐
│   문학적 감수성의 향상   │
└─────────────────────────────────────┘

'인물 되어보기' 활동을 통하여 인물의 마음을 알아보고,
내 안의 문학적 감수성을 깨워요!

이야기 하나 ─── 이야기 속 인물과 만나기

1 교육과정 살펴보기	**2 이야기 단원 살펴보기**	**3 함께하는 이야기 읽기**
• 문학교육 목표 • 문학교육 내용 체계 • 반응중심 수업모형	• 국어 교과서의 문학단원 추출 • 이야기 내용 분석 • 인물의 성격 분석	• 아침 독서로 책과 만나기 • 교과연계한 책 속 인물 만나기 • 홈페이지 속 인물 만나기

이야기 둘 ─── 이야기 속 인물 되어보기

1 연극으로 인물 되어보기	**2 글쓰기로 인물 되어보기**	**3 토의와 토론으로 인물 되어보기**
• 물체 변형놀이, 빈 의자 기법 • 몸조각 만들기 • 역할극으로 인물 되어보기	• 인물 되어 일기쓰기 • 인물 되어 편지쓰기 • 인물 되어 이야기쓰기	• 브레인라이팅으로 인물 되어보기 • 찬반토론으로 인물 비판하기 • PMI로 인물 비판하기

이야기 셋 ─── 인물의 삶을 나의 가슴 속으로

1 이야기 개작하기	**2 이야기 창작하기**	**3 내면화하기**
• 삼행시로 바꾸어 쓰기 • 만화로 바꾸어 쓰기 • 노래 가사로 바꾸기	• 작가되기 • 내가 만든 이야기 들려주기	• 약속어음 쓰기 • 인물에게 상장주기 • 이야기 추천하기

학생들이 생각하는 이야기	**부모님들이 생각하는 이야기**
• 이야기만 읽었지 나오는 인물에 대해서 많이 생각하지 않았어요. • 인물을 더 생각해 봐야겠어요.	• 학교에서 아이들이 동화를 많이 읽었으면 좋겠어요. • 이야기를 읽을 때 집중을 못해요.

(**이야기**)

선생님들이 생각하는 이야기	**이런 이야기를 원해요**
• 아이들은 글만 읽고 내용에 대해서, 인물에 대해서 생각을 안 하는 것 같아요. • 효과적인 이야기 지도 방법이 필요해요.	• 읽은 내용을 잘 이해하고 이야기에 나오는 인물을 파악에서 인물과 친해지고 싶어요. • 재미있는 이야기 시간이 되었으면 좋겠어요.

[그림 6-4] 문학적 감수성의 향상

출처: 제16회 교실수업개선 실천사례연구발표대회(2014).

11) 준비가 최상의 수업

선천적으로 남 앞에서 능숙하게 말하는 소질이 부족한 사람일수록 준비를 더 철저히 해야 한다. 일반적으로 수업은 수업 진행 기술과 다양한 학습자료가 중요한 조건이지만 수업기술이 부족할수록 수업 내용으로 승부를 거는 것이 안전하고 현명하다. 풍부한 수업 내용은 철저한 준비에서 비롯된다. 교사의 수업준비가 철저하게 되지 않은 것을 학생들은 쉽게 알 수 있다. 1시간 수업을 위해 10시간 수업준비를 하는 것에 인색할 필요는 전혀 없다. 수업은 교사의 정신과 혼이 스며들어야 한다.

특히 수업 경험이 부족한 교생의 경우 철저한 사전 연습 없이는 좋은 수업을 할 수 없다. 성공적인 수업을 위한 사전 연습은 매우 중요하다. 연습을 위해 캠코더나 녹음기를 이용하여 자신의 수업을 미리 평가하고 수정하는 정성이 필요하다.

12) 창의적인 수업기법 개발

지금까지 기술한 전략은 어떤 면에서는 교사의 수업을 위한 기술과 마음가짐에 대한 일반론적인 내용이었다. 그러나 가장 중요한 것은 교사 자신만의 개성 있는 수업 스타일을 개발하는 것이다. 누구에게나 적용되는 이상적이고도 모범적이며 절대적인 수업은 없다. 수업의 효율적 운영을 위한 자기 나름대로의 수업 스타일을 추구하는 것이 중요하다. 이를 위하여 교사는 우선 좋은 수업을 많이 보는 것이 필요하다. 새로운 수업은 좋은 모방에서 시작한다. 그렇다고 모방에 그치면 안 된다. 자신만의 수업 스타일, 즉 포스트 모더니즘적 수업 스타일을 창조해야 하는 것이다. 수업이 이루어지는 때와 장소와 상황에 따라서, 그리고 교사의 사고관념의 틀에 따라서 다양한 수업, 개성 있는 수업이 필요하다. 학습자의 특성과 성향, 교사의 장점, 주어진 시간, 장소에 따라서 수업은 늘 창조되어야 한다. 수업은 종합예술과 같다. 따라서 가장 효

┌───┐
│   융합형 학습으로 영어의 바다에 splash! splosh!   │
└───┘

┌───┐
│ 실행 목표 3. 융합형 학습으로 영어의 바다에 splash! splosh! │
└───┘

┌───────────────────────────────┐ ┌───────────────────────────────┐
│   학교에서 헤엄치는 영어의 바다   │ │   가정에서 헤엄치는 영어의 바다   │
│   │ │   │
│ • Culture Ocean, 이렇게 헤엄쳤어요.│ │ • EBSe와 함께하는 융합 영어   │
│ • Story Ocean, 이렇게 헤엄쳤어요. │ │ • ○○시교육청 가정학습사이트 꿀맛영어│
│ • Content Ocean, 이렇게 헤엄쳤어요.│ │   │
│ • Singing Ocean,이렇게 헤엄쳤어요.│ │   │
└───────────────────────────────┘ └───────────────────────────────┘

┌───┐
│   실행 목표 2. 융합형 학습을 위한 Warming Up 하기   │
└───┘

┌─────────────────┐ ┌─────────────────┐ ┌─────────────────┐
│ Culture 융합 수업 │ │ Story 융합 수업 │ │ Content 융합 수업 │
│   │ │   │ │   │
│ • 수업 모형 구안   │ │ • 수업 모형 구안   │ │ • 수업 모형 구안   │
│ • 단원별 재구성된   │ │ • 단원별 재구성된   │ │ • 단원별 재구성된   │
│   Culture 융합   │ │   Story 융합   │ │   Culture 융합   │
│   활동 목록   │ │   활동 목록   │ │   합 활동 목록   │
│ • 교수 · 학습 과정안│ │ • 교수 · 학습 과정안│ │ • 교수 · 학습 과정안│
│   의 예시   │ │   의 예시   │ │   의 예시   │
└─────────────────┘ └─────────────────┘ └─────────────────┘

┌───┐
│   실행 목표 1. 영어의 바다 열기   │
└───┘

┌───────────────────────────────┬───────────────────────────────┐
│ Word Wall & Performance Time │   Daily English Explorer Zone   │
├───────────────────────────────┼───────────────────────────────┤
│   Culture Explorer Zone   │ Story & Content Explorer Zone │
└───────────────────────────────┴───────────────────────────────┘

┌───┐
│   〈실태 분석에 따른 시사점〉   │
│   │
│ • 영어 학습에 대한 흥미도와 자신감을 높일 수 있는 학습 방법 구안 │
│ • 영어 친화적 학습 환경 구성   │
│ • 융합형 영어 교육을 위한 교수 · 학습 과정안 및 자료 개발과 적용 │
│ • 융합형 영어 교육을 통한 의사소통능력 향상 방안 탐구 │
└───┘

[그림 6-5] 융합형 학습으로 영어의 바다에 Splash! Splosh!

출처: 제15회 교실수업개선 실천사례연구발표대회(2013).

과적인 수업은 예술성과 개성을 기반으로 한 창조적 수업을 의미한다.

4. 효과적인 수업기술

1) 수업 진행 과정의 기술

수업을 진행하는 과정에서 다음과 같은 몇 가지 수업기술을 갖추어야 한다.

(1) 수업을 위한 열의와 자신감
- 교사의 목소리와 몸동작에 생동감이 있다.
- 학습자 모두에게 자신감 있는 시선을 준다.
- 발음이 분명하고, 내용을 명확하게 전달한다.

(2) 수업시간 관리 철저
- 정확한 시간관리가 필요하다. 즉, 시작시간과 종료시간을 엄수한다.
- 수업의 흐름을 방해하는 시간과 낭비하는 시간을 최소화한다.
- 도입, 전개, 정리 시간의 적절한 배분과 운영이 필요하다. 이를 통해 배정된 수업시간(located time) 중에서 순수한 수업시간(instructional time)을 많이 확보하는 노력이 필요하며, 실제로 학습이 이루어지는 학문적 학습시간(academic learning time)을 충분하게 확보하는 것이 수업의 질을 결정하는 요인이다(임규혁, 임웅, 2007).

(3) 적절한 수업진행 속도
- 수업의 속도는 학습자에게 적절한 긴장감을 줄 수 있을 정도의 속도를 유지하되, 수업의 내용에 따라 완급을 조절하는 기술이 필요하다.
- 일반적으로 수업의 속도는 수업의 내용에 따라 제한된 수업시간에 맞추

어 조절한다.
• 그러나 수업의 양이 시간의 범위를 초과할 때는 수업 내용을 축소하는
  것이 합당하다.

(4) 수업 중 여유

• 수업은 시작과 끝이 명확해야 하며 수업진행 단계와 단계별 핵심으로
  구성되어야 한다.
• 한 시간 수업 내내 긴장된 상태로 집중하는 것은 불가능하므로 중간 중
  간 유머와 수업의 단계별 변화를 통해 여유를 갖는 것이 좋다.
• 대개 수업 중 3~4번 정도의 변화와 여유를 갖는 것이 좋다.

(5) 지적 호기심 유도

• 학생들에게 학습 내용과 직접 관련된 지적 내용을 중심으로 호기심을
  자극하는 것은 학습동기를 유발하는 매우 중요한 요소다.
• 일반적인 지식이나 학습 내용과 간접적으로 관련된 내용을 통해서 호기
  심을 유발하는 것도 수업의 여유를 제공하고 호기심을 자극하는 방법이
  된다.

(6) 핵심을 집중적으로 부각

• 한 시간 수업 내내 수업의 목표와 관련된 핵심적인 내용에 집중하는 것
  이 중요하다.
• 핵심 내용은 시작부터 끝까지 수업 중에 반복하여 강조함으로써 학습목
  표를 달성하고 수업의 효율을 기하도록 한다.

(7) 효과적으로 설명

• 구체적이며 시각적인 예시를 통해 설명
• 선행지식과 기초적인 개념의 회상을 통하여 새로운 개념을 설명

- 개념과 특성을 분석하여 선행지식과의 관계성을 설명
- 내용을 설명하는 구조화된 도표, 차트, 선, 모형 등을 사용하여 설명

2) 목소리 사용방법 [3]

교사의 언어 구사력은 수업의 질을 결정하는 중요한 요소 중의 하나다. 논리적 언어 구사력은 선천적인 능력이 포함되지만 언어 사용의 방법은 연습과 노력을 통해서 교정할 수 있다. 특히 발음의 정확성, 목소리의 크기, 말의 속도, 그리고 적절한 억양과 소리의 변화는 꾸준한 노력으로 향상시켜야 한다(조벽, 2006). 처음 수업에 임하는 교생의 입장에서는 수업을 시나리오에 따라 사전에 녹음하여 반복 청취하면서 교정하는 노력을 해야 한다.

(1) 정확한 발음

표준말을 정확한 발음으로 구사하는 사람은 많지 않다. 대부분의 사람은 자기 나름대로의 발음 방식으로 커뮤니케이션을 한다. 예를 들면, 'ㅡ' 'ㅓ' 모음이나 'ㅅ' 'ㅎ' 자음을 정확하게 발음하지 못하는 경우가 있고, 혀 짧은 소리를 내는 경우도 있다.

습관적으로 '음~' '에~' '그래서~' 등의 불필요한 말을 반복하는 경우가 많은데 이는 전체적인 문장의 흐름을 방해하기 때문에 정확한 의사 전달을 방해한다. 따라서 필요 없는 어투를 사용하지 않는 바른 언어 습관을 가지도록 노력해야 한다(조벽, 2006; 진영은 외, 2006).

(2) 적절한 크기

적절한 크기의 목소리는 학습자의 정서적 안정을 결정하고 수업의 내용을 정확하게 전달하는 요소다. 목소리가 너무 크거나 너무 작으면 짜증스러운

---

3) 진영은, 조민진(2006).

정서적 상태를 유발하고 수업의 효율이 떨어진다. 처음 수업에 임하는 교생은 목소리의 조절이 쉽지 않다. 시간이 지나면서 흥분하면 목소리가 커지거나 자신이 없으면 작은 목소리를 낼 가능성이 있기 때문에 수업 중 학습자를 통해 목소리의 크기를 확인하는 노력도 필요하다.

(3) 적절한 말의 속도

말의 속도가 너무 느리면 수업의 긴장도가 줄어들고 집중력이 떨어진다. 반대로 너무 빠르면 학생들이 내용을 제대로 이해하지 못하고 산만한 수업이 된다. 평소 자신의 언어습관을 분석한 결과를 토대로 수업 중 의식적으로 말의 속도를 조절하는 연습과 노력이 필요하다.

(4) 노래하듯이 변화하는 억양

목소리의 크기와 속도가 적절할지라도 단조로운 리듬의 억양으로 계속하면 매우 지루한 수업이 된다. 목소리의 강약과 장단, 목소리 톤의 높낮이를 자연스럽게 변화시키는 억양은 수업의 흥미와 집중력을 가져오는 의사 전달 방법이 된다. 노래하듯이 내용에 감정을 담아 다양하고 변화무쌍한 억양을 구사하는 것이 수업의 흥미와 긴장도를 높이는 기술이 될 수 있다.

3) 표정, 몸짓, 이동의 기술

(1) 미소를 머금은 표정

교실에 들어서는 교사의 표정은 수업 분위기를 결정짓는 중요한 변수 중의 하나다. 다정하게 미소를 머금은 표정은 학습자의 마음을 안정시키고 편안하게 한다. 첫인상과 함께 수업 중 교사의 표정도 학습자의 정서적 안정을 위해 중요하다. 시종일관 편안하고 미소를 머금은 표정으로 설명하고, 웃는 얼굴로 아이들과 대화하면 상호 의사 전달이 효과적이고 수업 분위기가 우호적이 된다.

(2) 자연스러운 몸짓

수업 중 제스처는 언어를 통한 전달 효과를 극대화시키기 위한 목적으로 적절하게 구사되어야 한다. 말의 내용과 관련한 자연스럽고 가벼운 동작과 몸짓을 통해 의사 전달의 효과를 증대시킬 수 있다.

동작이 너무 크고 빠르면 산만한 분위기를 가져와서 오히려 효과가 반감된다. 반대로 동작이 너무 미미하면 수업의 역동성이 반감된다. 따라서 언어습관에 적절한 자연스러운 동작과 제스처를 할 수 있는 훈련이 필요하다.

(3) 멈춤과 이동의 조화

한 시간 내내 한곳에 서서 수업을 하면 학생들의 시선이 한 군데에 고정되므로 피로하고 지루하다. 교사가 수업 중 교사가 위치하는 중앙에서 적절한 시점에 자연스럽게 자리를 이동하여 변화를 주고 시선을 이동시키는 노력이 필요하다. 멈춤과 이동의 적절한 조화는 학생의 시선을 이동시키고 수업의 리듬을 자연스럽게 변화시키는 촉매제가 된다.

4) 시 선

(1) 눈으로 말하기

눈은 모든 것을 말할 수 있는 무언의 표현 수단이다. 교실에 들어서는 순간부터 마치는 순간까지 교사가 하고 싶은 말을 눈으로 표현하는 것은 학생의 눈에 시선을 맞추는 것부터 시작한다. 부드러움과 위엄을 갖춘 눈빛과 수업의 진행 중에 학생 개개인의 눈을 맞추는 과정을 통해 수업의 밀도를 높이는 효과를 가져온다.

(2) 전체를 하나같이

수업 중 교사의 시선을 벗어나는 학생은 한 명도 없어야 한다. 모든 학생이 교사의 시선 안에 항상 머물러 있고 누가 무엇을 하는지 볼 수 있어야 한다.

즉, 전체를 하나같이 볼 수 있는 여유와 시선관리 능력이 있어야 한다.

5) 칠판 쓰기

강의를 진행하면서 칠판을 효율적으로 활용하는 것은 의사 전달의 효과를 높일 수 있다.

(1) 칠판의 효과
다음의 네 가지 경우는 칠판을 활용했을때의 효과다.

- 시각적 효과: 말로 설명하기 미흡한 그림이나 도표, 수식을 표현
- 악센트 효과: 중요한 점을 요약과 강조를 통해 악센트 효과
- 브레이크 효과: 판서를 통해 강의 진도를 조절하는 효과
- 본보기 효과: 필기를 통해 필기 내용과 형식의 본보기 제공(진영은 외, 2006)

(2) 판서의 구조화
- 판서는 내용을 구조화하고 체계화하여 핵심적인 내용을 요약 정리하는 것이 효과적이다.
- 판서의 활용도를 높이기 위해 판서의 양과 시간을 적절하게 배분하는 것이 효과적이다.

6) 매체 활용하기

수업에서 매체를 활용할 때는 매체 내용과 속도, 분량을 고려해야 한다.

(1) 보완적 기제

- 수업시간의 교육매체는 보조적 자료로 활용되는 것이 바람직하다.
- 시청각 효과를 극대화할 수 있는 보조적 자료를 활용하는 것이 효과적이다.

(2) 수업의 속도 조절을 위한 수단

- 칠판을 쓰는 것보다 강의 속도를 가속화하는 방법으로 활용한다.
- 사용 시간의 적절한 배분을 통해 수업효과를 극대화한다.

(3) 적절한 내용과 분량

- 매체의 내용과 분량이 적절해야 효과적이다.

표 6-1 효과적인 수업을 위한 체크리스트

수업 계획	1. 학습목표는 구체적이고 명확한가? 2. 수업의 단계가 체계적으로 구성되어 있는가? 3. 적합하고 다양한 교수방법을 사용하는가? 4. 핵심적인 학습 내용이 강조되어 있는가?
수업 진행	1. 강의에 열의가 느껴지는가? 2. 시간을 의미 있게 보내는가? 3. 수업 진행 속도가 적절한가? 4. 동기유발을 위해 노력하는가?
질의, 응답, 반응	1. 창조적이고 발산적인 질문을 하는가? 2. 응답기회를 주고 기다리는가? 3. 학생들의 응답에 긍정적 반응을 보이는가? 4. 잘못된 응답에도 격려해 주는가? 5. 학생들이 질문하도록 유도하는가?
칠판/ 매체 쓰기	1. 매체 내용의 시각적인 효과가 있는가? 2. 구조화되어 있고 체계적인가? 3. 중요한 내용이 강조되어 있는가? 4. 내용과 양이 적절한가?

언어	1. 발음이 분명하고 명확한가?
	2. 언어 구사능력이 논리적인가?
	3. 목소리에 생동감(자신감)이 있는가?
몸동작	1. 몸동작이 자연스러운가?
	2. 멈춤과 이동이 자연스러운가?
	3. 시선을 적절하게 이용하는가?
	4. 전체를 하나처럼 살펴보는가?
	5. 표정이 부드럽고 동작과 어울리는가?

5. 동기유발[4]

수업에서 고려해야 할 가장 중요한 요소 중 하나는 학습자의 동기를 유발하는 것이다. 학습자의 수업에 대한 열의와 동기는 효과적인 수업을 유도하는 직접적인 촉매제가 될 수 있기 때문이다. 따라서 교사는 다양한 방법을 통하여 학습자의 동기를 유발시키고자 노력해야 한다. 동기유발은 시간적·공간적·환경적 차원에서 복합적으로 이루어지므로 동기화는 수업 전부터 수업이 종결된 이후까지 모든 교수활동에 수반되어야 한다(진영은 외, 2006).

1) 학습동기유발 전략-켈러의 ARCS 모형

켈러(keller, 1987)는 학습동기를 유발하기 위한 원리는 주의집중(attention), 관련성(relevance), 자신감(confidence), 만족감(satisfaction)이며, 이 네 가지 요소가 골고루 극대화될 때 학습동기가 높아진다고 하였다(진영은 외, 2006).

---

4) 진영은 외(2006).

2) 주의집중

- 교수자료를 적절하게 제시하여 주의를 집중시킨다.
- 인쇄 자료는 강조와 여백을 통하여 시선을 집중시킨다.
- PPT, OHP 자료와 같은 보조적 자료를 효과적으로 제시한다.
- 구체적인 실물, 실제적인 예화, 적절한 비유 등을 통해서 체험적으로 내용을 이해시킨다.
- 새로운 지적 자극을 주거나 개념적 갈등을 유발시킴으로써 특이한 상황이나 문제 상황을 제시한다.
- 기대하지 않았던 지적 자극이나 개념적 갈등을 유발시킨다.

3) 관련성

- 새로운 학습과제를 기존의 학습 내용과 연결하여 친숙하게 만든다.
- 학습자들의 지적 요구를 충족시키는 내용을 제시한다.
- 학습과제 수행의 목적을 제시하고 목표달성의 기회를 제공한다.
- 학습과제 수행의 실제적이고 미래지향적인 가치를 알려 준다.
- 학습 목표달성을 통한 내재적 가치를 제시한다.

4) 자신감

- 도달해야 할 학습목표를 분명하게 알려 준다.
- 구체적인 평가기준을 제시한다.
- 학습과제를 계열화하여 난이도를 조절하다.
- 쉬운 것, 구체적인 것, 하위 개념부터 어려운 개념으로 계열화한다.

5) 만족감

- 학습결과에 대해 분명한 피드백을 제공한다.
- 의미 있고 사려 깊은 칭찬과 피드백으로 격려한다.
- 학습한 내용을 다양한 방식으로 적용하는 기회를 갖도록 한다.

꾸중을 꾸중답게, 칭찬을 칭찬답게

초등학교 4학년 때의 일이다. 나는 욕심이 많아 발표를 거의 도맡다시피 했고 수업시간에는 거의 모든 질문에 대답하려고 손을 들었다. 공부 욕심도 많아서 다른 아이들보다 더 열심히 공부를 하곤 했다. 그러던 어느 날 모의고사 성적을 불러 주던 담임선생님께서 내 성적을 불러 주며 "말만 많은 게 성적이 왜 이 모양이냐?"고 한마디 하셨다. 어린 나이에 나는 정말 큰 충격을 받았다. 그다음부터 나는 발표에 자신감을 잃고 수업시간에 조용한 아이로 변해 버렸다. 하루는 내가 청소를 하기 위해 빗자루 질을 하고 있는데 "빗자루질이 그게 뭐냐?"고 또 야단을 치셨다. 솔선수범해서 무엇을 해 보겠다는 나의 의욕을 완전히 짓뭉개버린 한마디다. 10년이 지난 지금에도 그 어렸던 시절의 기억을 떠올리면 참 기분이 나쁘다. 나를 움츠러들게 하고 자신감을 잃게 한 정말 나쁜 만남이었다.

초등학교 2학년 때 담임선생님의 꾸중과 칭찬은 아직도 나의 기억에 생생하다. 내가 '선생님'이라는 꿈을 갖게 된 데는 그때의 기억이 한 원인이 되었다.

그때나 지금이나 나는 글씨를 정말 못쓴다. 또박또박 쓰지 못해서 보는 사람이 읽지 못하는 경우가 종종 있다. '지렁이가 기어가는 글씨'라는 말은 내 글씨를 두고 한 말인 것 같다.

어느 날 담임선생님은 방과 후에 나를 조용히 불러 글씨가 너무 형편없다고 엄하게 꾸중하셨다. 도대체 글씨에 정성이 하나도 들어가 있지 않다는 것이다. 한참 야단을 치신 후 시무룩해진 나를 바라보면서 선생님은 약속을 하나 하자고 제안하셨다. 내가 글씨를 또박또박 쓰려고 노력하면 그때마다 코멘트를 해 주시겠다고……. 그 뒤로 일기나 글짓기 숙제를 해 가면 '열심히 노력하고 있네. 더 잘 쓰도록 해 보렴.' 등 격려의 글을 써 주셨다. 반 학기 정도가 지나 꾸중 들은 사실은 잊고 글씨를 바르게 써야 한다는 생각만이 남아 있을 때, 선생님은 반 아이들이 모두 모여 있는 아침 자습시간에 나를 앞으로

나오게 하여 문제집을 선물로 주시면서 '선생님과 약속을 지키는 어린이에게 주는 상'
이라고 말씀하셨다. 박수를 치며 격려해 주는 아이들의 모습을 보면서 나는 마음속이 따
듯해짐을 느꼈다.

상처받지 않도록 조용히 따로 불러 꾸중을 하시고 또 자신감을 갖도록 모든 아이들
앞에서 칭찬을 해 주신 선생님의 뒤를 따르고 싶다.

출처: 박성희(2005).

6. 효과적인 질문과 응답

교사의 질문은 교사와 학생과의 직접적인 의사소통의 과정이며 동기유발
의 방법이고 동시에 수업 내용에 대한 형성평가다. 효과적인 질의와 응답은
생동감 있는 수업 분위기를 이끌어 내며 학습자의 참여도를 높이는 결과를
가져올 수 있다(Borich, 2002; 진영은 외, 2006 재인용).

1) 효과적인 질문 기법

교사는 수업을 효과적으로 증진시키기 위해 다양한 질문 기법을 사용한
다. 적절한 질문 기법은 학생들 스스로 질문에 대한 해답을 찾을 수 있도록
돕고 수업에 학생들의 참여를 촉진시킨다. 질문능력을 향상시키기 위한 기
법을 살펴보면 다음과 같다(Cole & Chan, 1981; 진은영 외, 2006 재인용).

- 생각할 시간을 주어야 한다. 교사는 학생이 질문에 대한 답을 생각할 수
  있는 합당한 시간을 제공하여야 한다.
- 질문이나 응답에 대해서 격려와 칭찬을 한다. 교사의 격려와 자극이 완
  전한 답을 이끌어 내며 좋은 질문을 할 수 있는 동기가 된다.

- 다른 방식으로 쉽게 고쳐서 질문한다. 학생들이 질문을 제대로 이해하지 못했다면 새로운 방식으로 쉽게 설명해 준다.
- 추가적인 질문과 정보를 제공한다. 질문에 대한 핵심을 이해하지 못했을 경우 추가적인 질문과 힌트를 제공해 줌으로써 답을 할 수 있도록 유도한다.
- 자신감을 주는 보상을 미리 한다. 교사는 학생들이 자신감을 갖고 적극적으로 응답을 할 수 있도록 미리 응답에 대한 보상을 줌으로써 응답을 유도한다.
- 답할 수 있는 질문이 최상의 질문이다. 수업 중 형성평가의 과정을 통해 이미 인지된 내용을 질문을 통해 피드백시키는 것이 최상의 질문이다.

2) 질문 유도 기법

교사의 질문에 대해 답하는 것에 비해 학생의 의미 있는 질문에 교사가 답하는 것은 교육적 의미가 크다. 교사가 질문하고 학생이 답하고 학생이 질문하고 교사가 답하는 쌍방향의 의사소통이 자유롭게 이루어지는 것이 가장 이상적이다. 학생의 질문을 유도하는 것은 교사의 민주적 수업 분위기에 좌우되지만 다음과 같은 질문 유도 기법으로도 가능하다.

(1) 질문한 자체에 대해 무조건 칭찬해 준다

어떠한 질문이라도 질문한 자체에 대해 칭찬과 격려를 해 줌으로써 의미 있는 질문을 할 수 있는 분위기를 유도할 수 있다. 악의적인 질문의 경우도 지혜롭게 대응하되 질문 자체에 대해서 꾸중을 하지 않아야 한다.

(2) 질문의 핵심과 의도에 맞는 응답을 한다

학생의 질문은 교사가 전혀 예측할 수 없는 다양한 수준으로 나타날 수 있다. 수업의 내용과 일치하는 적합한 질문일 수도 있고, 비논리적인 질문일

수도 있다. 어떠한 질문이라도 학생이 원하는 답을 해 주는 노력이 교사에게 필요하다. 그럼으로써 학생들에게 질문할 수 있는 용기와 자신감을 주기 때문이다.

(3) 여유 있는 응답과 적절한 유머가 필요하다

질문이 끝나자마자 기다렸다는 듯 즉시 대답하는 것은 오히려 질문의 효과를 떨어뜨릴 수 있다. 질문하는 동안 학생 스스로가 해답을 발견할 수 있다. 또한 여유를 가지고 대답하는 자세가 질문한 사람에게 진지한 자세로 답한다는 인상을 주며 필요한 경우 적절한 엉뚱한 질문에 대해서도 우호적인 유머가 있으면 분위기를 반전시킬 수 있다.

(4) 질문에 대한 답은 모두가 할 수 있다

일대일 질문과 응답의 고전적 방식만 생각하지 말고 학생의 질문을 학생이 답하는 방식을 유도하는 지혜가 필요하다. 학생이 질문하고 교사가 답하는 것이 일반적이지만 학생의 질문에 다른 학생이 답할 수 있도록 기회를 줌으로써 역동적인 수업 분위기를 가져올 수 있다(권성호, 2002; 진영은 외, 2006).

▐▐▐   나는 대한민국의 교사다

똑똑이와 똘똘이가 산을 넘어가고 있었습니다. 똑똑이는 학교에서 이름난 우등생이고 똘똘이는 동네에서 소문난 개구쟁이입니다. 그러나 불행스럽게도 두 친구는 산 속에서 호랑이를 만났습니다.

똑똑이가 척 보니까 호랑이는 250m 떨어져 있는데 달려오는 속도는 시속 50km 정도라고 파악되었습니다. 똑똑이는 정확히 계산을 해 보더니 "야, 우린 이제 17.88초 후면 죽었다!"라고 똑소리 나게 재빨리 결론지으면서 친구 똘똘이를 쳐다보았습니다.

그러나 똘똘이는 태연스럽게 자기 운동화 끈을 동여매고 있지 않은가요. 그 모습을 본 우등생 똑똑이는 열등생 똘똘이를 비꼬았습니다. "멍청하긴, 네가 뛰어봤자지. 호랑이보다 빨리 뛸 것 같아?" 그러자 똘똘이는 씩 웃으면서 말하기를 "아니야, 나는 너보다만 빨리 뛰면 돼."

이것은 예일 대학 심리학과의 석좌 교수 스타인버그(Steinberg)가 쓴 『성공적 두뇌』에 나오는 이야기입니다.

출처: 조벽(2006).

표 6-2 효과적인 질문전략 체크리스트

- 수업 진행의 각 단계의 형성평가를 위해 다양하고 적합한 질문을 하였다.
- 질문의 내용은 핵심적이고 명확하였으며 학습자의 수준에 적합하게 이루어졌다.
- 한 번에 한 가지 내용에 초점을 맞추는 명료한 질문을 하였다.
- 학생들의 다양한 수준을 고려하여 난이도 수준에 맞춘 질문을 하였다.
- 학습의 위계에 적합한 순서로 질문을 하였다.
- 학생들이 적절한 답을 생각할 수 있는 충분한 시간을 주었다.
- 격려와 칭찬으로 응답을 유도하였다.
- 학생이 질문을 잘못 이해하고 있을 때 쉬운 말로 다시 질문을 하였다.
- 학생들의 답이 불완전할 때 보충적인 정보를 제공해 주었다.
- 학생의 수준을 고려하여 모든 학생에게 기회가 주어지는 질문을 하였다.

출처: 진영은 외(2006).

연구
문제

1. 인간에게 학습본능이 존재한다는 것은 어떤 의미가 있는가?

2. 교사의 특성과 관련된 효과적인 교수–학습의 원리를 설명하라.

3. 학습자 중심의 지혜로운 교수–학습의 원리를 실제적인 예를 들어 설명하라.

4. 좋은 수업을 위한 마음 자세와 수업 방법에 대해 설명하고 실제 시연해 보는 과정을 가져 보라.

5. 수업을 진행하기 위한 구체적인 기술을 열거하고 설명하라.

6. 수업을 위한 목소리 사용법과 표정, 몸짓, 손짓 등의 기술에 대해 실제로 시범을 보이는 과정을 통해 설명해 보라.

7. 동기유발을 위한 ARCS 모형의 내용을 열거하고 과정을 설명하라.

8. 효과적인 질문과 응답을 통한 수업기술에 대해 설명하라.

Chapter **07**

학업성적 및 출석 관리

　학업 성취에 관한 평가는 교사의 중요한 업무 중 하나다. 학습목표의 도달 여부를 확인하고 학습자 개인의 성취 수준을 확인하는 절차이기에 평가의 객관성과 공정성, 투명성을 통해서 평가의 신뢰도를 높여야 한다.

　학업성적의 평가는 객관적인 법적 행위다. 또한 학생과 학부모의 가장 중요한 관심사 중의 하나다. 학업성적의 평가를 위한 출제부터 생활기록부 정리에 이르는 일련의 과정이 학교의 성적 관리 규정에 따라 공정하고 정확하게 이루어져야 할 당위성이 여기에 있다. 이를 위해 기본적으로 평가의 타당도, 신뢰도, 객관도를 바탕으로 지필평가는 물론 수행평가, 재량활동 평가, 특별활동 평가 등을 각급 학교별 학업성적 처리 지침에 따라 정확하게 처리하여야 한다.

　출석 관리는 학업성적 관리와 마찬가지로 교육법적 행위이며, 출석상황을 점검하고 관리하는 것은 학생들의 학교생활과 관련된 태도와 삶을 확인하는 기본적인 교육적 단계다.

　　학업 성취에 관한 평가는 교사의 고유 업무 중의 하나이며 교육의 외형적 결과이기에 교육 당사자들의 주요 관심사가 된다. 따라서 평가의 객관성과 관리의 공정성은 당연한 전제 조건이다. 이런 측면에서 학업성적 평가 및 관리의 객관성, 공정성, 투명성과 신뢰도를 높이고, 학교생활기록부의 전산처리 및 관리, 이에 따른 계도 활동과 상담 활동을 강화하기 위하여 학교별 학업성적관리위원회를 설치 운영하도록 한 교육부의 훈령(676호)을 준거로 각 시·도교육청은 학업성적 관리 지침을 통해 일선 학교의 성적 관리의 공정성을 기하기 위해 노력하고 있다.

1. 기본 방침

　　학업성적의 평가는 거시적으로는 국가의 교육목표에 합당하고 미시적으로는 지역사회와 학교의 수준에 적합한 교육과정의 목표를 반영하여 평가하여야 한다. 이러한 목표를 달성하고 학업성적 평가 및 관리의 객관성, 공정성, 투명성과 신뢰도를 높이기 위하여 학교별 각 교과협의회와 학업성적관리위원회를 구성하여 운영하고 있다.

　　이를 통해 학교는 다양한 평가도구와 방법으로 학업 성취도를 평가하여 학생의 학습목표 도달 정도를 확인하고, 수업의 질 개선을 위한 자료로 활용한다. 따라서 학교에서는 외부에서 제작한 평가도구의 활용을 지양하고, 선다형 일변도의 지필검사에서 서술형, 논술형 등의 주관식 평가와 표현 및 태도의 수행평가, 관찰 평가 등 평가의 목적에 적합한 다양한 평가방법이 조화롭게 이루어지도록 하여야 한다.

　　평가의 내용은 학교에서 가르친 내용과 기능을 중심으로 평가한다. 정상적인 교육과정의 범위를 벗어난 내용이나 학교 이외의 사교육기관에서 배운 내용을 평가하는 것은 공교육의 본분을 저해하는 것이며 평가의 목적에서 벗어나는 것이다.

이를 위해 각 학교에서는 교내에 학교장을 위원장으로 하는 학업성적 관리 위원회를 설치하여 학업성적 평가 및 관리의 객관성, 공정성, 투명성과 신뢰도를 높이기 위해 구체적인 심의 내용과 방법을 명시하고 이를 운영하고 있다.

1) 주요 심의 내용[1]

- 학교 학업성적관리규정 제 · 개정
- 각 교과협의회에서 제출된 지필평가 및 수행평가의 영역, 방법, 횟수, 기준, 반영 비율 등과 성적처리 방법 및 결과의 활용
- 재량활동 상황의 평가 기준 및 방법
- 특별활동 상황의 평가 기준 및 방법
- 행동발달 상황의 평가 덕목 및 방법
- 학업성적 평가 및 관리의 객관성, 공정성, 투명성, 신뢰도 제고 방안(평가의 기준 방법 결과의 공개 및 홍보 등)
- 기타 학교 학업성적 관리 관련 업무

2. 교과 학습 발달의 평가[2]

1) 평가의 방법 및 종류

교과 학습 발달 상황의 평가는 지필평가와 수행평가로 구분하여 실시한다. 다만 일부 고등학교의 전문교과 실기과목 등 특수한 경우는 학교 학업성적관리규정으로 정하여 수행평가만으로 실시 가능하다. 각 교과별 지필평가

---

1) 서울특별시교육연구정보원(2011).
2) 서울특별시교육연구정보원(2011).

및 수행평가의 영역, 방법, 횟수, 기준, 반영 비율 등과 성적 처리 방법 및 결과의 활용 등은 각 학교와 교과의 교육과정 운영을 고려하여 해당 교과협의회에서 협의 결정한 후, 학업성적관리위원회의 심의를 거쳐 학교장이 최종 결정한다. 이러한 평가의 방법과 내용에 대해서는 학년 초에 학생 및 학부모에게 가정통신, 학부모회의, 학교홈페이지 등을 통하여 지필평가 및 수행평가의 시기, 영역, 기준, 방법 등을 사전 공개하는 것이 바람직하다. 이러한 과정을 통하여 평가의 공정성을 기하고 교육과정의 운영과 평가에 대한 사전 공개를 통해 평가의 객관성을 기할 수 있다.

2) 평가 문제의 출제

학교의 연간 학사 일정에 따라 일정 기간을 정해 각 교과별 지필평가와 수행평가를 실시한다. 지필평가와 수행평가의 횟수는 학기별로 각각 1회 이상 실시하며, 평가의 공정성, 객관성, 신뢰성, 타당도 및 변별력을 확보할 수 있는 횟수를 정하여 실시한다.

(1) 출제의 정당성

평가 문제는 타당도, 신뢰도, 객관도를 바탕으로 변별도가 높은 문항으로 출제하고 동일 교과 담당교사 간 협의를 통한 공동출제로 학급 간의 성적 차를 최소화한다.

(2) 출제의 난이도

모든 출제 원안에는 문항별 배점을 표시하되, 평가의 변별력을 최대한 높이기 위하여 동점자가 가능한 한 생기지 않도록 가급적 100점 만점으로 출제한다. 또한 적절한 문항 수, 수준별 문항 조정, 문항의 난이도에 따른 배점의 다양화 등 평가의 변별력을 높이기 위한 문항별 난이도를 조절한다.

(3) 이원목적 분류표의 작성

고사 원안 제출 시에는 정답, 문항별 배점 및 채점기준, 평가의 영역 내용 등을 포함한 이원목적 분류표를 작성하여 제출하여야 하며, 특히 서술형 논술형 등 주관식 문제 채점 기준에는 답안 평가 요소별 배점(유사 정답, 부분 점수)을 포함시켜야 한다.

표 7-1 이원목적 분류표 예시

문항번호	평가내용	교재 관련 페이지	문항형식	인지적 영역		내용영역					정답
				지식·이해	기능·적용	수와 연산	도형	측정	문자와 식	규칙성과 함수	
1	다섯자리 수 읽기	관련 페이지	단답형	○		○					육만 오천 칠백삼십이
2	큰 수에서 각 자리의 숫자를 읽고 그 숫자가 나타내는 수 구하기	관련 페이지	단답형	○		○					7,000,000,000

(4) 출제 문제의 공정성

평가 문항 출제의 공정성을 위해 시판되는 참고서의 문제를 전재하거나 일부 변경하여 출제하는 일, 기출 문제를 그대로 재출제하는 일, 객관성의 결여로 정답에 대한 논란이 있는 문제나 정답이 없는 문제를 출제하는 일이 없도록 하여야 한다.

(5) 출제 문제의 보안성

출제 문제는 시험이 끝날 때까지 철저하게 보안을 유지해야 한다. 따라서 컴퓨터를 이용하여 문제를 출제하는 경우는 출제 과정에서 출제 관련 파일

이 유출되는 일이 없도록 해야 한다. 또한 출제 후 출제 문제를 수업시간이나 기타의 방법으로 고사 실시 전에 유출하거나 암시하지 않도록 해야 한다.

3) 수행평가의 의미와 방법

최근에 수행평가는 지필평가와 함께 평가의 중요한 한 방법으로 활용되고 있다. 수행평가는 평가자가 학습자들의 학습과제 수행과정 및 결과를 직접 관찰하고, 그 관찰 결과를 전문적으로 판단하는 평가방법이다.

(1) 수행평가의 합법성

수행평가의 점수는 점수화가 가능한 영역의 점수만 반영하되, 기본 점수의 부여 여부, 부여 점수의 범위 등은 당해 학교의 학업성적관리규정으로 정한다. 수행평가 결과물은 학생들의 이의 신청·처리·확인 과정 등 적절한 조치가 완료되었을 경우, 학교장은 학업성적관리위원회의 심의를 거쳐 보관기간을 결정 시행한다(단, 수행평가 성적을 기록한 성적일람표는 졸업 후 1년간 보관).

(2) 수행평가의 방법적 합리성

수행평가는 동일 과목 담당교사들의 공동평가 또는 상호 교환평가를 권장하며, 실험 실습, 실기평가 등의 결과는 학생들에게 공개하여 확인한다. 수행평가의 방법적 합리성은 평가방법의 합리성을 통해 가능하며, 획일적인 과제물 위주의 평가를 지양하고, 논술형 평가, 관찰법, 역할극, 토론법, 자기평가, 동료평가, 협력학습 등 다양한 평가방법을 도입한다.

(3) 수행평가의 객관성

수행평가의 기본 점수를 부여하는 과목의 평가에서 기본 점수를 부여할 수 없는 경우(무단결과, 불성실한 수업 참여 등)는 그 사례와 점수 부여 기준을 '수행평가기준'에 명시하여 학생, 학부모에게 공개한 후 적용한다. 실연(實

演)을 통하여 실기를 평가하거나, 학생 작품을 평가하는 경우 평가현장의 여러 학생 앞에서 평가결과를 신속히 공개하여 처리함으로써 평가의 공정성과 객관성을 확보한다.

실험 · 실습, 실기 및 관찰 등을 통한 수행평가 성적 등을 합산할 경우는 수행평가 성적일람표 등 이에 대한 보조 자료를 작성하여 결재를 받은 후 반영하고, 보조 자료는 고사 답안지에 준하여 보관하며(학교를 졸업한 후 1년 이상), 이의신청이 있을 때는 면밀히 검토하여 학생 본인에게 공개하는 등 적절한 조치를 취한다.

신체장애 학생(지체부자유자, 맹 · 농아 등)이 신체장애로 특정 과목의 수행평가가 불가능한 경우 성적 처리는 다음 공식을 참고하여 인정점을 부여하되, 대상학생, 대상과목(영역) 등은 학업성적관리위원회의 심의를 거쳐 학교장이 결정한다.

$$점수 = 실기 점수의 기본 점수 + 실기평가 배점(기본 점수 제외) \times \frac{당해자의 지필평가 득점}{지필평가 총점}$$

4) 고사 시행 및 감독

지필고사의 경우 문제를 출제한 후 실제 시험을 시행하는 과정에서 공정성을 유지하는 것이 중요하다. 이는 고사의 시행과 감독의 과정을 통해 객관적 공정성을 가져야 한다는 것을 의미한다. 시험문제의 인쇄와 보관, 시험의 시행, 시험감독의 공정성 등 일련의 과정이 공명정대해야 함을 의미한다.

(1) 인쇄 과정의 보안 관리
출제한 고사 원안은 소정의 결재를 거친 후 인쇄를 의뢰하고, 고사 원안의 결재, 보관, 인쇄 및 문제지 보관 과정에서 철저하게 보안 관리한다. 학교장은 평가 문제 인쇄기간 중 인쇄실을 통제구역으로 관리하고 보안 및 인쇄 관리 담당자를 지정하여 보안을 유지한다. 평가업무 담당교사는 평가 원안과 인쇄된 문제지를 인쇄실에서 인수한 후 출제교사에게 인계하고, 인쇄 담당자는 원지 파지를 별도 관리하여 고사 종료 후 파기한다. 출제교사는 인쇄된 문제지를 지정된 장소에서 검토한 후 포장 봉인하여 평가 원안 및 여분을 평가업무 담당교사에게 인계한다. 인쇄 포장된 문제지는 평가업무 담당 부장교사 책임하에 보관한다.

(2) 고사시행을 위한 계획

평가업무 담당 부장교사는 고사마다 학생 변동 사항을 정리하여 평가 대상자를 확정한 후 과목담당교사 및 성적처리 담당교사에게 통보한다. 학교장은 부정행위 예방을 위하여 필요한 경우, 학업성적관리위원회의 협의를 거쳐 분반, 시차제 등교, 감독교사 증원 배치 등 고사의 시행방법을 조정하여 공정한 고사시행을 위한 자체계획을 수립한다.

(3) 고사의 시행과 감독

고사를 시행하기 전에 부정행위의 유형과 방법에 대한 사전 정보를 충분히 인지하여 부정행위를 사전 예방할 수 있도록 감독교사를 대상으로 연수를 실시할 필요가 있다. 감독교사는 고사시행 계획의 원칙에 따라 공정하고 형평에 맞도록 배정하고, 학생들이 사전에 감독교사를 예측하지 못하도록 하는 것이 필요하다.

감독교사는 고사시간을 준수하여야 하며, 감독교사는 객관적이며 일관성 있는 태도로 시험시간을 운영해야 한다. 감독교사는 부정행위를 미연에 방지하는 것이 최선이기에 이를 위한 노력에 만전을 기하고, 부정행위를 적발하였을 경우는 규정에 따라 사후 조치를 엄정하게 하여, 이 때문에 발생하는 문제를 사전에 예방할 필요가 있다.

감독교사는 답안지에 서명(날인)하고 매수를 확인한 후 표지에 필요한 사항(응시자, 결시자 등)을 기록, 서명하여 평가업무 담당교사에게 인계하고, 평가업무 담당교사는 답안지를 교과담당 교사에게 인계함으로써 감독교사로서의 역할을 마치게 된다.

5) 채점 및 답안지 처리

채점과정과 답안지 처리는 성적 처리의 객관성 확보가 관건이다. 특히 주관식 문제의 경우 객관적인 채점 기준을 정하고 이를 통한 채점의 결과를 확인하는 과정을 통해 채점의 객관성과 공정성을 보장할 수 있다.

(1) 주관식 문항 채점의 객관성

채점에서 가장 중요한 객관성을 확보하기 위해 답안지 채점을 전산 처리하는 경우를 제외하고는 모든 (주관식) 문항에 정·오답 표시를 하여 채점하고, 착오 유무를 점검 확인하며, 정·오답 표시로 답안 내용이 가려지거나 훼손되는 일이 없도록 유의해야 한다. 특히 주관식 답안은 이미 정해진 문항별 배점과 채점 기준표에 따라 채점하고 점수를 부여한 과정이 나타나도록 하며, 서술형·논술형 주관식 문제 답안은 채점 기준의 일관성이 유지되도록 문항별로 채점하되, 두 사람 이상의 채점자가 각각 별도로 채점하여 그 평균으로 함을 원칙으로 하여 채점의 객관성을 유지한다.

(2) 채점 후 답안지 처리

채점교사는 답안지 채점 후 채점 내용 및 점수 표기의 정확성 여부를 점검 확인한 후 서명 또는 날인한다. 채점이 끝난 후 유사 정답이나 부분점수를 부여해야 할 답안이 추가로 있을 경우는 교과협의회를 통해 채점 기준을 수정 보완한 후 채점 기준표를 다시 결재받아 적용하고 채점 후 종전과 같은 방식으로 확인하여 서명 날인한다.

(3) 채점 결과의 공개와 사후 처리

채점 결과의 점수는 채점이 끝난 후 가급적 빠른 시일 내에 과목담당 교사가 직접 그 결과를 학생 본인에게 공개하여 확인시키며, 이의 신청이 있을 때는 내용을 면밀히 검토하여 학업성적관리규정에 명시된 절차에 따라 수정 보완하는 적절한 조치를 취하여야 한다.

거의 모든 학교가 성적을 전산 처리하기 때문에 학교 학업성적관리위원회는 전산처리 및 관리에 관한 규정을 정하여 엄정하게 성적을 처리하여 관리한다. 답안지와 수행평가와 같은 평가의 근거 자료는 성적 산출의 증빙자료이므로 해당 학생이 학교를 졸업한 후 1년 이상 당해 학교에 보관하여 법적인 문제 발생에 대비해야 한다. 단, 수행평가 결과물에 대해서는 학생들의 이의 신청 접수 처리 확인 과정 등 적절한 조치가 완료되었을 경우 학교장이 학업성적관리위원회의 심의를 거쳐 보관 기간을 결정하여 처리할 수 있다.

(4) 인정점 부여

과목별 지필평가 및 수행평가에 참여하지 못한 학생(결시생)의 성적 처리는 결시 이전 이후의 성적 또는 기타 성적의 일정비율을 환산한 성적(인정점)을 부여하되 학교별 인정 점수를 부여하는 기준에 따라 인정점을 부여한다.

중학교의 경우는 인정 사유 및 인정점의 비율 등은 시·도교육청의 학업성적관리 시행 지침에 준하며, 지침에 없는 사항은 당해 학교의 학업성적관리규정으로 정하여 부여한다. 고등학교의 경우도 인정 사유 및 인정점의 비

표 7-2 인정점 부여 방식

인정점	인정점 사유
100% 인정점	출석으로 인정하는 경우
80% 인정점	질병·기타 결시
최하점의 차하점(최하점-1)	무단 결시, 징계로 인한 결시
0점 처리	부정행위자, 부정행위 협조자

율 등은 당해 학교의 학업성적관리규정으로 정하여 부여한다.

6) 성적 일람표 및 성취도 평정

(1) 성적 일람표의 작성

과목별 성적 일람표는 매 학기말 담당과목 지도교사가 작성하되, 지필평가의 경우는 과목의 명칭과 반영 비율을 명기하고 수행평가의 경우는 수행평가의 영역과 반영 비율을 명기하여 점수를 합산하며, 성취도와 석차를 산출하여 작성한다. 단, 전산 처리가 가능할 경우 전산 출력물로 대체가 가능하다.

2005학년도 이후 입학자의 경우 원점수, 과목평균, 과목표준편차, 석차, 석차등급, 이수자수를 산출하여 작성한다.

(2) 평가 점수의 반영 비율

평가 점수의 반영 비율에 대한 환산점 산출 시 소수점 이하 자릿수는 학교별로 정하며 버림으로 처리하되, 2005학년도 이후 입학자는 원점수는 지필평가 및 수행평가의 반영 비율 환산점수 합계를 소수 첫째 자리에서 반올림하여 정수로 기록한다. 과목평균, 과목표준편차는 원점수를 사용하여 계산

표 7-3 성취도 평가기준

성취율(점수)	성취도
90% 이상	수
80% 이상 ~ 90% 미만	우
70% 이상 ~ 80% 미만	미
60% 이상 ~ 70% 미만	양
60% 미만	가

출처: 서울특별시교육연구정보원(2011).

표 7-4 석차 등급표

등 급	비 율
1등급	~ 4% 이하
2등급	4% 초과 ~ 11% 이하
3등급	11% 초과 ~ 23% 이하
4등급	23% 초과 ~ 40% 이하
5등급	40% 초과 ~ 60% 이하
6등급	60% 초과 ~ 77% 이하
7등급	77% 초과 ~ 89% 이하
8등급	89% 초과 ~ 96% 이하
9등급	96% 초과 ~ 100% 이하

참고: '2005학년도 이후 입학자'의 과목별 석차 등급은 지필평가 및 수행평가의 반영 비율 환산점수의 합계에 따른 석차 순으로 평정하되, 등급별 학생 수는 이수자수와 등급비율을 곱한 값을 반올림하여 계산한다.
출처: 서울특별시교육연구정보원(2011).

하며 소수 둘째 자리에서 반올림하여 소수 첫째 자리까지 산출하여 기록한다. 성취도는 지필평가 및 수행평가의 반영 비율 환산점수의 합계에 따라 평정한다.

7) 석차 산출

(1) 석차 산출 공식

석차는 매 학기별로 과목별 지필평가 및 수행평가의 반영 비율을 고려한 환산점수 합계로 산출한다. 단, '2005학년도 이후 입학자'의 석차는 매 학기별로 과목별 지필평가 및 수행평가의 반영 비율 환산점수 합계를 소수 셋째 자리에서 반올림하여 소수 둘째 자리까지 구하여 산출한다. 남 · 여 공학인 고등학교에서는 학업성적관리위원회의 심의를 거쳐 학교장의 재량에 의해 남학생과 여학생을 별개의 계열로 인정하여 과목별 석차를 산출하는 것이 가능하다.

석차(소수 셋째 자리에서 반올림하여 둘째 자리 점수로 산출)

＝지필평가＋수행평가(반영 비율 환산점수)

(2) 재적수

일반적으로 재적수는 해당과목을 이수한 학생 수로 하되, 단계형 수준별 교과는 해당과목을 이수한 동학년 학생 수로 한다. 다만, 필요하다고 인정되는 경우, 실업계고등학교는 교육과정 특성에 따라 학교별 학업성적관리규정으로 이수자 수를 정할 수 있다.

재·전·편입학생과 퇴학생(자퇴, 제적, 휴학, 유학 등) 및 전출 학생 중 모든 평가가 완료되어 당해 학교의 학업성적관리규정에 의거해 성적을 처리할 수 있는 학생은 재적수에 포함하고, 모든 평가가 완료되기 이전(학기말 최종 성적 처리 불가능)의 퇴학생(자퇴, 제적, 휴학, 유학 등)과 재·전·편입학생 중 원적교에서 성적(단위수, 성취도, 석차)을 취득해 온 학생은 재적수에서 제외한다.

(3) 동점자 처리

과목별로 동점자가 발생할 경우는 그 동점자 모두에게 해당 순위의 최상의 석차를 부여하고 (　) 안에 본인을 포함한 동점자 수를 병기한다.

'2005학년도 이후 입학자'는 학교별 학업성적관리규정에 동점자 처리 규정을 두어 가급적 동점자를 발생시키지 않도록 유의하고, 그런데도 동점자가 발생하여 등급경계에 있는 경우 중간석차를 적용하여 등급을 부여한다. 중간석차 적용은 동점자(동석차)가 등급경계에 있는 경우에 적용하며, 등급 범위 내에서 생기는 동점자(동석차)에게는 적용하지 않는다.

(4) 특수학교의 석차

특수목적고, 실업계열고, 특성화고(대안학교 포함), 고등기술학교, 특수학교, 각종학교, 방송통신고등학교, 산업체 특별학급 등에서는 필요하다고 인정되는 경우 해당 학교의 교육과정 특성에 따라 학과(계열)별 교과목을 이수한 총 학생 수를 재적수로 하여 석차를 산출할 수 있다.

일반계고교 직업과정 위탁생의 경우 소속학교에서 이수하는 교과의 재적수는 소속학교의 학생과 합하여 석차를 산출한다. 다만 이수 단위가 일치하지 않을 경우 재적수는 분리하여 산출한다. 직업과정 위탁생의 위탁교과와 실업계 및 기타계 고등학교의 개인별 평가가 곤란한 전문(공), 실기(습) 교과(과목)는 석차 없이 성취도만 평가가 가능하다.

(5) 기타 성적 처리

모든 평가가 완료되기 이전 퇴학·자퇴·제적생과 휴학생 등이 이전에 취득한 성적이 있을 경우, 이 학생의 재·전·편입학과 복학을 위하여 그 성적을 전산 입력하거나 별도로 보관한 후 전체과목 성적을 산출한 학생은 학교생활기록부에 입력하고, 일부과목 성적만 산출한 학생은 보조부에 기록한다.

재·전·편입학생의 성적 처리는 재·전·편입학 일자 이전 원적교의 성적과 재·전·편입학 이후에 취득한 성적을 합산하여 성취도와 석차를 산출하되, 원적교의 성적이 없을 경우는 재·전·편입학 이후에 취득한 성적만으로 해당 학교의 학업성적관리규정에 의거하여 성취도와 석차를 산출한다. 재·전·편입학생의 당해 학기(학년)의 원적교 성적이 재·전·편입학한 학교에서 취득한 성적과 중복이 될 경우는 재·전·편입학한 학교에서 취득한 성적을 인정한다.

원적교에서는 전출학생이 전출 이전에 취득한 성적(지필평가 및 수행평가의 점수 및 기록)을 밀봉하여 전출교에 우송하고 사본을 보관한다.

'2005학년도 이후 입학자' 재·전·편입학생의 성적 처리는 재·전·편입학 일자 이전 원적교의 성적과 재·전·편입학 이후의 취득한 성적을 합산하여 원점수, 과목평균, 과목표준편차, 석차, 석차등급을 산출하되, 원적교의 성적이 없을 경우는 해당 학교의 학업성적관리규정에 의거하여 재·전·편입학 이후의 취득한 성적만으로 원점수, 과목평균, 과목표준편차, 석차, 석차등급을 산출한다. 이는 복학생, 유급생, 해외 귀국 학생, 외국인 학생, 북한이탈주민 자녀, 위탁생 등에도 적용한다.

8) 재량활동 및 특별활동의 평가

(1) 재량활동의 평가

교과 재량활동과 창의적 재량활동으로 구분하여, 학교장이 재량활동 편성 운영 및 영역 내용 평가 등을 교육과정 기준과 학교 실정에 따라 계획을 수립하여 실시한다. 교과 재량활동 중 선택과목과 실업계고등학교에서 교과 재량활동을 전문교과로 이수하는 경우의 평가는 '교과학습발달상황 평가 및 관리'에 의거 시행하되, 국민공통 기본교과의 심화 보충학습의 경우는 성취도와 석차를 산출하지 않는다. 그러나 2005학년도 이후 입학자의 국민공통 기본교과의 심화 보충학습의 경우는 원점수, 과목평균, 표준편차, 석차등급, 이수자 수는 산출하지 않는다.

창의적 재량활동의 평가는 활동영역 또는 주제에 대한 특기사항을 해당사항이 있는 학생에 한하여 간략한 문장으로 기술한다.

(2) 특별활동의 평가

각 영역별 활동 상황을 균형 있게 평가하여 각 영역별로 활동 내용, 세부적인 평가방법 및 기준은 교육과정을 준거로 하여 학교별로 정하여 평가한다.

표 7-5 평가의 과정과 절차 요약

평가의 과정	내 용
1. 평가의 목표와 방법	• 지필평가와 수행평가의 배분 • 평가영역, 방법, 횟수, 기준, 반영 비율, 성적 처리 방법, 결과의 활용
2. 평가 문제의 출제	• 타당도, 신뢰도, 객관도의 조건을 충족 • 난이도 조정, 변별도 고려 • 이원목적 분류표를 작성 • 출제 문항당 점수 배점의 다양성

3. 고사의 시행 및 감독	• 고사 시행을 위한 사전 계획 수립 • 고사 시행 과정의 보안성 유지 대책 수립 • 부정행위 사전예방을 위한 대책 수립 • 감독교사는 감독의 엄정성과 일관성 유지
4. 채점 및 답안 처리	• 채점의 객관성 확보를 위한 기준 설정 • 특히 주관식 문제의 채점 기준의 일관성과 공정성 • 채점 결과의 확인 및 공개 • 채점 결과의 답안지를 일정기간 보관
5. 성적 평정 및 성적 일람표 작성	• 지필평가와 수행평가에 따라 성적 산출 • 성취도는 성취율에 따른 5단계로 산정 • 석차는 지필검사와 수행평가의 반영 비율의 환산점수의 합계에 따라 석차순으로 9단계로 평정 • 성적 일람표는 학기말 담당과목 지도교사가 작성

출처: 서울특별시교육연구정보원(2011).

학생생활기록부 내용 삭제 요청 시 대응 방법

질의) 학부모로부터 학생의 행동발달 상황에 대한 기록 중 부정적인 내용 삭제 요청이 있습니다. 방법이 있는지요?

☞ 부정적인 내용이라 해서 삭제할 수는 없습니다. 특히 학생들의 행동발달 상황은 공정성과 신뢰성을 바탕으로 사실에 근거하여 엄정하고 신중하게 기록하여야 합니다.

잘못 입력한 내용을 정정하고자 할 때 학급 담임(담당)교사는 정정 대상자의 학교생활기록부 정정 전 출력물과 정정 입력 후 출력물 및 정정사유 증빙서류(입력착오, 성적산출 잘못, 보조부 기재 잘못 등)를 첨부하고, 학교생활기록부 정정대장에 정정내용을 기록하여 학교장의 결재를 받은 후 정정하여야 합니다. 졸업생은 전산 입력이 불가능할 때 학교생활기록부 출력물에 두 줄을 긋고 정정하여 학교장 날인을 받은 후 관련 서류를 뒤에 첨부하고, 이미 제작된 전산 매체에 정정내용을 구별할 수 있는 설명서를 첨부해 라벨을 붙여 정정된 내용을 다음에도 파악할 수 있도록 조치하여 학교장의 결재를 받은 후 정정해야 합니다.

출처: 한국교원단체총연합회(2012).

3. 출석 관리[3]

학생들의 출석 상황을 점검하고 관리하는 것은 학생들의 학교생활과 관련된 태도와 삶을 확인하는 기본적인 교육적 단계이며 교사의 의무다. 동시에 출결상황은 학생의 학교생활과 관련된 다양한 정보를 제공한다. 전학, 편입, 제적, 휴학, 병결, 무단결석, 지각 등 다양한 출결상태를 나타내는 정보는 학생의 학교생활 전 과정을 보여 주는 중요한 정보가 될 수 있다. 그런 점에서 출결상황은 학업성적과 함께 상급학교 진학이나 학생의 미래 삶에 영향을 미치는 중요한 요소다. 따라서 출결상황을 정확하게 관리하고 확인하는 것은 교사의 의무이며, 법적 요건에 따라 작성된 출석부는 법적 장부다.

1) 수업일수의 산정

초·중등학교의 수업일수는 법적으로 정해져 있다. 따라서 각급 학교는 정해진 법정 수업일수는 지켜야 하고 학생은 이러한 학교의 법적 수업일수 중 2/3 이상을 출석하여야 한다. 이러한 수업일수의 산정은 다음과 같은 원칙에 따라 계산된다.

• 전출, 휴학, 면제, 유예, 제적, 자퇴, 퇴학일까지를 수업일수에 산입한다. 단, 전출, 휴학, 면제, 유예, 제적, 자퇴, 퇴학일과 재입, 편입, 전입, 복학일이 동일한 경우는 재입, 편입, 전입, 복학일만 수업일수로 산정한다.
• 재입, 편입, 전입, 복학생의 수업일수는 원적교의 수업일수와 합산하되, 중복되는 재학기간의 수업일수는 제외한다. 예를 들면, 2004년 4월 15일에 자퇴하고 2005년 3월 20일에 다른 학교로 편입한 경우 자퇴한 원적교의 2004년 3월 2일부터 2004년 3월 19일까지 수업일수는 인정하여

---
3) 2005. 2. 25. 개정, 교육부 훈령. 제6호.

합산하고 2004년 3월 20일부터 2004년 4월 15일까지 원적교와 새로운 학교와 중복되는 수업일수는 합산하지 아니한다. 이러한 합산방식은 결석일수, 지각횟수, 조퇴횟수 산정에서도 동일하다.

• 퇴학, 자퇴, 제적, 휴학한 일자와 재입학, 편입학, 전입학, 복학한 일자 사이에 공백 기간이 있을 경우, 그 기간은 당해 학년 수업일수로 산정하지 않는다.

• 재입학, 편입학, 전입학, 복학생의 수업일수는 정상적인 경우의 다른 학생의 수업일수와 같지 않을 수 있으나, 그 수업일수가 당해 학교 당해 학년 수업일수의 2/3 미만이 될 경우는 당해 학년도 재입학, 편입학, 전입학, 복학이 불가능하다.

 수업일수 산정 방법

질의) 학교의 수업일수는 어떻게 정하나요?

☞ 「초·중등교육법 시행령」 제45조 규정을 보면 수업일수는 다음 기준에 따라 학교(원)장이 정합니다.

학교급	수업일수	비 고
유치원	180일 이상	학교장은 천재지변이나 주 5일 수업제의 실시, 연구학교 운영 또는 자율학교의 운영 등 교육과정 운영상 필요한 경우에는 10분의 1 범위 안에서 수업일수를 감축할 수 있으며, 수업일수를 감축할 경우 다음 학년도 개시 30일 전에 관할청에 보고해야 한다.
초·중·고, 고등기술학교, 특수학교	220일 이상	
공민학교, 고등공민학교	170일 이상	

출처: 한국교원단체총연합회(2012).

표 7-6 **수업일수와 관련된 학적 변동 관련 용어**

학적 관련 용어	내 용
1. 입학	제1학년에 신입학
2. 재학	당해 학교의 학적을 보유함
3. 재입	면제, 유예, 제적, 자퇴, 퇴학한 자가 당시 재학 학년 이하의 학년으로 다니던 학교에 다시 입학함
4. 편입	면제, 유예, 제적, 자퇴, 퇴학한 자가 당시 재학 학년 이하의 학년으로 다른 학교에 다시 입학함
5. 전입	다른 학교 현 재학생이 우리 학교에 전학해 옴
6. 복학	휴학한 자의 휴학 사유가 소멸되어 학교에 다시 출석함
7. 진급	현 학년을 수료하고 다음 학년으로 올라감
8. 조기진급	교칙에 의거 현 학년에서 다음 학년을 조기이수하고 그다음 학년으로 진급
9. 전출	학교 재학생이 다른 학교로 전학해 감
10. 유급	휴학, 면제, 유예, 제적, 자퇴, 퇴학으로 진급하지 못함
11. 휴학	질병 등 때문에 학교장의 허가를 받아 일정 기간 동안 학교에 출석하지 않음
12. 면제	의무교육 해당 초·중등학교에서 「초·중등교육법시행령」 제28조의 규정에 의거 의무교육 면제
13. 유예	의무교육 해당 초·중등학교에서 「초·중등교육법시행령」 제28조의 규정에 의거 의무교육 유예 또는 동 제29조 규정의 3월 이상 장기 결석자의 정원 외 관리자
14. 제적	출석일수 미달 등으로 학교에 출석하지 못함
15. 자퇴	개인 또는 가정 사정으로 본인의 원에 의하여 학교에 출석하지 않음
16. 퇴학	징계로 학교에 출석하지 못함
17. 수료	해당 학년의 전 과정을 마침
18. 졸업	해당 학교의 전 과정을 마침
19. 조기졸업	교칙에 의거 수업연한을 단축하여 해당 학교의 전 과정을 마침
20. 유학	'국외유학에관한규정'의 '자비유학' 자격에 해당하여 외국의 학교로 진학함

출처: 2005. 2. 25. 개정, 교육부훈령 제671호.

2) 출석으로 처리되는 결석 사유

    다음의 같은 불가항력적 사유, 공적인 사유에 따른 결석, 기타 개인의 고의에 따른 결석이 아닌 경우는 출석으로 인정한다.

표 7-7 출석으로 처리되는 결석 사유

구 분	사 유	인정범위
불가항력 사유	• 천재지변에 의한 결석 • 법정 전염병에 의한 결석	해당 기간
학교장의 허가	• 학교장의 허가에 의한 대회 출전, 현장실습, 훈련 참가, 현장학습 체험학습 등	허가된 해당 기간
공적 사유	• 병역관계 • 공적인 의무 수행 • 공권력의 행사 기간	공적으로 일을 한 해당 기간
학생의 징계	• 학교 내의 봉사, 사회봉사, 특별교육 이수 기간 • 소년분류심사원 선도교육 등으로 인하여 출석하지 못하는 경우	「초·중등교육법시행령」 제31조 (학생의 징계 등) 제1항의 규정에 의한 기간
경조사	• 친인척의 경조사의 경우(별표 참조)	경조사를 위한 인정 일수에 거리를 계산한 실제 소요 일수를 학교장이 인정 가능
학교장 인정 결석	• 기타 부득이한 사유로 학교장의 허가를 받아 결석하는 경우	인정 기간
학생 보호	• 폭력 등에 의한 피해로 학교장이 인정하는 일시보호, 치료를 필요로 하는 경우	「학교폭력예방및대책에관한법률」 제14조 (피해학생의 보호) 제1항의 규정에 의한 요양 기간

출처: 2005. 2. 25. 개정, 교육부훈령 제671호.

표 7-8 경조사 인정 일수

구분	대상	일수
결혼	• 형제, 자매, 삼촌, 외삼촌, 고모, 이모	1
회갑	• 부모 및 부모의 직계존속 • 부모의 형제 · 자매 및 그의 배우자 • 형제 · 자매 및 그의 배우자	1
사망	• 부모 및 부모의 직계존속	7
	• 부모의 형제 · 자매 및 그의 배우자 • 형제 · 자매 및 그의 배우자 • 조부모 · 외조부모의 형제 · 자매 및 그의 배우자	3
탈상	• 부모 및 부모의 직계존속	2
	• 형제 · 자매 및 그의 배우자 • 부모의 형제 · 자매 및 그의 배우자	1

※ 인정 일수는 국가공무원복무규정 제20조 제1항 별표 2를 근거로 함.
출처: 2005. 2. 25. 개정, 교육부훈령 제671호.

3) 결석 일수의 산정

결석의 종류와 일수는 다음과 같은 원칙에 따라 산정된다.

표 7-9 결석의 종류와 산정

결석 종류	사유
결석	• 교칙에 의거, 출석하여야 할 날짜에 출석하지 않았을 때
병결	• 결석한 날부터 3일 이내에 의사의 진단서를 첨부하여 결석계를 제출한 경우 • 부득이한 사정으로 결석한 날부터 3일 이내에 의사의 진단서 또는 의견서를 첨부하지 못했으나, 병으로 인한 결석임을 증명할 수 있는 증빙자료(담임교사의 확인의견서 등)를 첨부한 결석계를 3일 이내에 제출하여 학교장의 승인을 받은 경우

무단결석	• 무단으로 결석한 경우(태만, 가출, 고의적인 출석 거부, 범법행위로 관련 기관에 연행 및 도피 등) • 결석계를 제출하더라도 질병이나 기타 결석의 사유가 아닌 결석 • 「초·중등교육법시행령」 제31조(학생의 징계 등) 제5항의 가정학습 기간 • 「학교폭력예방 및 대책에 관한 법률」 제15조(가해학생에 대한 조치) 제1항의 규정에 의한 출석정지 기간
기타 결석	• 학교장이 인정하는 부모 및 가족 봉양, 가사 조력, 부득이한 개인 사정 또는 공납금 미납(고등학교만 해당)으로 출석하지 못하는 경우
지각·조퇴·결과	• 지각은 소정의 등교시간에 출석하지 않는 경우 • 조퇴는 소정의 하교시간 이전에 하교하는 경우 • 결과는 소정의 교과 수업시간에 출석하지 않는 경우 • 같은 날짜에 지각, 조퇴, 결과가 발생된 경우에는 학교장이 판단하여 어느 한 가지 경우로만 처리 • 같은 날짜에 결과가 1회 이상이라도 1회로 처리 • 지각, 조퇴, 결과 3회는 결석 1회로 산정

출처: 2005. 2. 25. 개정, 교육부훈령 제671호.

4) 학업 관련 법정장부

학업성적과 출결에 관한 사항은 생활기록부에 기록되어 반영구적으로 보관된다. 이는 학생의 학교생활을 공식으로 기록·보관하는 자료이기에 기록과 보관에 관한 사항을 법으로 정해 놓고 관리하고 있다. 이와 같은 목적으로 작성되는 장부를 법정장부라고 하는데, 대표적으로 생활기록부가 있다. 교사는 이와 같은 법정장부를 신중하고 정확하게 작성하여 보관할 의무가 있으며 기록 내용에 대해서 책임지는 자세가 요구된다. 생활기록부가 학생의 학교생활을 전체적으로 보여 주는 대표적인 법정장부이긴 하지만 그 외에도 다음의 표와 같은 법정장부가 있다.

표 7-10 학업성적 관련 법정장부

연 번	장부명	근 거	비 고
1	학교생활기록부	초등학교 · 중학교 · 고등학교 학교생활기록부 전산 처리 및 관리지침(교육부훈령 제671호) 제22조	
2	학교생활기록부 정정대장	초등학교 · 중학교 · 고등학교 학교생활기록부 전산 처리 및 관리지침 제24조	별지7호 서식
3	졸업대장	• 「초 · 중등교육법시행령」 제50조 • 초등학교 · 중학교 · 고등학교 학교생활기록부 전산처리 및 관리지침 제18조	
4	학생건강기록부	• 학생건강기록부 등 전산처리 및 관리지침(교육부훈령 제632호) 제16조 • 학교건강검사규칙 제9조	별지1호 서식

출처: 서울특별시교육연구정보원(2011).

　이러한 법정장부를 최근에는 정부가 개발한 NEIS 프로그램을 이용해 기록 · 보관하고 있다. NEIS 프로그램은 학생의 학교생활 전반적인 내용을 누적적으로 기록 · 저장하는 것으로 종래의 법정장부를 대신하고 있다.

1. 학교에서 평가 문제를 출제할 때 지켜야 할 원칙을 설명하라.

2. 이원목적 분류표를 작성하는 방법을 설명하고 평가 문제를 예시하고 이원목적분류표를 작성해 보라.

3. 수행평가의 의미와 방법을 설명하라.

4. 시험문제 출제에서 채점에 이르는 평가의 과정에서 공정성을 확보하기 위해 사전에 취해야 할 조치들에 대해서 설명하라.

5. 주관식 문제의 채점과 채점 후 답안지 처리, 채점 결과의 공개와 사후처리에 대하여 설명하라.

6. 평가에 참여하지 못한 학생의 인정점 부여 기준에 대해서 설명하라.

7. 성적 일람표의 작성을 위한 평가 점수의 등급과 반영 비율을 설명하라.

8. 석차를 산출하기 위한 공식과 재적수 동점자 처리 방법을 설명하라.

9. 출석과 관련된 학적 변동 관련 용어를 열거하고 정확하게 구분하여 설명하라.

10. 출석으로 인정되는 결석의 내용을 열거하고 설명하라.

11. 경조사와 관련하여 출석으로 인정되는 경우를 열거하고 인정 일수를 설명하라.

12. 학업성적 관련 법적장부를 열거하고 설명하라.

Chapter **08**

학교폭력과 생활지도

　　학교는 가르침과 배움 속에서 우정과 사랑을 교류하고 교사와 학생이 어우러져 삶을 이루는 교육공동체며, 교실은 학교의 기본적인 단위공동체로서 다양한 교육적 경험을 공유하는 곳이다. 그러나 실제로 교실은 사랑과 우정이 넘치는 가운데 학습이 이루어지는 바람직한 교육적 경험만이 있는 곳이 아니라 갈등과 미움과 폭력도 교차하는 복합적인 삶의 공간이다. 갈수록 교실의 갈등구조가 복잡하고 비인간적이며 폭력적인 상황으로 전개되고 있다. 무너지는 교실의 가장 극단적인 현상 중의 하나는 학교폭력이다. 학교폭력은 학교와 교실의 한 단면을 설명하는 용어로 사용되고 학교와 교실의 부정적인 현상을 상징하는 의미이기는 하지만 학교폭력 현상을 이해하지 않고는 학교와 교실의 삶을 이해하지 못한다.

　　수업보다 학생들의 생활지도가 더 어려워지고 있다. 차분하게 학생들과 수업에 전념할 수 있는 교실은 천국이다. 정도의 차이는 있지만, 수업을 방해하는 학교폭력과 학습부적응 학생들이 끊임없이 교사의 인내를 요구하며 교실의 학습 환경을 파괴하고 있다. 학교가 배움과 학습의 장이 아니라 점차 생활지도의 격전을 치르는 전쟁터로 변하고 있다. 빛나는 지성과 아름다운 품성을 기르는 전인교육은 생활지도의 격전을 평화로 마무리한 다음에 생각할 일이다.

1. 학교와 교실에서의 삶

학교는 가르침과 배움 속에서 우정과 사랑이 교류되고 교사와 학생이 어우러져 삶을 이루는 교육공동체며, 교실은 학교의 기본적인 단위공동체로서 다양한 교육적 경험을 공유하는 곳이다. 그러나 실제로 교실은 사랑과 우정이 넘치는 가운데 학습이 이루어지는 바람직한 교육적 경험만이 있는 곳이 아니라 갈등과 미움과 폭력도 교차하는 복합적인 삶의 공간이다. 갈수록 교실의 갈등구조가 복잡하고 비인간적이며 폭력적인 상황으로 전개되고 있다는 상황을 함축적으로 표현하는 단어가 '무너지는 교실'이다. 무너지는 교실의 가장 극단적인 현상 중의 하나는 학교폭력이다. 학교폭력은 학교와 교실의 한 단면을 설명하는 용어로 사용되고 학교와 교실의 부정적인 현상을 상징하는 의미이기는 하지만 학교폭력을 이해하지 않고는 학교와 교실의 삶을 이해하지 못한다.

학교폭력은 학교를 혼란의 위기에 빠뜨렸다. 학교폭력의 정도가 점차 심각해지면서 이를 예방하는 것이 중요한 역할로 인식되어 학교의 교육적 우선순위의 변화를 초래하고 있는 것이 현실이다. 언제 어디서 무슨 폭력사태가 발생할지 모르는 상황이고, 긴장 상태 속에서 위기를 관리하는 학교의 모습은 오늘날의 학교폭력에 의한 혼돈의 자화상이라고 할 수 있다.

학교폭력의 가해 학생이나 피해 학생 그리고 당사자의 가정과 부모 모두가 이러한 학교폭력의 희생자다. 누구든지 학교폭력의 희생자가 될 수 있으며 그 가능성이 점차 커지고 있는 현실이다. 학교폭력은 폭력 자체에 의한 신체적, 정신적인 피해도 있지만, 폭력사건의 발생과 관련한 주변의 상황이 오히려 부정적인 상황으로 몰고 갈 수 있다. 예를 들면, 폭력사건 후의 사실과 관련된 분노와 수치심, 가해자와 피해자 간의 인간적 단절과 갈등, 가해자와 피해자 부모들의 인간적인 갈등 등이 폭력사태 이후의 부정적인 상황을 초래한다(김진한, 2013).

　학교폭력이 발생하면 학교는 해결자와 중재자의 역할과 사후 책임지도의
의무도 맡아야 한다. 이러한 역할은 절대로 순탄하지도 않으며 대부분의 경
우 학교는 당사자들을 모두 만족하게 하지 못하는 중간자의 입장에서 양자
의 불만의 대상이 되기 쉽다. 학교폭력은 폭력 행위 자체만의 문제가 아니라
사후 처리의 문제에서도 인간관계를 파괴하고 교육적 상황을 붕괴시키는 비
교육적 폭력성을 내재하고 있다. 따라서 학교와 교실은 폭발시간을 알 수 없
지만 언젠가는 터질 가능성이 있는 시한폭탄과 같은 잠재된 위기의 현장이
다(김진한, 2013).

　최근의 학교폭력 양상을 보여 주는 교육부의 자료는 학교와 교실에서의

표 8-1 ● 최근의 학교폭력 양상

저연령화	중학교의 심각성	정서적 · 지속적 폭력의 확대
• 피해 학생 중 53.6%가 초등학교 때 최초로 학교폭력 피해 경험 초 1~3 17.6% 초 4~6 36.0% 초등학교 53.6% 최초 피해 • 가해 학생 중 58.0%가 초등학교 때 최초로 학교폭력 가해 경험 초 1~3 14.9% 초 4~6 43.1% 초등학교 58.0% 최초 가해	• 학교폭력대책자치위원회 총 심의건수 중 중학교 차지 비율 69% 심의건수 중 69.0% 중학교 차지	• 언어적 · 정서적 폭력의 증가 - 2010년 1년 간 학교폭력 피해 유형: 맞았다(1위), 욕설이나 모욕적인 말을 들었다(2위), 집단적으로 따돌림을 당했다(3위) • 학교폭력 가해 경험이 있는 학생 중 2회 이상의 비율 61% 2~3회 37.0% 4~5회 10.6% 셀 수 없이 13.9% 가해경험 61.1% 2회 이상

출처: 교육부(2012).

폭력이 일상화하고 다변화하고 있으며, 불량서클과 연계되거나 2인 이상의 집단 폭력화의 성향을 보이고, 초등학교 고학년까지 대상자의 연령이 낮아지는 경향을 보이며, 중학교에서 매우 심각한 현상으로 나타나고 있음을 보여주고 있다.

1) 학교폭력에 대한 대응 태도

학교폭력의 심각성은 증대되고 있지만, 학교폭력에 대한 피해자와 목격자의 태도는 두려움과 회피라는 두 가지 태도로 나타난다. 학교폭력을 당하거나 당하는 것을 알고 있음에도 피해 학생들과 주위의 목격자들은 '보복이 두렵거나' '나중에 더 고통을 당할 것 같아' 혹은 '문제의 근본적인 해결이 되지 않는다는 것을 알기에' '말해도 소용없을 것 같아서' 등의 이유로 폭력의 피해 사실을 주변 사람에게 적극적으로 알리지 않고 도움을 요청하지도 않고 방관하거나 회피하는 경향이 많다(교육부, 2013). 목격자도 회피와 방관이 결국 유리하다고 판단하여 학교폭력을 신고하거나 도움을 요청하지 않는 경향을 보인다. 심지어 한 학급의 학생 전체가 방관자나 회피자가 되는 경우가 있음을 볼 수 있다(김진한, 2013). 이는 교실에서의 삶이 얼마나 비인격적이고 비윤리적인가를 보여 주는 현실이라고 할 수 있다.

표 8-2 학교폭력에 대한 인식과 대응

학 생	학부모	교 사
• 피해자: 신고를 해도 문제해결이 되지 않고 보복을 우려 • 가해자: 학교폭력을 단순한 '장난'으로 인식 • 목격자: 폭력을 목격해도 보복이 두려워 방관하는 경우가 다수	• 아이들은 싸우면서 자라는 것이 당연하다는 관대한 인식 • 학교폭력의 원인을 피해 학생으로 돌림	• 온정주의적 시각: "가해 학생과 피해 학생 모두 내 제자" • 부정적 이미지, 정보공시를 우려한 학교의 은폐

출처: 교육부(2012).

2) 학교폭력의 비인간화 경향

학교폭력은 일시적 충동에 의한 단순한 일탈의 수준을 넘어 심각한 범죄단계에 이르고 있다. 종전의 학교폭력은 상호 다툼 정도에서 발전하여 때리고 괴롭히는 정도였지만, 최근 학교폭력의 경향은 흔히 보는 학교폭력의 일반적인 단계인 폭력행사나 금품 갈취의 수준을 넘어 육체적 폭력과 정신적 폭력을 동시에 하는 집요한 폭력으로 인한 자살사태 유발 등 점차 비인간화의 정도가 심해지고 잔인해지는 경향이 가속화되고 있다(김진한, 2013).

이는 집단적인 따돌림, 빵셔틀, 숙제와 부정행위 강요, 심부름 등의 새로운 형태의 심리폭력과 폭행, 협박, 사기, 상해, 살인, 강간 등의 경향으로 나타나고 있다.

▌▌▌ 사례: 일진 선·후배의 끈질긴 상납 고리

중학교 1학년 ㄹ군은 초등학교 5학년 때 "중학교 일진들이 싸움 잘하는 애들을 찾는다."는 말에 솔깃해 일진에 들어갔다. 처음에는 형과 누나들이 노래방, 오락실, PC방에 데려가 함께 놀아 줬다. 그러나 어울려 놀러 다닌 것도 잠시, 초등학교 6학년 때에는 도둑질하는 법과 또래들에게 '삥(돈)' 뜯는 법을 배웠으며, 중학교 입학 후 열린 신고식에서는 일진 형들에게 무자비하게 맞았고, 선배들의 강요로 친구들과 맞장을 떠서 짱이 되었다. 짱이 되자 선배 형들은 상납금을 요구해 왔고, ㄹ군은 초등학교 때 배운 방법으로 약한 동급생이나 후배들에게 삥 뜯기를 하여, 1주일 만에 10만 원을 채웠고, 그 후 5일, 7일, 10일 주기로 상납을 요구받으면서 후배들에게 5~10만 원씩 뜯어내 상납했다. 상납은 선배 일진들의 연애기념일인 투투데이(만난 지 11일, 22일 등)나 50일, 100일, 200일 등 각종 기념일마다 지속됐다. 또한, ㄹ군은 이 기간에 '일락'[1]에 참가하여 남친과 여친이 없는 애들이 노예팅을 즐기고 성행위를 강요당하는 것을 목격하였다.

출처: K 일보. 2011. 12. 29. 자.

---

1) 일진들이 록카페를 하루 통째로 빌려서 노는 것을 말하며, 주로 티켓을 팔아서 비용을 충당한다.

3) 피해 학생의 이중적 상황

학교폭력의 피해자들이 종종 자신의 피해를 만회하기 위해 또 다른 약자에게 가해자로 바뀌는 이중적인 행동 양태를 보인다. 학교폭력의 피해자가 제삼자에게 폭력으로 보복함으로써 피해자며 동시에 가해자가 되는 폭력의 이중적 피해자가 되는 경우다. 최근 서울의 한 초등학교 학생이 평소 자신을 괴롭히던 같은 반 학생을 복도에서 흉기로 찔러 큰 상처를 입힌 충격적인 사건이 보도된 바 있다. 이는 학교폭력을 당했던 피해 학생이 자신보다 더 어리거나 약한 다른 학생에게 폭력의 가해자로 변하여 폭력이 폭력을 부르고 폭력의 피해자가 가해자가 되는 이중적 피해의 상황에 빠지는 경우다. 즉, 학교폭력의 이중적 경험을 하는 학생이 증가하고 있다는 현실이다.

청예단의 조사 결과에 따르면, 학교폭력을 경험한 학생 중에서 피해와 가해를 모두 경험한 학생의 비율은 2010년에는 10.3%, 2011년에는 8.6%로 나타났다. 특히 이들의 절반 정도는 학교폭력의 피해 경험과 가해 경험이 '셀 수 없이(6회 이상) 많다.'고 응답하여 학교폭력이 또 다른 학교폭력을 부르고 있음을 보여 주고 있다(청예단, 2011; 청예단, 2012). 이들 중에는 선배들의 강요와 협박 때문에 어쩔 수 없이 자신보다 힘이 약한 아이들에게 폭력을 행사하는 경우도 있지만 '자신이 피해를 봤기 때문에 피해를 줘도 된다.'고 생각하여 자신의 가해 행동을 정당화하고 지속해서 폭력을 행사하는 경우도 적지 않았다(박효정, 2012; 김진한, 2013).

4) 폭력에 대한 죄의식 결여

다수의 학교폭력 가해자는 폭력에 대한 죄의식이 희박하거나 폭력으로 인식하지 못하는 경향을 보인다. 가해자들은 가까운 친구나 같은 반 학생들에게 폭력을 행사하고도 전혀 죄의식이나 죄책감을 느끼지 않는다. 2013년 대구 K 고등학교 자살사건도 가해자는 피해자의 집에도 자주 놀러 가는 친구

처럼 보였지만 실제는 학교폭력과 집단 괴롭힘의 당사자였다.

가해자에게는 우발적이고 때로는 충동적이며 죄의식 없는 장난일 수 있지만, 피해자에게는 심각한 폭력일 수 있음에도 가해자는 이에 대한 죄의식이 없거나 부족하고, 주위의 가해 학생들도 동일한 상태에서 지속적인 폭력과 괴롭힘을 가하는 경향을 보인다. 죄의식 없이 이루어지는 집단 따돌림과 괴롭힘은 그 수법이 점차 지능화, 은밀화, 장기화하는 경향을 나타내고 있다. 집단 따돌림과 괴롭힘을 당한 피해 학생은 학교 가기를 싫어하고, 우울증을 겪기도 하며, 자살을 시도하기도 한다.

사례: 제구실 못 한 학교폭력 대책자치위, 불만 키워

대구의 한 중학교 3학년인 이신혜(15 · 가명) 양은 2학년 때인 지난해 9월부터 왕따에 시달렸다. 같은 반 학생 6~7명이 평소에 "냄새난다" "병신"이라고 놀렸고, 아무도 없는 교실로 끌고 가 "옷차림이 그게 뭐냐"며 위협을 가했다. 이양은 그해 11월 자동차 워셔액을 마시고 자살을 시도했다. 어머니 여 모(44) 씨는 딸이 학교폭력에 시달려왔음을 알고 학교에 신고했다. 학교는 자치위를 열었으나 이후에도 괴롭힘은 계속됐다. 이양에게 "또 자살해보라"며 욕설과 폭언을 퍼붓는 아이도 있었다. 이양은 정신적 충격으로 병원에 두 달간 입원했다. 이후 전학을 갔지만 '약극성정동장애(조울증)' 판정을 받았다. 지금도 학교에 못 가고 치료를 받고 있다.

출처: J 일보. 2013. 7. 16. 자.

---

5) 사이버 폭력의 증가

인터넷과 스마트폰의 사용이 일반화되면서 사이버 폭력이 새로운 폭력의 양상으로 떠오르고 있다. 문자 메시지나 사이버 채팅을 이용하여 이른바 사이버 불링(cyber bulling, 인터넷상에서 특정인을 괴롭히는 일)으로 불리는 신종 학교폭력이 급증하고 있다.

친구들과 스마트폰에서 채팅을 즐기면서 어울리다 사이버상에서의 왕따, 폭력을 당하고 이것이 비화하여 실제 상황에서 왕따와 폭력을 당하는 경우가 적지 않다. 흔히 떼카(카카오톡을 이용한 다수의 채팅) 도중에 특정 학생을 지목해 집단으로 괴롭히거나 이를 빌미로 실제 상황에서 폭력을 일삼는 경우가 점차 증가하는 추세다(김진한, 2013). 사이버 폭력의 발단은 대부분 학교와 교실의 인간관계에서 출발하며 사이버에서의 정신적 폭력이 극단적인 자살시도와 육체적 폭력으로 연결되어 나타나기도 한다.

사례: 사아버폭력이 현실로

2011년 대구의 한 PC방에서 '던파(던전앤파이터)'를 하던 초등학생들이 채팅창에서 욕설을 주고받다가 돌연 한쪽 아이들이 "어디 사느냐? '현피'[2] 뜨자."고 했다. 그리하여 양측 아이들은 시내에서 만나 10대 10으로 패싸움을 벌였다. …… 패싸움에 참여했던 한 초등학생은 게임 속 폭력을 흉내 내 다른 학생을 폭행하고, 게임과 관련된 갈취와 협박을 하는 친구들이 많다고 했다.

출처: 정종진(2012: 32-33)

---

2. 학교폭력의 유형

학교폭력의 유형은 구분하는 방법에 따라 다양한 유형으로 구분된다. 가장 일반적인 구분은 학교폭력 피해 당사자의 피해 내용 측면에서 구분하는 방식으로 크게 신체적 폭력, 정서적(언어적) 폭력, 관계적 폭력, 성적 폭력, 사이버 폭력으로 구분한다(한국초등상담교육학회편, 2013). 교육부의 학교폭

---

2) '현실'과 '플레이어 킬(player kill)'의 합성어로, 게임 상대와 실제로 만나 싸우는 것을 말함

력 통계 자료에 따르면, 2014년도 상반기 학교폭력은 전국 1만 662건으로 전
년도 같은 기간의 9천 713건보다 9.8% 증가했고 학생 1천 명당 1.49건에서
1.69건으로 13.2% 증가했으며 SNS, 인터넷상 언어폭력이 심각해지고 있으
며 피해연령이 점점 낮아지는 추세를 보이고 있다.

　최근의 폭력의 양상을 포함하여 학교폭력의 유형을 도식화하면 다음의 표
와 같다.

　〈표 8-3〉에 예시된 것과 같이 신체적 폭력에는 때리기를 비롯하여 신체에
고통을 주는 다양한 종류의 폭력 종류가 있지만, 신체적 폭력을 통해 야기되
는 최악의 경우는 폭력에 의한 사망과 신체적 정신적 고통을 이기지 못하고
자살하는 경우다.

표 8-3 학교폭력의 유형

유형	정의	예
신체적 폭력	신체적으로 해를 가하거나 재산상의 손실을 주는 행동	때리기, 발 걸기, 밀기, 치기, 찌르기, 침 뱉기, 가혹 행위, 옷/물건 망가뜨리기 등
언어적 폭력	말이나 글을 사용하여 심리적인 괴로움을 주는 행동	놀리기, 모함하기, 비난하기, 협박 메일 보내기, 욕하기, 고함치기, 모욕하기, 위협하기(말/쪽지/이메일), 거짓 소문 퍼뜨리기 등
관계적 폭력 (따돌림)	친구 관계를 깨뜨리거나 사회적으로 고립시키는 행동	소외시키기, 거부하기, 무시하기, 대답 안 하기, 째려보기, 비웃기, 코웃음 치기 등
성적 폭력	성적희롱, 성폭력을 수반하는 폭력	성희롱, 성추행, 성폭력, 집단 강간
사이버 폭력	사이버상에서 욕설, 집단 언어폭력, 집단 따돌림 등의 행위를 통해 심리적 폭력을 가하는 행위	카카오톡 집단 채팅창에서 왕따, 언어폭력, 욕설, 위협, 부당한 요구

출처: 한국초등상담교육학회편(2013).

> **사례: 가해 학생의 때늦은 눈물, 면회 온 엄마에게 "너무 미안해요."**
>
> 같은 반 친구를 상습 폭행한 혐의로 지난해 12월 31일 대구지방법원에서 구속영장이 발부된 ㅇ군(14)과 ㅈ군(14)은 경찰서 유치장에 수감되기 직전 "자살한 ㄷ군에게 하고 싶은 말이 있느냐?"는 질문에 대답 없이 소리 내어 엉엉 울기 시작했다. 경찰 관계자는 "법원에서 유치장까지 가는 10여 분 내내 눈물을 쏟았다. 법원의 영장 실질심사 이전까지만 해도 담담한 표정이었는데, 영장이 발부된 이후 난생처음 수갑을 찬 뒤 구속이라는 현실을 직감하면서 그런 것 같다."고 말했다.
>
> 새해 첫날 오후 3시 반경 경찰서 유치장 면회실엔 구멍 뚫린 투명한 아크릴 창문과 창살을 사이에 두고 ㅇ군과 그의 가족 5명이 마주 서 있었다. ㅇ군 가족은 이날 아침 면회했지만 몇 시간이 안 돼 또다시 찾아왔다. "할머니와 엄마, 동생에게 하고 싶은 말 없어?"라는 어머니의 물음에도 창살 너머에서는 아무 말이 없었다. 또다시 같은 질문을 되풀이하자, "네."라고 짧은 답이 돌아왔다. "'네.' '아니오.' 말고 다른 말 좀 해봐." 어머니가 다시 얘기하자, 아들은 그제야 "너무 미안해서⋯⋯."라며 말끝을 흐렸다. 창살 너머에 갇힌 손자를 바라보며 한참을 소리 내 울던 할머니는 "네가 왜 여기 있느냐. 빨리 집에서 보자."며 눈물을 훔쳤다. ㅇ군도 흐느꼈다.
>
> 출처: D 일보. 2012. 1. 2. 자.
> 재인용 참고 자료: 한국초등상담교육학회편 (2013).

정서적 언어폭력의 경우 명예훼손, 비난, 욕설, 비웃기, 은어로 놀리기, 겁주기 · 위협 · 협박, 별명 부르기, 신체 일부분을 장난삼아 놀리기 등 언어를 통하여 상대에게 모욕감 수치심, 정서적 폭행을 행사하는 것을 말한다. 이는 직접적인 언어 표현에 의하거나 사이버 매체를 통해서 이루어진다.

교육부의 학교폭력 실태조사의 결과에서 볼 수 있듯이 학교폭력 중 언어폭력이 학교폭력 중 가장 비중이 높은 유형으로 나타났고, 여학생은 37%의 비율로 남학생의 34%에 비해 높게 나타났다. 신체적 폭행 유형은 남학생(15.5%)이 여학생(5%)보다 세 배 정도 높은 비율로 나타났다.

사례: 사이버폭력이 자살로

2012년 8월 말, 서울 송파경찰서 강력계. 머리를 조아린 고교 1학년 K 모양. 친구를 죽음으로 몰아간 그녀는 눈물을 쏟으며 연신 몸서리를 친다. 같은 학교 친구 강 모(16)양이 서울 송파 아파트에서 뛰어내려 숨진 것은 이로부터 보름 전. '카카오톡'을 통해 평소 친구들로부터 언어폭력에 시달리던 강 양은 숨지기 20분 전, 또래 친구 약 15명이 카톡을 통해 욕설을 퍼붓자, 죽음을 택했다.

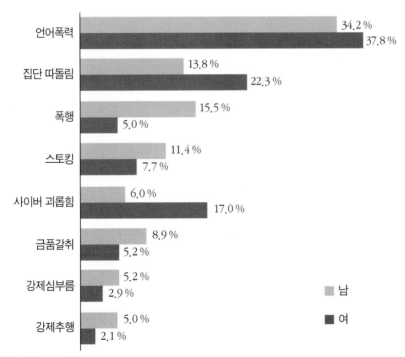

출처: 교육부 보도자료(2014).

3. 생활지도의 의미

일반적으로 생활지도라는 개념은 지도(guidance), 지시(direction), 안내 (pilot), 관리(management), 조종(steering) 등의 의미를 지니고 있으며, 어떤 노력을 기울여 학생들을 지도하거나 안내해 주는 사람을 생활지도 담당자라 고 한다(Shertzer & Stone, 1981). 즉, 개념으로서의 생활지도란 개인을 돕는 것을 의미하며, 교육과 관련되었을 경우는 학생들 스스로가 자신의 문제를 보다 심도 있게 이해할 수 있도록 도와주는 다양한 경험의 제공을 말한다. 또 한 생활지도가 프로그램화되었을 경우는 교육적 목표 혹은 개인적 목표를 성취할 수 있도록 학습자를 조력하는 절차와 과정이다.

따라서 생활지도(guidance)란 개인 스스로가 자신과 자신이 처해 있는 세 계를 이해할 수 있고, 더 나아가 직면한 문제를 해결할 수 있는 능력을 함양 하도록 조력하는 과정이라고 정의할 수 있다.

4. 생활지도의 필요성

최근에는 학교에서 선생님에게 체벌을 받았다고 선생님을 경찰에 고발까 지 하는 것은 예사고, 오히려 선생님에게 폭력을 행사하는 일까지 빈번하게 발생하고 있다. 학생의 생활지도가 교과를 가르치는 것보다 어려운 일이라 는 일선학교 교사의 고백은 이제 상식적인 일이 되었다. 사회의 변화와 함께 오늘날의 청소년들에게 우리의 고유한 도덕적 행동이나 사회규범에 걸맞는 행동을 기대하기 어려워졌으며 갈수록 생활지도의 어려움이 가중될 것이라 는 것은 예측할 수 있는 결과다.

이러한 학생의 변화와 함께 교사의 의식도 변화하고 있다. 교사는 적극적 인 생활지도를 통한 문제해결보다는 문제에서 피하는 것이 훨씬 더 쉽다는 인식을 하고 있다. 최근에 초등학교 고학년 담임교사의 기피 현상은 생활지도의 어려움이라는 이유가 핵심이다(김진한, 2008).

교사에 대한 인식 또한 급진적인 변화의 과정을 거치고 있다. 이제 교직은 보수적인 성직관과 전통적인 전문직관을 주장하는 교사들에 대해 노동직이라고 주장하는 교사들의 목소리가 혼재되어 나타나고 있다. 이와 함께 교직에 대한 사회적 인식이 존경과 선망의 대상에서 비판과 평가의 대상으로 전환되어 가고 있다. 이는 교사의 소명의식을 저하시키고 문제에 대한 소극적인 자세를 가져오는 결과를 초래했다. 이러한 교사들의 교직에 대한 인식 변화는 헌신적인 생활지도의 노력보다는 합목적적인 범위 내에서만 생활지도를 하려는 소극적인 자세로 바뀌게 되었다.

해방 이후 서구의 자본주의와 민주주의의 도입은 유교의 전통적인 교육 풍토에 혁신적인 변모를 가져오게 했다. 유교적인 전통이 살아 있던 근대화 과정의 학교는 생활지도보다는 교과지식의 전달에 치중했다. 그러나 전통적인 학교의 모습에서 개방과 자율의 민주적인 학교의 모습까지, 다양한 학생들이 보여 주는 행동을 이해하고 이를 지도하는 것은 점차 복잡한 퍼즐을 맞추는 것과 같이 어려운 일이 되고 말았다.

특히 1960년대 이후 지나친 경제 개발의 논리에 따라 산업화를 강조하면서 전통사회의 윤리와 도덕이 무너지기 시작하였고, 모든 것을 경제적인 가치와 척도로 평가하게 되었다. 그 결과 경제적인 여건으로 우리의 생활수준은 향상되었지만 삶의 가치관 변화로 인해 타인의 인권존중, 의무와 책임완수, 자유의 가치와 준법에 대한 인식, 봉사와 협동 등 민주사회가 요구하는 시민 의식은 희박해졌다. 특히 산업화와 경제적인 성장의 과정에서 태어난 청소년들은 부모들의 지식자본주의 가치관에 따라 학력 위주의 경쟁체제에 내몰렸고, 이 와중에 극단적인 이기주의와 경쟁 위주의 사회에서 초래되는 비인간화의 수렁에 빠지게 되었다.

이러한 비인간화의 결과로 발생하는 집단 괴롭힘 또는 따돌림 때문에 학교는 친밀한 교제의 장이 아니라 질시와 미움, 배척의 장으로 전락하고 말았다. 특히 피해 당사자는 학교생활을 통해 알게 된 동료나 선배에게 괴롭힘과 따돌림을 받고 있으며, 이러한 일들이 주로 학교 내에서 상습적으로 발생하고 있다는 현실은 이제 학교의 문제이자 사회적인 문제로 확대되고 있다. 뿐만 아니라 학생들은 교과 교육을 포함한 학습에 관한 문제, 상급 학교 진학에 관한 문제, 미래의 직업 선택에 관한 문제, 학교 내에서의 교우관계, 이성 간의 문제, 신체 및 건강에 관한 문제, 종교, 도덕, 윤리, 가치관 등 이루 헤아릴 수 없는 학생의 삶에 관한 문제로 고민하고 있다. 이들은 스스로 해답을 찾는 힘을 축적하지 못하여 학교의 적극적인 생활지도가 없는 상황에서 적응하지 못하고 학교생활에서 갈등을 겪고 있다. 따라서 학교는 학생 개인이 지닌 다양하고 복잡한 문제를 이해하고 이를 개별적으로 지도해야 하며, 학생들의 공통적인 문제들은 집단을 대상으로 문제해결을 위한 관심을 갖고 지도할 필요가 있다. 이런 의미에서 학교에서의 생활지도는 학생의 삶의 문제를 해결하는 적극적인 교육활동으로서 교과 교육과 함께 중요한 교육의 과정으로 인식되고 적극적으로 이루어져야 할 것이다.

생활지도는 학생들로 하여금 지적 발달, 신체적 성장, 정서적 안정, 사회적 성숙을 포함하는 전인으로서 균형 있게 발달하도록 돕는 과정이다. 따라서 학생들이 학교생활에 적극적이고 순조롭게 적응하고 행복한 삶을 누리며 개인의 잠재력을 신장시킬 수 있는 여건과 분위기가 조성될 때 학교교육의 목표가 달성될 수 있을 것이다. 이와 같이 학교에서의 생활지도는 학생의 삶과 관련된 가장 교육적이며 현실적인 문제다.

현대사회의 교육의 문제를 한마디로 요약하면 비인간화의 문제일 것이며, 이의 해결책은 당연히 교육의 인간화에서 찾을 수 있다. 교육의 비인간화의 가장 근본적인 원인은 물질문명의 발달에 따른 현대사회의 비인간화의 특성 때문이다. 여기에는 인간과 인간 간의 비인간적인 단절의 문제가 내재되어 있다.

청소년의 비행과 일탈의 문제도 비인간화와 연관되어 있다. 학교에서의 따돌림은 비인간화의 전형적인 일탈 행동이다. 최근에 교사들의 현장에서의 가장 심각한 애로가 생활지도의 어려움으로, 교사는 학생을 더 이상 대화를 통한 생활지도의 대상으로 생각하지 않는 심각한 상황에 이르렀다.

비인간화로 병든 시대에서 병든 인간을 치유하는 길은 무엇인가? 현대인의 정신적 병을 치유하여 인간의 본래의 모습으로 회복하는 길은 인간과 인간과의 올바른 관계형성, 즉 만남(encounter)을 통하여 회복할 수 있다 (Buber, 1958). 인간의 올바른 만남을 통한 인간성 회복은 현대사회 문제의 근원적 해결책이 될 수 있으며 동시에 이는 교육의 인간화를 위한 선행 조건이 될 수 있다. 교육을 통한 올바른 인격적 만남은 인간을 인간답게 만들고자 하는 교육의 본래적 사명을 가능케 할 수도 있다. 지식 위주의 교육, 결과 위주의 교육, 입시 위주의 경쟁적 교육 현실에서 어떻게 인간과 인간 간의 올바르고 진정한 만남을 이룰 수 있을까 하는 문제는 교육의 인간화를 위한 근원적인 문제이기도 하며, 동시에 생활지도의 가장 핵심적인 문제다. 생활지도는 인간의 올바른 만남에서부터 이루어지며, 상담이란 진정한 만남이 이루어진 다음에 일어나는 심리적 만남의 방식이라고 할 수 있다.

5. 생활지도의 목적

생활지도의 궁극적인 목적은 학생으로 하여금 자신의 능력과 적성을 올바르게 이해하고 이를 통하여 자신의 미래를 개척하고 학교에서의 행복한 삶을 살아갈 수 있도록 하는 것이다. 이러한 학교생활의 삶의 과정을 통해 사회에서 원만하고 가치 있는 삶을 영위하고 좀 더 나아가서는 민주사회의 바람직한 구성원으로 사회복지를 위해 기여할 수 있도록 하는 데 있다.

생활지도의 목적은 학생에게 도움을 주는 직접적인 목적과, 교사와 학교에 도움을 주는 간접적인 목적으로 구분할 수 있다.

직접적인 목적은 첫째, 학생들이 자신에 대한 이해와 통찰을 정확하게 하여 자율적이고 자주적인 생활습관을 갖도록 하며 학교생활에 적응하고 사회에 최대한 공헌하도록 한다. 둘째, 학생들이 직면하는 자신의 문제 상태를 정확히 파악하고 현명한 선택으로 문제를 해결하도록 한다. 셋째, 학생들이 가능한 한 자신의 노력으로 자신의 능력과 적성을 발견하여 계발할 수 있도록 한다. 넷째, 학생들이 신체적 · 지적 · 정서적 · 사회적인 모든 면에서 안정되고 조화로운 삶을 누릴 수 있도록 한다.

간접적인 목적으로는 첫째, 교사들은 학생들을 보다 정확하게 이해할 수 있고, 학생의 행동을 분석하고 이해하는 과정을 통해 학생에 대한 긍정적인 태도를 가질 수 있다. 둘째, 교사 자신이 해결하기 어려운 복잡한 문제를 가진 학생을 발견하면 그 학생을 전문적인 상담자에게 위탁하여 문제를 해결할 수 있다. 셋째, 학교행정가들이 생활지도를 통하여 학생의 문제가 무엇인지 파악하고 학생의 문제와 요구를 학교의 행정에 반영하여 해결할 수 있고, 이러한 과정을 통해 생활지도의 발전적 방향을 제공하는 연구 활동에도 많은 도움을 준다.

6. 생활지도의 일반적 원리

생활지도는 훈육과는 근본적으로 다르다. 학생을 대하는 시각과 철학에서도 차이가 있지만, 실제 지도 방법과 원리에서 확연하게 차이가 있다. 훈육은 일방적인 규칙이나 체벌을 강요하고 중시하고 있으나, 생활지도는 학생들의 문제를 이해하고 이를 예방하는 것을 목적으로 하고 있다. 생활지도에서 교사가 고려해야 할 일반적인 원리는 다음과 같다.

첫째, 생활지도는 문제의 예방을 목적으로 한다. 교사는 생활지도를 통해 학생이 일상생활에서 당면하는 여러 가지 문제를 사전에 합리적으로 해결하도록 도와준다. 그럼에도 문제가 일어났을 때 해결을 위해 도와주는 것도 중요하지만 사전에 문제가 일어나지 않도록 생활지도를 하는 것이 더 중요하다. 즉, 심리적 문제를 제거하거나 교정하는 것도 생활지도의 중요한 부분이지만, 자라나는 세대의 바람직한 성장을 조성하기 위해 바람직한 방향으로 유도하는 것도 중요한 일이다. 이에 따라 최근 생활지도는 당면 문제의 해결보다는 예방의 기능이 강조되고 있다.

둘째, 생활지도는 모든 학생을 대상으로 한다. 학습능력이 떨어지고 문제행동을 일으키는 학생이나 정신적 혹은 신체적 결함 때문에 고립된 학생만이 생활지도의 대상이 아니라, 지능도 높고 공부도 잘하며 신체적으로도 정상이고 학교생활에도 잘 적응하고 있는 학생까지도 생활지도의 대상이 된다.

셋째, 생활지도는 학생의 자율적·자발적인 판단과 행동을 돕는 데 있다. 학생들이 당면한 문제를 교사가 대신 해결하는 것이 아니라, 조언과 조력을 통해 학생 스스로 당면한 문제를 해결할 수 있도록 기회를 마련해 준다. 그러므로 생활지도는 바람직한 행동의 주도권을 항상 학생에게 부여하고 교사는 다만 그들의 자발성을 유도하면서 조력해 나간다.

넷째, 생활지도는 연속적이고 장기적으로 운영되어야 한다. 자기 스스로 문제를 해결할 수 있는 능력을 기른다는 것은 삶을 영위하는 데 매우 중요한 덕목이다. 이런 덕목을 갖추기 위해 생활지도는 일시적인 문제해결에 치중할 것이 아니라, 보다 장기적 관점에 지속적인 지도의 과정으로 이루어져야 한다.

다섯째, 생활지도는 임상적인 판단에만 의존하지 않고, 과학적 정보를 근거로 편견이 없는 정확하고 객관적인 절차에 따라서 실시되어야 한다. 학생을 이해하기 위하여 다양한 검사를 실시하기도 하고 심층적인 자료를 수집하기도 한다. 하지만 이를 토대로 한 해석을 위해 보다 객관적이고 과학적인 정보의 해석과 적용이 필요하다.

또한 생활지도의 실제적인 운영 측면에서는 다음과 같은 몇 가지 전제가 사전에 고려되어야 한다.

첫째, 생활지도는 근본적으로 개인 발달에 관심을 두고 있다는 점이다. 진정한 의미의 개인 발달이란, 자아에 관하여 이해하고 폭넓은 개인적 탐구를 할 수 있는 상태를 말한다(Kehas, 1970). 일반적으로 학교교육은 지적 발달 영역을 보다 강조한다. 그러나 생활지도 프로그램은 학생들이 자신을 보다 잘 이해하고 스스로의 경험을 통하여 문제를 해결할 수 있도록 돕는 것을 특징으로 한다. 따라서 생활지도는 개인 발달에 대한 개념을 기초로 해야 하며, 학생에게 자기평가의 기회를 제공해 주어야 한다.

둘째, 생활지도는 개인의 행동에 개입하는 것을 전제로 한다. 생활지도 담당자들의 중요한 관심사는 개별 학생들의 개인적 발달과 그들이 처해 있는 주위 환경이다. 생활지도 담당자들은 개인면담, 상담, 검사를 통한 해석, 그리고 학생들 자신의 내적 구조를 이해하는 데 도움이 되는 다양한 방법을 활용한다. 이러한 방법들을 통해서 학생이 처해 있는 세계와 학생의 경험에서 얻어진 의미를 검토할 수 있다. 따라서 생활지도는 개인의 지각세계와 주변의 삶에서 일어나는 일련의 외적인 사건들이 상호작용하는 지점에서 이루어진다. 그러므로 생활지도 프로그램은 그 과정과 실제에서 학생들의 구체적인 상황과 외부적·사회적 상황을 잘 이해하도록 고안되어야 한다. 따라서 생활지도 활동은 학생들이 정상적인 성장을 하며 발달할 수 있도록 스스로의 경험, 태도 등을 바르게 이해하도록 도와주려는 노력을 말한다.

셋째, 생활지도는 강제나 강압이 아닌 협력 지향적이어야 한다. 생활지도는 일방적인 강제가 아니라 학생들과의 상호 협의를 통해서 이루어져야 지속적이고 효율적이다. 생활지도에서 강요나 압력이 배제되어야 하며, 학생들의 생활지도에 대한 저항을 감소시킬 수 있어야 한다. 즉, 생활지도는 외부의 강요나 의무감으로 하는 것이 아니라 학생들 스스로의 내적 동기에 의존하거나 기꺼이 받아들이는 태도를 유도하도록 상호 협력으로 이루어져야 한다.

넷째, 인간은 자기발달의 능력을 갖고 있다. 생활지도 담당자는 학생들이 스스로 자아를 개척할 수 있고 자아실현의 능력을 가지고 있다는 전제를 통해 자기 발달의 기회를 제공하도록 해야 한다. 또한 학생 자신이 모든 영역에 영향을 줄 수 있고 동시에 영향을 받기도 하는 특별한 존재라는 자존감을 갖도록 도와주어야 한다(Menacker, 1976).

다섯째, 생활지도는 개인의 존엄성과 가치의 인정을 기초로 한다. 생활지도는 인간의 존엄성에 대한 믿음을 바탕으로 해야 하며, 인간의 가치를 인정하는 기초에서 이루어져야 한다. 즉, 인간은 유일하고 신성하게 대우받을 권리를 갖고 있음(Kehas, 1970)을 인정하고 이를 전제로 해야 함을 의미한다. 이러한 인간 존엄의 원리에 따라 최대한의 자유를 보장받아 자기결정으로 인생을 계획하고 성취할 수 있을 때, 비로소 인간은 자기소외나 불안이 감소되며 생산적인 가치를 지니고 변화에 능동적으로 대처한다(Herr, 1979).

여섯째, 생활지도는 지속적이고 연속적이며 교육적인 일련의 과정이다. 생활지도는 학교생활을 처음 시작하는 초등학교에서부터 학교생활의 전체 과정을 통해 지속되어야 한다. 이를 위해 생활지도는 하나의 단일한 형태로 전체 학교 프로그램 속에 일관성 있게 통합될 필요가 있다(Shertzer & Stone, 1981).

7. 생활지도의 영역과 활동

1) 생활지도의 영역

생활지도는 본래 직업진로지도에서 시작되었으나 그 후 활동 영역이 확대되어 교육활동의 중요한 영역을 차지하고 있다. 오늘날의 생활지도는 교육의 전 영역에 걸쳐 활동 내용이 확대되고 그 방법도 다양화되었다.

생활지도 영역의 전체적인 윤곽을 이해하기 위하여 지도내용과 조직 형태에 따라 다음과 같이 구분할 수 있다.

• 교육지도: 1학년 신입생 오리엔테이션, 학습부진아 지도, 특수학급 지도

- 인성지도: 정서 지도, 성격 문제, 학습 습관, 적응 지도
- 직업지도: 직업 정보 제공, 직업 적성 지도, 진학지도 및 직업선택 지도
- 사회성지도: 교우관계, 이성문제, 가족문제 및 대인관계 지도
- 건강지도: 신체장애, 각종 질병, 위생 및 기타 건강 문제 지도
- 여가지도: 여가선용, 각종 취미 오락활동, 놀이 지도
- 개인지도: 일대일 대응의 내담자 중심의 지도
- 집단지도: 비슷한 문제를 지닌 집단(학급) 단위 지도

2) 생활지도의 활동 단계

생활지도의 활동 단계는 일반적으로 5단계로 구분되고 있으나 이들의 단계가 전형적인 것은 아니며 지도 대상과 환경에 따라 다양한 단계가 있을 수 있다.

(1) 학생 이해 활동

생활지도에서 가장 중요한 것은 학생에 대하여 보다 객관적이고 과학적이며 정확하게 이해하는 것이다. 학생 이해 활동의 범위에는 가정배경 및 환경, 학교의 학업 성취도, 학업적성, 성격, 지적 능력, 신체 및 정신건강, 교우관계, 흥미 및 취미생활, 특수한 재능, 장래 희망 등이 포함될 수 있다.

실제 학생을 이해하기 위한 자료조사 방법은 다양하다. 각종 표준화심리검사를 비롯하여 학업 성취도검사, 환경조사서, 신체 및 건강검사, 성장사, 가족 관계, 교우 관계조사, 행동의 관찰 기록 및 기타 필요하다고 생각되는 자료 수집 방법이 활용되고 있다. 그러나 실제 생활지도 장면에서는 이들 중하나의 자료와 방법만 사용되는 것이 아니고 여러 가지 자료와 방법을 함께 활용함으로써 객관적인 이해와 판단의 가능성을 높일 수 있다. 학생 이해를 위한 방법과 자료의 활용에서 유의해야 할 점은 다음과 같다.

- 객관적이고 신뢰도가 높은 방법을 사용한다.
- 생활지도의 목적에 일치해야 한다.
- 여러 가지 가능한 방법이나 기법을 종합적으로 활용해야 한다.
- 조사결과를 기록, 정리, 보관하여 실제 지도에 활용될 수 있도록 해야 한다.

(2) 정보 제공 활동

학생들의 생활환경 변인과 함께 아울러 그들의 문제해결에 관련된 여러 가지 정보를 정확하게 제공한다는 것은 학생들의 자율적 성장을 돕는 생활지도에서 무엇보다도 중요한 요소가 된다. 그러므로 필요한 정보를 광범위하고 풍부하게 수집하고 이를 활용함으로써 학생들로 하여금 모든 문제를 만족스럽게 해결할 수 있도록 도와줄 수 있다. 학생의 생활지도 계획 작성에 도움이 되는 정보를 편의상 다음의 세 가지 면으로 나눌 수 있다.

- **교육에 관한 정보**
  - 학교생활에 관한 정보
  - 상급학교 진학에 관한 정보
  - 장학금 지급에 관한 정보
  - 학습방법 및 전략에 관한 정보
  - 도서관 이용방법에 관한 정보

- **직업에 관한 정보**
  - 직업의 분류 또는 직업의 종류에 관한 정보
  - 직업 적성에 관한 정보
  - 직업 전망에 관한 정보

- **개인 및 사회적응에 관한 정보**
  - 자기이해에 관한 정보
  - 대인관계에 관한 정보

　　－가족관계에 관한 정보
　　－성에 관한 정보

　　• **가치관, 도덕, 종교 등에 관한 정보**

　이와 같은 정보는 학교 자체에서 조사하거나 각종 인쇄물을 통하여 수집, 정리, 보관하여 개인상담이나 집단 활동을 통해 제공한다. 그러나 정보의 제공은 그 자체가 교육적 과정이라는 사실을 유념하여 학생들의 성취도나 요구 및 흥미에 맞추어 교육적으로 제공되어야 한다.

(3) 상담 활동

　생활지도에서 가장 핵심적인 활동은 상담이다. 상담자가 지도조언을 필요로 하는 피상담자와의 만남을 통해 내담자의 문제해결을 돕기 위한 활동을 말한다. 상담 활동(Consulting)의 목표는 학생들로 하여금 최대한으로 자율적인 발달과 독립심을 키우고 현실적인 자기이해를 성취할 수 있도록 돕는 데 있다. 다수의 교사가 생활지도의 가장 보편적인 방법으로 상담을 활용하고 있다는 연구결과가 이를 말해 준다(김진한, 2008).

　원만한 상담이 이루어지기 위해 상담자는 내담자를 존중하며 친절하고 부드러운 태도로 내담자를 대해야 한다. 내담자의 현실과 감정을 그대로 받아들이며 자유로운 표현을 허용해야 한다. 이러한 과정을 통해 내담자에게 신뢰감과 책임감을 심어 준다. 학교에서 상담이 이루어지기 위해서 필요한 조건은 다음과 같다.

　　• 상담자는 내담자의 모든 면을 수용해야 한다.
　　• 내담자와 공감적 이해를 할 수 있어야 한다.
　　• 상담자와 내담자가 일치에 도달해야 한다.

(4) 자리매김 활동

자리매김 활동(Placement)은 학생을 어떤 단계에서 다음 단계로 옮겨 갈 때 능력과 적성에 따라서 알맞은 위치를 정해 주는 활동이다. 학교에서 자리매 김 활동은 직업 선택, 진학, 클럽 활동 및 학과 선택 등에서 자신의 능력과 적 성을 파악하여 현재의 자신을 정확하게 이해하는 데 도움을 제공하는 활동이 다. 이와 같은 자리매김 활동은 진로 및 직업 자리매김와 교육적 자리매김 활 동인 학습 및 진학 자리매김 활동으로 구분할 수 있다. 교육적 자리매김 활동 은 학생으로 하여금 과목 선택, 특별활동반을 선택하게 하는 것을 말한다. 직 업 선택을 위한 자리매김 활동은 교사, 상담자가 전문가의 도움을 얻어서 직 업의 종류를 소개하고 안내하는 일과 직접 직업을 알선하는 것을 포함하는 일이다.

이와 같은 자리매김 활동은 학생의 필요와 교육적 요구로 이루어지기 때 문에 학생에 대한 정확한 이해와 객관적인 자료, 다양한 최신 정보활동에서 얻은 자료를 근거로 해야만 합리적인 자리매김 활동을 기대할 수 있다.

(5) 추수 활동

추수 활동(Follow-Up Service)이란 일정 기간 생활지도를 받았던 학생들이 진학하거나 또는 졸업한 후 어떻게 사회에 적응하며 살아가고 있는지 확인 해 보고 바람직한 방향으로 지도하는 지속적인 활동이다. 추수 활동은 학생 들의 지속적인 발전을 위한 목적과 함께 상담자와 학교에서 생활지도의 효 과성을 알아보기 위하여 실시되기도 한다. 이는 마치 의료기관에서 치료를 한 환자를 대상으로, 시간이 경과한 후 치료의 경과를 알아보기 위해 실시하 는 재검진과 같은 기능을 한다. 추수 활동은 장기적이고 치밀한 계획하에 이 루어지는 것이 보통이나 어떤 활동은 일시적으로 이루어질 수도 있다. 이러 한 추수 활동을 통하여 학교의 생활지도 계획 및 지도방법을 평가하고 반성 과 개선을 위한 자료로 활용할 수도 있다.

8. 상담

1) 상담의 의미와 목적

생활지도의 궁극적인 목표는 학생의 문제해결에 있다. 교사가 학생의 문제를 해결하는 데 흔히 사용되는 방법이 상담이다. 상담이란 문제를 가진 학생과 이를 해결하려는 상담교사 사이에서 이루어지는 상호적인 관계로 내담자의 심리적인 문제를 제거하여 성장과 발달을 도와주는 조력적인 과정이다. 상담자와 내담자는 서로 믿고 신뢰하는 감정의 교류가 바탕이 되어야 한다. 이와 같은 상태를 라포르(rapport)라고 한다. 상담이라고 하여 반드시 직접 대화만을 의미하는 것은 아니다. 최근 초등학교에서는 간접적인 상담방법으로 일기장이나 편지 쓰기 방법을 활용하기도 한다.

학교에서 교사와 학생 사이에 이루어지는 상담은 학생에 대한 이해를 바탕으로 스스로 의사결정을 하도록 도와주는 데 있다. 학교 상담의 목표는 다음과 같다.

- 행동 변화를 목표로 한다.
- 정신 건강을 촉진시키는 데 있다.
- 학생 자신의 문제를 스스로 해결하는 데 있다.
- 개인의 의사결정을 지원하는 데 있다.

2) 상담 이론

상담활동을 위한 다양한 전문적인 방법이 소개되고 있으나 여기서는 학교에서 교사들이 학생을 대상으로 하는 상담에 필요한 이론만 제시할 것이다. 학자 중심으로 의의 및 절차에 대해 간단히 살펴보고자 한다.

(1) 정신분석학적 접근

정신분석학적 접근은 Freud의 고전적 정신분석이론, Adler나 Jung의 이론, 그리고 사회적 요인을 중시하는 Sullivan의 신정신분석 이론으로 구분될 수 있으나, 그 중심은 Freud의 정신분석학적 이론이다. 정신분석학적 접근은 비정상적인 행동을 이해하고 치료할 뿐만 아니라 정상적 인간행동을 이해하고 인간의 무의식적·의식적인 정신생활 내면을 탐구하기 위한 접근 방법으로도 중요한 역할을 하고 있다. Freud는 의식만을 대상으로 하는 종래의 전통적인 심리학으로는 인간행동의 동기를 탐구하기에 부적당하다고 비난하고, 인간의 사고와 행동을 지배하는 보다 큰 힘은 무의식에 있다고 하였다. 무의식 속에 숨어 있는 본능을 중심으로 인간 정신생활의 내면을 깊이 분석하였다.

Freud는 성적(性的) 에너지의 움직임을 본능이라고 하였으며, 이러한 성적 에너지는 쾌락원리, 현실원리, 도덕과 양심에 따라 무의식의 세계, 자아의 세계, 초자아의 세계로 발전한다고 주장하였다. 따라서 개인의 모든 행동은 의식적인 것이든 무의식적인 것이든 이 근원적인 본능에 따라 결정되는 것이다.

정신분석학적 접근에서 사용하는 방법은 최면술, 자유연상, 감정이입, 꿈의 해석 등이 있다.

(2) 실존적 접근

실존적인 접근이란 인간의 존재적 의미에서 진리를 찾으려는 것이다. 즉, 거짓 없는 자기의 내면생활에 충실하여 어떤 어려움도 회피함이 없이 용감하게 대처해 나가는 것을 말한다.

Frankle은 Freud의 정신분석학 중심의 전통적인 접근 방법은 인간의 정신적 현실성을 소홀히 하고 있다고 지적하고 심리적인 단계로부터 정신적인 단계로 탈바꿈해야 한다고 주장하였다. 피상담자는 정신적인 것을 의식화하여 자기를 객관화하고 자기 자신의 증상에 대해 책임을 질 수 있을 때 증상으로부터 자유로워질 수 있다. 구체적으로 상담과정에서 상담자는 피상담자의 '괴로움'을 직접 제거하지 못하고 '괴로워하는 인간'을 문제로 하여 그 자신 스스로가 '괴로움'을 해결할 수 있도록 도와주는 역할을 한다. 따라서 상담자는 괴로움 속에서 실존하는 인간존재의 참뜻을 문제로 삼아야 된다. 이러한 이유에서 실존적 접근이 필요하다.

(3) 특성요인 중심적 접근

특성요인 중심적 접근의 기본 가정은 인간은 선하게 또는 악하게 될 수 있는 양면성을 가지고 태어났으며, 선한 것을 추구하고 악한 것을 배척하거나 통제하는 데 인간존재의 의미를 둔다. 따라서 인간이 타고난 자기의 잠재능력을 바람직한 방향으로 충분히 계발하고 자기완성을 하기 위해서는 자기자신의 자율적 능력만이 아니라 타인의 도움을 필요로 한다. 그러므로 내담자는 삶의 목적과 직업에 관련된 자기능력의 장점과 단점을 분석하게 하여 자기 이해와 자아실현을 이룰 수 있다. 특성요인 중심적 접근은 인간에 대한 다음과 같은 가정으로부터 출발한다.

- 상담자는 피상담자에게 영향을 주는 존재다.
- 상담자는 의사결정을 돕는 전문가로 인정되며, 또 그렇게 행동하는 존재다.
- 인간은 그 나름의 독특한 심리적 특성이 있다.
- 인간은 이성적인 존재다.
- 인간은 어느 것이 바람직한가를 결정짓기 위하여 타인의 도움을 필요로 한다.
- 인간은 상담을 통해 자아실현이 이루어질 수 있다.

(4) 자아 이론적 접근

자아 이론적 접근은 특성요인 중심의 상담과는 대조적으로, 비지시적 접근 방법 또는 내담자 중심 접근 방법이라고도 한다. 이 접근은 인간의 자아개념을 중요시하는 현상학적 심리학에서 출발하고 있다.

Rogers는 내담자 중심 상담을 통하여 개인의 행동의 내적인 세계를 이해해야 한다고 주장한다. 개인이 말하고 느끼는 것이 비록 불합리하고 옳지 않지만 받아들여 내담자가 자기 자신을 객관적으로 볼 수 있도록 도와주어야 한다는 것이다. 즉, 수용적이며 자유로운 분위기를 보장해 자신을 바로 들여다볼 수 있는 기회를 제공해 준다.

이 이론의 기본가정은 모든 인간은 적절한 환경이 제공된다면 스스로 성장할 수 있으며 자아실현을 이룩할 수 있다는 것이다. Rogers는 이러한 접근은 '통찰력'을 강조하고 잠재력을 키워 주며, 또한 개인은 누구나 성장 가능성을 갖고 있기 때문에 스스로 자기를 표현할 수 있는 여건을 마련해 주고 자기의 모습을 깨닫게 한다면 자신의 진정한 모습을 찾을 수 있다고 하였다.

(5) 행동주의적 접근

행동주의적 접근은 학습심리학에서 행동을 강조하는 행동주의 이론을 상담이론에 도입한 방법이다. 행동주의 접근 방법은 매우 다양하나 행동이 학습된다는 사실에는 의견이 일치한다. 그러므로 행동은 학습조건에 조작하여 새로운 학습조건을 제시함으로써 변화시킬 수 있다. 따라서 모든 부적응 행동도 조건형성의 여러 가지 법칙, 즉 강화, 소거 그리고 일반화와 변별의 원리에 따라 소거시킬 수 있으며 바람직한 새로운 행동을 형성할 수도 있다. 즉, 학습을 통해 문제해결이나 성장을 촉진시키고 새롭게 형성시킨 바람직한 행동을 발달시킨다. 특히 조건화와 강화의 개념을 중요시하고, 이것을 통하여 새로운 태도와 행동을 발달시킬 뿐만 아니라 부적응 행동을 치료하고자 하는 것이 특징이다.

이와 같은 행동주의적 접근은 Skinner의 조작적 조건화 이론에 기초하여 발전된 행동적 상담이론과 J. wölpe의 상호제지 치료이론이 대표적 이론이다.

(6) 현실 치료적 접근

현실 치료는 Glasser가 제안한 기법이다. Glasser는 정신과 의사로서 정신 질환에 대한 당시 개념을 비판하면서 정신병과 신경증 같은 용어를 사용하여 규정하지 않고 그러한 증상을 보이는 환자의 행동을 기술하고자 하였다. 현실 치료의 목표는 자신에 대해 무책임한 사람으로 하여금 책임감을 가지도록 도와주는 데 있다.

Glasser는 모든 환자는 주위를 둘러싸고 있는 자신의 현실을 부정하는 공통적인 특징을 보이므로 환자의 현실세계의 요구에 대해서 성공적으로 대처하도록 도움을 제공해야 한다고 주장하고 있다. 현실 치료에서 치료자는 환자로 하여금 현실세계를 수용하도록 도와주어야 할 뿐 아니라, 그의 욕구를 충족시켜야 한다. 이렇게 될 때 환자는 장차 현실세계의 존재를 부정하지 않게 된다.

3) 상담 유형

(1) 개인 상담

상담의 가장 전형적인 방법은 상담자와 내담자 사이에 일대일 관계를 중심으로 이루어지는 개인 상담이다. 개인적인 문제는 모두 다를 뿐만 아니라, 내담자 또한 개인 문제는 자신만이 가진 비밀스럽고 독특한 문제라고 느끼고 있다.

초등학교는 학급 담임제로 운영되기 때문에 자연스럽게 개인적인 상담이 이루어질 수 있다. 학생이 먼저 상담을 원할 수 있지만 교사가 학생의 학교생활을 지속적으로 관찰한 결과에 따라 상담을 제안할 수도 있다. 또한 초등학교에서 개인 상담은 매우 지속적으로 진행될 수 있으며 그 방법도 매우 다양하다.

중등학교는 초등학교에 비해 담임교사의 개인 상담 기회가 지속적이지 못하며 교사 주도의 상담도 초등학교에 비해 비효율적이다. 그러나 상담실에서 전문상담 교사가 상담을 할 수 있다는 차이가 있다.

- 내담자의 개성과 개인차를 인정해야 한다.
- 내담자에게 온화한 분위기를 마련하여 신뢰할 수 있도록 한다.
- 내담자의 정서 변화에 적극적으로 반응해야 한다.
- 일방적인 판단을 자제하고 거부적인 자세를 지양해야 한다.
- 비밀은 절대 보장되도록 하며 자신의 힘으로 해결하도록 유도한다.

(2) 집단(학급) 상담

① 필요성

인간은 누구나 개인적인 존재이기 때문에 서로 다른 문제를 가질 수 있지만 학교생활이나 일상생활에서 발생하는 문제는 공통점이 있을 수 있다. 동일한 연령, 동학년 아이들은 학교생활에서 비슷한 문제로 고민을 하거나 갈등을 겪을 수 있다.

집단 지도의 구체적 의의는 다음과 같다.

- 학생들의 공동 문제를 발견할 수 있다.
- 적응상의 문제해결에 필요한 자료를 제공할 수 있다.
- 공통 문제에 대해 집단 사고를 할 수 있다.
- 자기 이해를 촉진시키는 기회를 마련할 수 있다.
- 개별 상담의 기초가 된다.

② 집단(학급) 상담의 장단점

학급의 공통적인 문제를 사전에 예방하고 지도하기 위한 학급 상담은 다음과 같은 장점이 있다.

- 많은 어린이를 동시에 공개적으로 지도할 수 있으므로 학급 전체에 영향을 미친다.
- 동일한 문제를 반복하여 지도하지 않기 때문에 시간이나 노력이 적게

든다.

- 학급 집단 모두를 대상으로 하기 때문에 어린이들에게 동료 의식을 느끼게 한다.
- 학급 상담을 통해 개인 상담으로 발전시킬 수 있다.
- 교사와 보다 친근감을 형성할 수 있다.

집단 상담은 이러한 장점이 있지만 실시에 앞서 다음과 같은 점을 고려해야 한다.

- 학급 집단을 대상으로 한 지도가 항상 효과적인 것은 아니다.
- 개인 지도가 필요한 어린이들은 학급 지도에서 성공하기 어렵다.
- 집단 지도나 상담은 보다 전문적인 지식이나 기술을 필요로 한다.
- 학급 집단의 특수성 때문에 개인 문제가 무시될 가능성이 있다.

(3) 가족 상담

가정이란 특수한 신체적·심리적 공간을 차지하는 개인을 단순히 모아 놓은 것은 아니다. 가정은 자연적인 사회체계로 고유한 특성을 가지며 일련의 규칙과 권력 구조 속에서 대화와 협력을 통해 문제를 해결해 나간다. 가족 상담은 문제를 가진 개인에 영향을 주는 가족 구성원들을 대상으로 하는 집단적 상담의 특수한 경우다. 물론 가족 구성원을 개별적으로 상담할 수 있다.

가족 상담의 기법

- **합류(joining)** 가족에 대한 적극적인 개입을 목적으로 가족과 생활하며 전문적인 관계를 형성하는 방법이다. 합류를 위해서는 치료자의 가족에 대한 진지한 배려와 공감 이해가 필수적이다. 즉, 가족 구성원의 기쁨이나 고통을 공감해야 합류가 가능하다.

- **실행(enactment)** 가족 간의 역기능적 상호교류 유형을 실제로 나타내 보이게 한 후, 치료자가 이들 역기능적 상호교류 유형에 즉각 개입하여 가족 구성원들이 자신들의 상호교류 유형에서 역기능이 무엇인지 깨닫게 하는 방법이다.
- **추적(tracking)** 치료자가 가족원들에 대하여 정보를 유도하고 수집하여 내용을 명료하게 하는 방법으로 직접 코멘트를 하거나 질문을 하여 가족이 말한 것을 되풀이하고 가족에게 관심을 가지고 경청하는 것을 말한다. 추적의 대상은 가족들의 언어적·비언어적 표현 모두가 대상이며 특히 언어를 정확하게 파악하는 것도 추적 기술이 된다.
- **증상의 재정의(relabeling the symptoms)** 증상에 대한 재정의는 가족 구조의 변경을 위해 가족 교류를 새롭게 구성하는 기법이다. 이 기법은 가족의 증상에 대하여 다른 의미를 부여함으로써 본래의 증상에 대한 정의를 변경하여 증상을 문제시하지 않으면 저절로 감소한다.
- **삼각관계에서 탈피(detriangulation)** 두 명이 긴장된 관계에 있을 때 불만이 심한 사람을 제삼자와 결합시켜 일시적으로 긴장 상태에서 벗어나게 하는 방법이다. 이때 치료자는 이성적이며 중립적인 태도를 취해야 한다. 이 기법은 치료자가 한 가족원을 피해자라고 여겨 지지하거나 다른 가족원을 가해자라고 비판함으로써 이들의 감정적 싸움에 휘말리지 않도록 해야 한다.
- **역설적 기법(paradoxical techniques)** 경험이 풍부하고 권위 있는 치료자가 사용할 수 있는 기법으로 이중 구속적 치료라고도 한다. 예를 들어, 부부 싸움을 계속하는 경우에 치료자는 집에 가서 특정 시간에 싸움을 하도록 지시한다. 이는 싸우지 말라고 해도 싸울 것을 알기 때문에 이렇게 지시하는 것이다. 이는 치료의 목표를 달성한 것이라고 볼 수 있다. 이 역설적 기법은 풍부한 경험으로 역설적으로 지시를 했을 때의 상황을 예측할 수 있는 능력도 있고 가족의 성향 등도 미리 파악할 수 있는 전문가를 통해서만 효과를 볼 수 있다.
- **역할극(role playing)** 이 기법은 실생활에 접근하기 위해 현실을 재현함으로써 직접적이고 즉각적인 경험을 할 수 있도록 하는 것이다. 이 기법의 목적은 가족 간에 일어나는 고통스러운 경험을 입장을 바꾸어 표현하도록 한다. 이 기법의 목적은 가족 간에 일어나는 고통스러운 경험을 현재의 상황으로 나타나게 하여 갈등적이고 역기능적인 상호교류를 보면서 이해와 변화를 촉구하고 공감을 얻으려는 것이다.
- **조각 기법(sculpting)** 이 기법은 한 가족원이 마치 조각가가 된 것처럼 다른 가족원들의 모습, 표정, 위치 등을 만들어 보는 것이다. 이것이 곧 그 자신의 마음속에 있

는 자기 모습을 표현한 것이다. 조각 기법은 침묵을 지키거나 자신의 감정을 표현하지 못하는 가족 구성원에게 사용하면 효과적이다.

• **과제(task)** 가족원들에게 과제를 제공함으로써 체계 변화를 유도하는 탁월한 기법이다. 과제 수행의 과정을 추적함으로써 과제가 얼마나 진전되었는지, 누가 침체의 책임을 져야할지, 언제, 어떤 상황에서 그것이 발생했는지 등의 의문에 관계된 결정적인 자료를 얻을 수 있다.

• **도표화(charting)** 도표를 통해 가족의 역사적 체계, 가족 구조 등을 시각화함으로써 가족에 대한 이해를 돕고 평가한다. 가족의 역사를 표시하는 도표와 가족 구성원을 표시하는 도표가 있다.

연구문제

1. 생활지도의 의미와 목적을 설명하라.

2. 교과지도에 못지않게 생활지도가 중요한 이유를 설명하고 그 필요성을 설명하라.

3. 생활지도의 일반적 원리를 설명하라.

4. 생활지도의 지도내용과 방법을 설명하라.

5. 생활지도의 활동단계를 구분하여 설명하고 각 단계별 주요한 활동 내용을 설명하라.

6. 상담 이론에 따른 상담의 방법을 열거하고 각각의 방법을 설명하라.

7. 개인 상담과 집단 상담의 차이를 설명하고 개인 상담과 집단 상담이 효율적인 경우를 예를 들며 설명하라.

8. 가족 상담의 기법에 대해 설명하라.

제3부

교사를 위한
교직실무

TEACHING PRACTICE

Chapter **09**

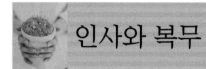

인사와 복무

　　교사가 되는 것은 결코 쉬운 일은 아니다. 교사자격증을 취득한 후 임용고사에 합격하고 임용의 절차를 거쳐서 교사가 된다. 신규채용에서 정년퇴임에 이르기까지 교사의 인사와 관련된 구체적인 내용은 「국가공무원법」과 「교육공무원법」 그리고 사립학교 교원의 경우는 「사립학교법」에 명시되어 있다.

　　공립학교 교사는 교육공무원임과 동시에 국가공무원으로서 「국가공무원법」과 「교육공무원법」에 정한 복무규정을 지키며 소임을 다해야 한다. 사립학교원도 「사립학교법」이나 기타 규정에 특별히 명시된 경우를 제외하고는 공립학교 교원의 복무규정에 준하여 적용되고 있다.

　　교사는 법에 정한 복무규정을 지키는 것으로 소임을 다했다고 볼 수 없는 직업이다. 학생을 위해서 때로는 법에 명시된 복무규정을 초과하는 희생과 봉사가 요구되는 직업이다. 마치 소방수가 화재를 예방하고 진압하는 본연의 임무를 수행하면서 때로는 사람을 구하기 위해 자신의 생명을 희생하는 것과 같은 논리다.

1. 임 용

임용(「국가공무원법」「교육공무원법」)이란, 신규채용, 승진, 승급, 전직, 전보, 겸임, 파견, 강임, 휴직, 직위해제, 정직, 복직, 면직, 해임, 파면 등을 말하며 구체적인 내용은 「국가공무원법」과 「교육공무원법」에, 사립학교 교원의 경우는 「사립학교법」에 명시되어 있다.

1) 신규임용

교사의 신규채용은 공개 전형으로 선발하며 임용고사는 우수한 교사를 선발하기 위한 목적으로 최근에 1차 필기시험과 2차 교직 적성 심층면접, 교수학습지도안 작성, 수업 능력 평가, 초등의 경우 영어 면접 및 영어 수업 실연의 정밀한 선발과정을 거치도록 개정되었다.

◑ **신규임용**
• **공무원 임용의 결격 사유(「교육공무원법」 제33조)**
  - 금치산자 또는 한정치산자
  - 파산자로서 복권되지 아니한 자
  - 금고 이상의 형을 받고 집행 종료 또는 집행을 받지 않기로 확정된 후 5년 미경과자
  - 금고 이상의 형을 받고 집행유예 완료 후 2년 미경과자
  - 금고 이상 형의 선고유예 기간 중인 자
  - 법원의 판결 또는 다른 법률에 의하여 자격 상실 또는 정지된 자
  - 징계에 의한 파면 처분을 받은 때로부터 5년 미경과자
  - 징계에 의한 해임 처분을 받은 때로부터 3년 미경과자

- 교사의 신규채용(「국가공무원법」 제28조, 「교육공무원법」 제11조, 교육공무원임용령 제9조 및 제11조의 2, 3)
    - 공개전형에 의하여 선발하며 필기시험, 실기 및 면접시험 등의 방법에 의함
    - 응시연령: 제한 없음
    - 응시자격: 채용예정직에 해당하는 교사자격증 취득자(또는 교사자격증을 취득할 당학년도 졸업예정자)
    - 교사임용후보자명부(교육공무원임용령 제10, 12조, 교사임용후보자명부 작성규칙 제3~8조)
    - 임용후보자의 부활
        * 결격사유가 소멸된 것을 입증할 경우
        * 신체검사 불합격자가 치유된 것으로 판정된 경우
        * 부활의 순위는 명부의 최하위 순위
    - 임용의 연기 신청: 「병역법」에 의한 병역 의무 시-복무 만료 시 명부의 최상 순위자보다 상위에 등재

2) 보직교사와 임용

각급 학교에서는 학교의 제반 업무를 효율적으로 처리하기 위해 필요한 보직교사를 임용하고 이를 통해 행정의 효율성을 추구하고 있다. 보직교사 임용과 관련된 내용을 요약하면 다음 〈표 9-1〉과 같다.

표 9-1 각급 학교 보직교사의 임용

구 분	보직교사의 수	보직교사의 종류 및 명칭
유치원 보직교사	• 3학급 이상 5학급 이하의 유치원: 1인 • 6학급 이상 11학급 이하의 유치원: 2인 • 12학급 이상의 유치원: 3인 ※ 11학급 이하의 유치원 중 교육부 지정 연구학교는 보직교사 1인을 더 둘 수 있음	보직교사의 명칭은 관할청이, 유치원별 보직교사의 종류 및 업무분장은 원장이 정함
초등학교 보직교사	• 6학급 이상 11학급 이하의 학교: 2인 • 12학급 이상 17학급 이하의 학교: 4인 이내 • 18학급 이상 35학급 이하의 학교: 6인 이내 • 36학급 이상의 학교: 12인 이내 • 교감을 두지 않는 5학급 이하의 학교 또는 5학급 이하의 분교장: 1인	보직교사의 명칭은 관할청이, 학교별 보직교사의 종류 및 그 업무분장은 학교장이 정함
중학교 보직교사	• 3학급 이상 8학급 이하의 학교: 1인 • 9학급 이상 11학급 이하의 학교: 2인 • 12학급 이상 17학급 이하의 학교: 8인 이내 • 18학급 이상의 학교: 11인 이내 • 2학급 이하의 분교장: 1인 • 체육중학교의 경우와 11학급 이하의 학교로써 교육부장관이 지정하는 연구학교에는 보직교사 1인을 더 둘 수 있음	보직교사의 명칭은 관할청이, 학교별 보직교사의 종류 및 그 업무분장은 학교의 장이 정함. 중학교의 장은 미리 교육부(교육감에게 위임)의 승인을 얻어 (1)항의 보직교사 외에 필요한 보직교사를 더 둘 수 있음
고등학교 보직교사	• 3학급 이상 5학급 이하의 학교: 2인 • 6학급 이상 8학급 이하의 학교: 3인 • 9학급 이상 17학급 이하의 학교: 8인 이내 • 18학급 이상의 학교: 11인 이내 • 실업과를 설치한 고등학교 및 체육고등학교와 8학급 이하의 학교 중 교육부 지정 연구학교는 보직교사 1인을 더 둘 수 있음	중학교와 같음
보직교사와 교무분장(서울특별시교육청 보직교사관리지침)	• 고등학교 이하 각급 학교의 교육과정운영의 효율성을 높일 수 있도록 교원 조직 모형을 구안하여 부를 둠 • 보직교사의 명칭은 부장교사로 하고, 부의 종류 및 업무분장은 학교장이 정함	

출처: 서울특별시교육연구정보원(2011).

3) 기간제 교원의 임용

각급 학교에서는 교원의 파견, 연수, 정직, 휴직, 병가, 연가 등의 사유에 따른 수업결손을 보충하거나 특정한 과목의 수업을 위해 기간제 교원을 임용하여 교육의 효율성을 기하고 있다. 기간제 교원의 임용에 관한 내용은 다음의 〈표 9-2〉와 같다.

표 9-2 기간제 교원의 임용

임용사유	• 교육공무원법 제44조 제1항 각호의 1의 사유로 휴직한 자의 후임자 보충 • 파견, 연수, 정직, 직위해제, 휴가(1월 이상)로 후임자 보충 • 신규임용 대상자가 없어 신규채용 불가능 시 • 파면, 해임, 면직처분자의 교원소청심사청구로 후임자 보충이 불가능할 때 • 특정 교과를 한시적으로 담당할 필요가 있을 때 • 교육공무원이었던 자의 지식이나 경험을 활용할 필요가 있을 때
기 간	• 1년 이내, 3년 연장 가능
임용권	• 학교장에게 위임
임용대상자	• 교원자격증 소지자(임용상 결격사유가 없는 자)
임용 계약기간 중 해임	• 업무를 태만히 하거나 업무수행 능력이 부족한 때 • 신체·정신상의 이상으로 계약기간 내에 계약내용을 수행하기 곤란할 때 • 복무상의 의무를 위반한 때 • 채용자격에 결격사유가 있거나 형사사건으로 기소된 때(다만, 약식 명령이 청구된 경우는 제외) • 특별한 이유 없이 1주일 이상 근무하지 않는 경우
보 수	• 공무원보수규정 제8조에 의거 산정된 호봉(계약기간 동안 고정급) • 예산의 범위 내에서 제수당 지급
신분·권한 등	• 책임이 중한 감독적 직위에 임용 불가 • 정규의 교원에 임용될 때 우선권 불인정 • 정규 교원과 같은 신분보장 규정의 적용이 배제됨

출처: 서울특별시교육연구정보원(2011).

> ▋▋▋ **기간제 교사의 방학 중 급여 지급 여부**
>
> 질의) 기간제 교원의 방학 중 급여는 어떻게 해야 하며, 채용 관련 근거를 알고 싶습니다.
>
> ☞ 기간제 교원의 방학 중 급여지급에 대한 법적 근거는 없습니다. 계약제 교원의 임용권한은 학교장에게 위임되어 있으므로 학교장은 재정형편, 방학 중 특별한 업무수행 필요 등을 종합적으로 판단하여 학교장과 계약제 교원의 1:1 계약에 의해 채용됩니다. 다만, 정규교원의 결원기간이 방학기간을 포함하여 다음 학기까지 이어지는 경우 방학기간에도 임용하고 보수를 지급하는 것을 허용하고 있습니다.
>
> 「교육공무원법」및 「교육공무원 임용령」 규정을 살펴보면 "교원이 파견, 연수, 정직, 직위해제, 휴가 등으로 1월 이상 직무에 종사할 수 없어 후임자의 보충이 불가피한 경우" 기간제 교원을 임용할 수 있으며, 그 외에 사유에 해당하는 경우에는 기간의 정함이 없습니다.
>
> 따라서 정규교원의 결원기간이 30일 이상일 경우 기간제 교원을 임용해야 하고, 30일 미만일 때 강사를 임용해야 한다는 명확한 규정은 없으므로, 대체교원의 임용 사유, 담당 업무, 부여해야 할 업무 등을 고려하여 그에 적당하게 강사 또는 기간제 교원 등으로 구분하여 임용하면 될 것입니다.
>
> 출처: 한국교원단체총연합회(2012).

2. 신분 및 권익 보장

교육공무원은 재임 중에 법이 정한 요건과 사유에 해당하는 경우는 법적 절차와 요건에 따라 휴직과 복직을 할 수 있다. 그 밖에 직위해제, 명예퇴직, 정년퇴직, 의원면직 등 교육공무원의 신분과 권익은 「국가공무원법」과 「교육공무원법」에 따라 요건과 사유가 규정되어 있다.

1) 휴직(「교육공무원법」 제44, 45조, 공무원보수규정 제15, 28조)

(1) 휴직 사유 및 기간

교사의 휴직에 관한 규정은 다음의 〈표 9-3〉과 같다.

표 9-3 교사의 휴직에 관한 규정

휴직 종류	휴직 관련 호와 사유	휴직 조건	휴직 기간	승급	경력 평정	봉급	구비서류
직권 휴직	1호 질병휴직	• 신체 · 정신상의 장애로 장기요양	1년 이내	제한	불인정	7할 (결핵성: 8할)	서약서(공통) 휴직원진단서 (공상증명서)
	(공상)	• 공상으로 장기요양	1년 이내	인정	인정	전액 지급	
	2호 병역의무	• 병역복무를 위한 징집 또는 소집	복무 기간	인정	인정	지급 안함	휴직원 증빙서류
	3호 생사불명	• 천재지변 · 전시 · 사변 · 기타사유로 생사 소재 불명	3월 이내	제한	불인정	지급 안함	휴직원 증빙서류
	4호 법정의무 수행	• 법률의 규정에 의무수행을 위하여 직무이탈	복무 기간	인정	인정	지급 안함	휴직원 증빙서류
	11호 노조전임자	• 교원의 노동조합 설립 및 운영 법률	전임 기간	인정	인정	지급 안함	휴직원 증빙서류
청원 휴직	5호 유학휴직	• 학위취득 목적 해외 유학, 1년 이상 외국에서 연구 또는 연수	3년이내 (3년 연장 가능)	인정	인정 (5할)	5할	휴직원 입학허가서 유학계획서
	6호 고용휴직	• 국제기구 · 외국기관 • 국내외의 대학 • 연구기관 · 다른 국가기관 · 재외교육기관 또는 대통령령이 정하는 민간단체에 임시로 고용될 때	고용 기간	인정 (상근 10할, 비상근 5할)	인정 (상근 10할, 비상근 5할)	지급 안함	휴직원 고용계약서

(계속)

청원휴직	7호 육아휴직	• 만 8세 이하(취학 중인 경우에는 초등학교 2학년 이하를 말한다)의 자녀를 양육하기 위하여 필요하거나 여자 교육공무원이 임신 또는 출산하게 된 때	1년 이내 (여자 교육공무원의 자녀 1인에 대해 3년 이내, 분할하여 휴직할 수 있음)	최초 1년 인정 (추가 내용 '※' 참조)	최초 1년 이내 인정(추가 내용 '※' 참조)	지급 안함	휴직원 진단서 가족관계 증명서
	8호 연수휴직	• 교육부 장관이 지정하는 국내연구기관·교육기관 등에서 연수	3년 이내	제한 (학위 취득 시 10할 인정)	인정(5할)	지급 안함	휴직원 입학허가서
	9호 간병휴직	• 사고·질병으로 장기요양을 요하는 부모, 배우자, 자녀 또는 배우자의 부모 간호	1년 이내 (재직기간 중 3년 이내)	제한	불인정	지급 안함	휴직원 진단서 가족관계 증명서
	10호 동반휴직	• 배우자가 외국근무 또는 제5호에 해당된 때	3년 이내 (3년 연장 가능)	제한	불인정	지급 안함	휴직원 재직증명(유학/인사 발령통지서) 가족관계 증명서

※ 「교육공무원법」 제44조 제1항 제7호에 따른 사유로 휴직한 경우 그 휴직기간. 다만, 자녀 1명에 대한 총 휴직기간이 1년을 넘는 경우에는 최초의 1년만 승급기간에 산입하되, 셋째 이후 자녀에 대한 휴직기간은 전 기간을 승급기간에 산입한다.

※ 셋째 자녀부터는 총 휴직기간이 1년을 넘는 경우에도 그 휴직기간 전부를 근속기간에 산입한다(교육공무원법 제44조 제4항, 교육공무원법 일부개정 법률안 안건발의, 2011. 4. 19.).

출처: 서울특별시교육연구정보원(2011).

질병휴직 완료 후 동일 사유 병가 신청 가능

질의) 교원이 질병으로 1년을 휴직하고, 그 기간이 만료되어 복직했는데 같은 질병이 다시 발생하였을 때 휴직이 가능한가요?

☞ 교육공무원이 신체·정신상의 장애로 장기요양이 필요한 경우 1년 이내의 기간 질병휴직을 할 수 있습니다. 그리고 휴직기간(1년)이 만료되어 복직하여 정상 근무 중에 동일 질병이 재발하는 경우 새로운 휴직을 부여할 수도 있고, 직권면직할 수도 있다(총무처 인기 12107-45)고 되어 있습니다. 또한 휴직의 횟수에서 "휴직의 횟수에는 제한이 없으나 동일 질병으로 휴직기간은 1년을 초과할 수 없습니다. 단, 당해 교육공무원의 질병 정도와 요양기간 등을 엄격히 판단하여 휴직기간 만료 후에도 정상적으로 근무를 감당하지 못할 것이 명백한 경우 직권면직 조치하여 같은 사유로 휴직이 계속 반복되지 않도록 함이 타당하다."고 되어 있습니다(총무처 인제 200-1489).

동일 질병휴직 또는 직권면직 여부와 관련하여 질병휴직 1년을 사용한 교원이 복직한 후 상당기간 동안(상당기간 동안이란 임용권자가 판단하는 상당기간) 정상적인 근무를 하다가 동일 질병이 재발하였을 때 그 질병의 정도 및 휴직 후 완치 여부 등을 판단하여 휴직을 명할 수 있습니다. 그러나 질병휴직 1년 후 복직한 교원의 근무가 정상적이지 아니하였을 경우 예를 들어, 계속 통원치료를 받거나 병가 등을 이용하여 치료하는 등 정상적이지 아니할 경우는 징계위원회의 동의를 얻어 직권면직할 수 있음(교과부 교원정책과 '06. 11. 2.)을 유념하셔야 합니다.

출처: 한국교원단체총연합회(2012).

(2) 휴직 중인 자의 처리(「국가공무원법」 제73조, 교육공무원 인사관리 규정 제21, 22조)
• 휴직의 효력: 신분은 보유하나 직무에는 종사하지 못함
• 휴직 연장: 휴직 만료 전 15일까지 신청(휴직 허용기간 범위 내)
• 휴직자의 동태파악: 6개월마다 소재지와 휴직사유 지속여부를 소속 기관장에게 보고(교육공무원인사관리규정 제22조)

휴직 중 유의해야 할 사항

질의) 개인 사정으로 휴직을 고려하고 있습니다. 휴직 중 알아두어야 할 일은 어떤 것이 있는지 궁금합니다.

☞ 휴직 중에도 공무원 신분을 유지하는 것이므로 「국가공무원법」 제63조에 의해 품위유지의 의무를 다해야 합니다. 또 휴직 중 6개월마다 소재지와 휴직사유의 계속 여부 등에 대해 학교장에게 보고해야 하며, 휴직사유가 소멸하거나 휴직기간이 만료되면 지체 없이 복귀해야 합니다. 휴직기간의 만료 또는 휴직사유가 소멸한 후에도 직무에 복귀하지 않거나, 직무를 감당할 수 없을 때에는 휴직기간의 만료일 또는 휴직사유의 소멸일을 임용 일자로 하여 직권 면직될 수 있습니다.

휴직기간이 2년 이상인 육아휴직, 동반휴직 등의 경우 복직 시 일정 기간의 연수를 받아야 합니다. 고용휴직 교원은 복직 시에 실제 담당한 주당 수업시수 및 보수 지급액이 명시된 경력증명서, 보수 지급 증거자료, 교원수업시수 배당표 사본 등을 재외주재 교육관 등의 확인을 받아 제출해야 합니다.

출처: 한국교원단체총연합회(2012).

---

2) 복직(「국가공무원법」 제73조)

(1) 복직의 정의
복직이란 휴직, 직위해제 또는 정직 중인 자의 직위가 복귀되는 것을 의미한다.

(2) 복직의 시기
• 휴직사유 소멸 시: 30일 이내 임용권자 또는 임용 제청권자에게 복직신고 · 지체 없이 복직을 명하여야 함
• 휴직기간 만료 시: 30일 이내 복귀신고 · 당연 복직

(3) 휴직과 직권면직(「국가공무원법」 70조)

휴직기간 만료 또는 사유소멸 후에도 직무에 복귀하지 않거나 직무를 감당할 수 없을 때는 관할 징계위원회의 의견을 들어 직권면직할 수 있다.

3) 직위해제

공무원의 경우 다음 사유로 직위해제할 수 있다.

표 9-4 직위해제 사유

사 유 (「국가공무원법」 제73조의3 제1항)	1. (삭제 '73. 2. 5.) 2. 직무수행 능력부족, 근무성적 극히 불량 3. 파면 · 해임 또는 강등, 정직에 해당하는 징계 의결 요구중인 자 4. 형사사건으로 기소된 자(약식명령이 청구된 자는 제외)

조 치
(동법 제73조의 3
제2~5항)
	1. 제1항 제2호에 의한 직위해제자: 3월 이내 대기명령-능력회복이나
	   근무성적의 향상을 위한 교육훈련 또는 특별한 연구과제 부여 등
	   필요한 조치를 하여야 함(3월 이내 직위 부여 또는 직권면직).
	2. 제1항 제2호와 3호 또는 4호의 직위 해제 사유가 경합 시 제3 또는
	   4호의 직위해제처분을 해야 함.
	3. 4호 사유에 의한 직위해제의 경우 소급발령 가능
	4. 직위해제 사유 소명 시 지체 없이 직위를 부여하여야 함.

보 수
(공무원보수규정
제29조)
	1. 봉급의 8할
	2. 제3호 또는 제4호 해당자
	  – 직위 해제 일부터 3월까지: 8할
	    3월경과 시: 5할

출처: 서울특별시교육연구정보원(2011).

4) 퇴직(「국가공무원법」 제33, 69, 70조, 「교육공무원법」 제47조)

(1) 퇴직

• **당연퇴직(「국가공무원법」 제69조)**

– 금치산자 또는 한정치산자(「국가공무원법」 제33조 각호의 1)

• **직권면직(「국가공무원법」 제70조 제1항)**

– 직제와 정원의 개폐, 예산감소 등에 의하여 폐직 또는 과원 발생 시

– 휴직만료, 휴직사유 소멸 후 직무복귀 불응 또는 직무감당 불능 시

– 직위해제되어 대기명령을 받은 자가 그 기간 중 능력 또는 근무성적의 향상을 기대하기 어렵다고 인정된 때

– 전직시험에서 3회 이상 불합격자로 직무수행 능력이 부족하다고 인정된 때

– 징병검사, 입영 또는 소집 명령을 받고 정당한 이유 없이 이를 기피하거나 재영 중 군무 이탈 시

※ 직권면직을 시킬 경우는 미리 관할 징계위원회의 의견을 들어야 함. 다만, 「국가공무원법」 제70조 제1항 제5호의 규정(위 3)의 사유에 의거 면직 시킬 경우는 징계위원회의 동의를 얻어야 함

– 당해직급에서 직무를 수행하는 데 필요한 자격증의 효력이 상실되거나 면허가 취소되어 담당직무를 수행할 수 없게 된 때

• **교육공무원의 정년퇴직(「교육공무원법」 제47조)**

– 연령: 62세

– 정년퇴직일: 정년이 달한 날이 3월에서 8월 사이에 있는 경우는 8월 31일에, 9월부터 다음 해 2월 사이에 있는 경우는 다음 해 2월 말일에 각각 당연히 퇴직(임기가 있는 교육공무원 포함)[2005. 1. 27. 개정]

– 정년퇴직자의 신분유지: 정년퇴직일 전일까지 유지

- 직위해제 중인자의 정년: 직위해제 기간에도 불구하고 정년퇴직

- **명예퇴직(「교육공무원법」 제36조, 국가공무원명예퇴직수당지급규정 제3조)**
  - 적용범위: 교육공무원(교장 외에 임용기간을 정하여 임용되는 자는 제외)
  - 대상자: 교육공무원으로 20년 이상 근속한 자로 정년퇴직일 전부터 1년 이상의 기간 중에 자진 퇴직하는 자, 교장이 임기만료 전에 자진하여 퇴직하는 경우 그 정년은 62세로 봄
  - 수당지급액 산정(동 규정 제4조 관계 별표)

정년 잔여기간	산정기준
1. 1년 이상 5년 이내인 자	퇴직당시(특별승진자는 특별승진 직전) 월봉급액의 81%의 반액 × (정년 잔여월수)
2. 5년 초과 10년 이내인 자	퇴직당시 월봉급액의 81%의 반액 × $\left\{ 60 + \dfrac{(정년\ 잔여월수) - 60}{2} \right\}$
3. 10년 초과인 자	정년 잔여 10년인 자와 동일금액(10년 초과 정년 잔여기간에 대하여는 수당을 지급하지 아니함)

출처: 서울특별시교육연구정보원(2011).

- **의원면직(「교육공무원법」 제43조)**
  - 본인의 의사표시에 의하여 공무원 관계를 소멸시키는 것
  - 처리 절차

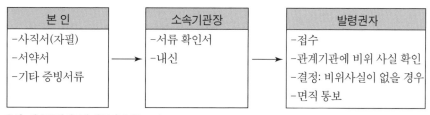

출처: 서울특별시교육연구정보원(2011).

- 의원면직자의 신분유지: 면직발령일 전일까지

• **징계면직**
  − 징계위원회 의결을 거쳐 파면 · 해임시키는 경우

3. 상훈 및 징계

1) 상 훈

교육공무원은 「국가공무원법」과 「교육공무원법」이 정한 요건과 절차에 따라 상을 받거나 징계를 받을 수 있다.

(1) 훈장 및 포상
교육공무원에 대한 훈장 및 포상은 「상훈법」과 상훈법시행령에 따라 이루어지며 구체적인 내용은 다음의 〈표 9-5〉와 같다.

표 9-5 훈장 및 포상 · 상훈법, 상훈법시행령

등 급 \ 훈 장	국민훈장	근정훈장	새마을훈장	문화훈장	체육훈장
1등급	무궁화장	청조근정훈장	자립장	금관문화훈장	청룡장
2등급	모란장	황조근정훈장	자조장	은관문화훈장	맹호장
3등급	동백장	홍조근정훈장	협동장	보관문화훈장	거상장
4등급	목련장	녹조근정훈장	근면장	옥관문화훈장	백마장
5등급	석류장	옥조근정훈장	노력장	화관문화훈장	기린장

출처: 서울특별시교육연구정보원(2011).

(2) 포상
포상은 스승의 날 포상을 비롯하여 크게 세 가지 종류의 포상이 있으며 구체적인 포상 내용은 다음과 같다.

스승의 날 포상(매년 5월 15일경 실시)

- **추천기준**
  - 국가관 및 교육관이 투철한 교원으로 표창은 5년 이상, 포장은 10년 이상, 훈장은 15년 이상 재직한 자

추천 제외 대상자
- **재포상 금지**

  훈장 또는 포장을 받은 자는 훈 포장의 종류를 불문하고 5년 이내에 다시 훈장 또는 포장을 받을 수 없으며, 또한 2년 이내에 다시 대통령표창 및 국무총리표창을 받을 수 없음
- **형사처벌 등을 받은 자**
  - 기소되어 형사재판에 계류 중인 자
  - 금고 이상의 형을 받고 그 집행이 종료되거나 집행을 받지 아니하기로 확정된 후 3년이 지나지 아니한 자
  - 형의 집행유예를 받은 경우에는 집행유예의 기간이 완료된 날로부터 1년이 지나지 아니한 자
  - 금고 이상의 형의 선고유예를 받은 경우는 그 기간 중에 있는 자
- **사회적으로 지탄을 받는 자**
  - 공·사생활을 통하여 각종 비위, 부조리 등으로 물의를 일으켜 정부 서훈이 합당하지 않다고 판단되는 자
- **재직중 징계(불문경고처분 포함)를 받은 자**
  - 중요비위(금품 향응수수, 공금횡령 유용비위)로 징계를 받은 교원이 아닌 자로서 징계 등이 사면되거나 말소된 경우 포상 가능
- **징계의결 요구 중인 자**

업무추진유공(우수 모범) 공무원 포상
- **포상대상**
  - 우수공무원: 직종, 직급 제한 없이 소속공무원 전체(교육공무원 제외) 대상
  - 모범공무원: 직종 제한 없이 소속 6급(상당) 이하 공무원 및 초·중등 교사
- **포상시기**
  - 연 2회, 상반기 6월 중, 하반기 12월 중

> **퇴직자 포상**
> • **추천대상자**
> – 재직 중 직무에 정려하여 국가발전에 기여한 교육공무원 또는 사립학교 교원으로서 정년(명예)퇴직자 또는 의원퇴직자(임기만료 퇴직자 및 사망자 포함)
> • **종류**
> – 훈·포장, 대통령표창, 국무총리표창, 교육부장관표창

2) 징계의 종류와 효력

「국가공무원법」과 「교육공무원법」에 명시된 징계의 종류와 효력은 다음의 〈표 9-6〉과 같다.

표 9-6 징계의 종류와 효력

종류 (「국가공무원법」 제79조, 교육공무원징계령 제1조의 2)		기간 (「국가공무원법」 제80조)	신분 (「국가공무원법」 제33조, 공무원임용령 제32조)	보수, 퇴직급여 등 (「국가공무원법」 제80조, 공무원보수규정 제14조, 공무원연금법시행령 제55조)
중징계	파면	–	• 공무원 관계로부터 배제 • 5년간 공무원에 임용될 수 없음	• 재직기간 5년 미만자 퇴직급여액의 1/4, 5년 이상인 자 1/2 감액 지급
	해임	–	• 공무원 관계로부터 배제 • 3년간 공무원에 임용될 수 없음	• 퇴직급여 전액 지급
	정직	1월~3월	• 신분은 보유하나 직무에 종사 못함 • 18월＋정직처분기간 승진 제한 • 처분기간 경력평정에서 제외	• 18월＋정직처분기간 승급 제한 • 보수의 2/3 감액
경징계	감봉	1월~3월	• 12월＋감봉처분기간 승진 제한	• 12월＋감봉처분기간 승급 제한 • 보수의 1/3 감액
	견책	–	• 6월간 승진 제한	• 6월간 승급 제한

출처: 서울특별시교육연구정보원(2011).

3) 징계양정의 기준(교육부령 제870호, 교육공무원징계양정 등에 관한 규칙 일부 개정령 2005. 10. 6.)

　동일한 징계사유라 하더라도 비위의 정도와 과실의 경중에 따라 징계가 달라지며 구체적인 징계양정의 기준은 다음의 〈표 9-7〉과 같다.

표 9-7 징계양정의 기준

비위의 정도 및 과실 / 비위의 유형	비위의 도가 무겁고, 고의가 있는 경우	비위의 도가 무겁고 중과실이거나 비위의 도가 가볍고 고의가 있는 경우	비위의 도가 무겁고 경과실이거나 비위의 도가 가볍고 중과실인 경우	비위의 도가 가볍고, 경과실인 경우
1. 성실의무 위반 가. 직무태만 또는 회계 질서문란	파면	해임	정직-감봉	견책
나. 시험문제를 유출하거나 학생 성적을 조작하는 등 학생 성적과 관련한 비리	파면	해임	해임-정직	감봉-견책
다. 기타	파면-해임	정직	감봉	견책
2. 복종의무 위반	파면	해임	정직-감봉	견책
3. 직장이탈금지 위반	파면-해임	정직	감봉	견책
4. 친절·공정의 의무 위반	파면-해임	정직	감봉	견책
5. 비밀엄수의무 위반	파면	해임	정직	감봉-견책
6. 청렴의무 위반 가. 금품수수	파면	해임	해임-정직	감봉-견책
나. 기타	파면	해임	정직	감봉-견책
7. 품위유지의무 위반 가. 성희롱	파면-해임	해임-정직	정직-감봉	견책

나. 성폭력	파면	해임	해임-정직	감봉-견책
다. 학생에 대한 상습적이고 심각한 신체적 폭력	파면	해임	해임-정직	감봉-견책
라. 기타	파면-해임	정직	감봉	견책
8. 영리업무 및 겸직금지의무 위반	파면-해임	정직	감봉	견책
8의2. 정치운동금지 위반	파면	해임	정직	감봉-견책
9. 집단행위금지 위반	파면	해임	정직	감봉-견책

※ "성희롱"이라 함은「국가인권위원회법」제2조 제5항의 규정에 해당하는 행위를 말한다.
출처: 서울특별시교육연구정보원(2011).

▌▌▌ 음주운전 사건의 징계양정기준

> 질의) 교원을 비롯한 공무원의 음주운전 사건의 징계양정기준에 대해 자세히 알고 싶습니다.

☞ 공무원의 경우, 음주운전 사건과 관련된 공무원범죄처분결과 통보를 받은 기간은 「공무원징계령」 제7조에 의거 반드시 1월 이내에 처리기준에 따라 징계의결 요구 여부를 결정해야 합니다. 음주 정도나 경위에 따라 징계양정을 가감하는데, 음주운전 사건 징계양정기준은 공무원 비위사건 처리규정에 따라 다음과 같습니다.

단순 음주운전으로 ▲ 운전면허 정지처분을 1회 받은 경우 '경고'를, ▲ 운전면허 정지처분을 1회 받았으나 공무원 신분을 속인 경우 '경징계 의결 요구'를 받습니다.

그리고 음주운전으로 ▲ 운전면허가 정지 또는 취소된 상태에서 운전한 경우, ▲ 운전면허 취소처분을 1회 받은 경우, ▲ 운전면허 정지처분을 2회 받거나 정지처분과 취소처분을 각 1회씩 받은 경우, ▲ 인적·물적 피해가 있는 교통사고를 일으킨 경우에 대해 '경징계 의결 요구'를 받게 됩니다.

'중징계 의결 요구'를 받는 경우는 음주운전으로 ▲ 운전면허 취소처분을 2회 받은 경우, ▲ 운전면허 정지처분을 3회 이상 받은 경우, ▲ 운전면허 정지처분 2회 및 취소처분을 1회 받은 경우, ▲ 인적·물적 피해가 있는 교통사고를 일으킨 후 「도로교통법」 제54조 제1항에 따른 조치를 하지 않고 도주한 경우, ▲ 사망사고를 일으킨 경우, ▲ 운전면허가 정지 또는 취소된 상태에서 음주운전을 한 경우입니다.

출처: 한국교원단체총연합회(2012).

4. 호봉 및 승급

교육공무원의 보수를 결정하는 호봉의 책정과 승급은 공무원 보수규정에 따라 결정된다. 이중 교육공무원의 호봉 책정과 승급에 관한 규정을 보면 다음과 같다.

1) 호 봉

호봉은 공무원 보수규정에 명시된 방법에 의해 결정되며 교육공무원 임용 시 결정되는 초임호봉과 경력합산의 사유가 발생하여 호봉을 재획정하는 두 가지 경우가 있으며 호봉의 재획정에 관한 구체적인 내용은 〈표 9-8〉과 같다.

(1) 호봉 획정

① 초임호봉의 획정(공무원보수규정 제8조 별표15)
• 대상: 신규채용되는 교육공무원
• 시기: 신규채용일
• 방법
　- 가감연수＝(학령-16)＋가산연수
　- 획정호봉＝(기산호봉＋가감연수＋환산경력연수)

② 호봉의 재획정(공무원보수규정 제9조)

표 9-8 호봉의 재획정

요건 (공무원 보수규정 제9조 제1항)	새로운 경력을 합산하여야 할 사유가 발생한 경우(자격, 학력, 직명 변동 포함)	승급 제한 기간을 승급 기간에 산입하는 경우 (동규정 제15조 제2호 규정)	해당공무원에 적용되는 호봉 확정의 방법이 변경된 경우
시기 (동규정 제9조 제2항)	• 공무원 경력: 경력 합산을 신청한 날이 속하는 달의 다음 달 1일 • 유사 경력: 전력조회가 완료된 날이 속하는 달의 다음 달 1일	• 징계처분의 집행이 종료된 날로부터 다음 기간이 경과한 날이 속하는 달의 다음 달 1일 　-정직: 7년 　-감봉: 5년 　-견책: 3년 • 휴직, 정직, 직위해제 중인 자: 복직일 • 징계 기록이 말소된 경우 처분 기간을 제외한 승급 제한 기간 산입	• 전직일 또는 개정된 법령의 적용 등 당해 공무원에 적용되는 호봉 확정 방법이 변경된 날
방법 및 절차 (동규정 제9조 제3~5항)	• 호봉 재획정: 현재까지의 총경력+새로운 경력 → 초임 호봉 획정 방법에 따라서 획정 • 잔여 기간: 다음 승급 기간에 산입	• 특별승급 또는 승급 제한 등의 사유가 있을 시 이를 가감 • 잔여 기간: 다음 승급 기간에 산입	• 초임 호봉 확정 방법을 준용함 • 특별승급 또는 승급 제한 등의 사유가 있을 시 이를 가감 • 잔여 기간: 다음 승급 기간에 산입

출처: 서울특별시교육연구정보원(2011).

(2) 호봉 획정의 관련자료

교육공무원의 경력 환산은 공무원 보수규정에 의해 이루어지고 경력에 따라 환산율이 달리 적용되며 구체적인 내용은 다음의 〈표 9-9〉와 같다.

① 교육공무원 등의 경력 환산율표(공무원보수규정 별표 22)

표 9-9 경력 환산율표

유 별	환산율	경 력
제1류	10할	1. 교원으로서의 경력 2. 대학(대학원 포함) 기타 교육부장관이 인정하는 연구기관에서 연구에 종사한 경력 3. 국가 또는 지방공무원(기능직 및 고용직공무원 제외)으로 근무한 경력 4. 대한민국 군인으로 근무한 경력(무관후보생 경력은 제외)
제2류	8할	1. 국가기관 또는 지방자치단체에 근무한 자로서 제1류 제3호에 해당하지 아니하는 경력
제3류	7할	1. 재야 법조인으로 종사한 경력 2. 교육법에 의한 교육회에서 근무한 경력
제4류	6할	1. 종교단체의 교직자로서 근무한 경력
제5류	5할	1. 공공단체에서 근무한 경력 2. 법령에 의하여 설립된 법인에서 근무한 경력 3. 제3류 제2호 교육회 이외의 교육문화단체에서 근무한 경력
제6류	4할	제5류 제2호 및 제3호를 제외한 각종 회사에서 근무한 경력 (외판원, 점원 제외)
제7류	3할	기타 직업에 종사한 경력

비고
1. 제1류에 해당하지 아니하는 자라도 전력이 채용될 직종과 상통하는 직인 경우는 10할까지의 율 적용 가능
2. 동등 정도의 2개 이상의 학교 졸업자는 1학교 외의 수학연수는 8할의 율을 적용
3. 학력과 경력이 중복되는 경우는 그중 1개만 삽입

출처: 서울특별시교육연구정보원(2011).

② 교육공무원 기산 호봉표

表 9-10 **교육공무원 기산 호봉표**

자격별	기산호봉	자격별	기산호봉	비 고
1급정교사	9	사서교사	8	교장, 원장, 교감, 원감, 교육장, 장
2급정교사	8	실기교사	5	학관, 교육연구관, 장학사 및 교육연
준교사	5	1급보건교사	9	구사에 대하여는 1급 정교사의 호봉
전문상담교사	9	2급보건교사	8	적용

출처: 서울특별시교육연구정보원(2011).

③ 호봉의 정정(공무원보수규정 제18조)

　　호봉의 획정 또는 승급 오류 시 호봉발령 일자를 소급 정정

▌▌▌ 호봉정정과 호봉 재획정의 차이

질의) 호봉정정과 호봉 재획정의 차이는 무엇인가요?

　☞ 호봉정정(「공무원보수규정」 제18조)이란 공무원의 호봉 및 승급이 잘못 발령되었을 때 이루어지며, 잘못된 호봉 발령 일자로 소급하여 정정합니다. 이 경우 보수 차액은 소급하여 받을 수 있습니다. 호봉 재획정(「공무원보수규정」 제9조)이란 ① 새로운 경력을 합산하여야 할 사유가 발생한 경우, ② 승급제한 기간을 승급기간에 산입하는 경우, ③ 호봉획정 방법이 변경된 경우에 실시하게 됩니다. 호봉 재획정의 시기는 공무원경력의 경우 경력 합산을 신청한 날이 속하는 달의 다음 달 1일에 호봉을 재획정하며, 승급제한 기간은 제한 기간이 끝난 달의 다음 달 1일에 각각 재획정합니다. 공무원이 휴직, 정직 또는 직위해제 중이면 복직일에 재획정해야 합니다. 호봉 재획정 시 보수의 소급정산은 되지 않습니다.

요 건	새로운 경력합산 사유가 발생한 경우	승급제한 기간을 승급기간에 산입하는 경우	호봉획정 방법이 변경되는 경우
시 기	• 공무원 경력합산 　－ 경력합산을 신청한 날이 속하는 달의 다음 달 1일 • 유사경력 　－ 경력합산을 신청한 날이 속하는 달의 다음 달 1일	• 징계처분의 집행이 종료된 날로부터 강등 9년, 정직 7년, 감봉 5년, 견책 3년이 경과한 날이 속하는 달의 다음 달 1일 • 재획정하고자 하는 날 현재 휴직, 강등, 정직, 직위해제 중인 사람은 복직일 • 징계기록이 말소된 경우 처분 기간을 제외한 승급제한 기간 산입	• 전직일 또는 개정된 법령의 적용 등 해당 공무원에 적용되는 호봉 획정 방법이 변경된 날
방법 및 절차	• 현재까지의 총 경력에 새로운 경력을 합산하여 획정	• 승급제한 사유가 있을 시 이를 가감하여 획정	• 초임호봉획정 방법에 준함

출처: 한국교원단체총연합회(2012).

2) 승 급

　교육공무원은 일정한 기간이 지나면 승급규정에 따라 승급되며 구체적인 내용은 〈표 9-11〉과 같다.

표 9-11 승급

정기승급기간	공무원의 호봉 간 승급에 필요한 기간 - 1년
정기승급일	1년에 4회(1, 4, 7, 10월 1일자, 단, 승급제한 중인 자는 제한기간이 만료된 다음달 1일)
승급의 제한 (동규정 14조)	• 징계처분, 직위해제 또는 휴직 중인 자(공무상 질병휴직 제외) • 징계처분 집행 종료일로부터 정직 · 18개월, 감봉 · 12개월, 견책 · 6개월의 기간이 경과되지 아니한 자

승급의 제한 (동규정 14조)	• 근무성적평정점이 최하등급에 해당되는 자로서 정기승급 예정일로 부터 6개월이 경과되지 아니한 자 • 승급제한 기간 중 다시 징계처분이나 기타 사유로 승급을 제한받는 경우의 승급제한 기간은 현 승급제한이 만료된 날부터 기산하여 승 급제한 • 징계처분을 받은 후 훈·포장 및 국무총리 이상의 표창, 모범공무원 포상, 제안 채택포상 수상자: 제한기간의 1/2 단축 가능
승급기간의 특례	승급에 산입(동규정 제15조 참조)

출처: 서울특별시교육연구정보원(2011).

5. 복 무

공립학교 교사는 교육공무원임과 동시에 국가공무원으로서 「국가공무원법」과 「교육공무원법」에 정한 복무규정을 지키며 소임을 다해야 한다. 사립학교원도 「사립학교법」이나 기타 규정에 특별히 명시된 경우를 제외하고는 공립학교 교원의 복무규정에 준하여 적용되고 있다.

1) 공무원의 의무와 책임

◑ **공무원의 의무와 책임**
• **의무(「국가공무원법」 제55~57, 59~61, 63조, 「교육공무원법」 제38조, 국가 공무원복무규정)**
• **선서의 의무(「국가공무원법」 제55조)**
 - 취임 시 소속기관장 앞에서 선서
• **직무상 의무**
 - 성실의 의무(「국가공무원법」 제56조): 법령을 준수하여 성실히 직무수행
 - 복종의 의무(「국가공무원법」 제57조): 직무수행에서 소속 상관의 직무 상 명령에 복종

- 친절 공정의 의무(「국가공무원법」 제59조): 국민전체의 봉사자로서 친절 공정히 집무
- 비밀엄수의 의무(「국가공무원법」 제60조): 재직 및 퇴직 후에도 직무상 취득한 비밀엄수
- 청렴의 의무(「국가공무원법」 제61조): 직무와 관련 직·간접을 불문하고 사례 증여 향응수수 불가, 소속 상관이나 공무원 간에 증여 불가
- 품위유지의 의무(「국가공무원법」 제63조): 직무 내외를 불문하고 품위 훼손 행위 불가
- 연찬의 의무(「교육기본법」 제38조): 직책 수행을 위한 부단한 연구와 수양에 노력

• **직무전념의 의무(신분상 의무)(「국가공무원법」 제58, 62, 64, 65, 66조, 국가 공무원복무규정 제25, 26조)**
  - 직장이탈금지(「국가공무원법」 제58조): 소속 상관의 허가 또는 정당한 이유 없이 직장 이탈 금지
  - 영리업무 및 겸직 금지(「국가공무원법」 제64조, 국가공무원복무규정 제25, 26조)
  - 공무 이외의 영리 목적 업무에 종사하지 못하며 소속기관장의 허가 없이 겸직 불가(「국가공무원법」 제64조)
  - 영리를 추구함이 현저한 업무 등 종사 금지(국가공무원복무규정 제25조)
  - 겸직허가: 영리업무에 해당되지 아니하는 다른 직무를 겸직하고자 할 때 소속기관 장의 사전 허가를 받아야 함(허가는 담당직무 수행에 지장이 없는 경우에 한함)(국가공무원복무규정 제26조) 소속기관의 장이라 함은 3급이상 공무원의 경우는 임용제청권자, 4급 이하 공무원 및 기능직 공무원의 경우는 임용권자를 말함

• **정치운동 금지(「국가공무원법」 제65조)**
  - 정당, 기타 정치단체 결성에 관여하거나 가입할 수 없음
  - 선거에서 특정 정당, 특정인 지지 또는 반대 행위 금지

- **집단행위 금지(「국가공무원법」 제66조)**
  - 사실상 노무에 종사하는 공무원을 제외하고는 노동운동, 기타 공무 이 외의 일을 위한 집단행위 금지
- **영예의 제한(「국가공무원법」 제62조)**
  - 대통령의 허가 없이 외국정부로부터 영예 또는 증여를 받지 못함
- **책임**
  - 국민전체의 봉사자로서 창의와 성실로써 책임완수
- **행정상의 책임**
  - 징계책임(「국가공무원법」 제78조)
  - 변상책임: 국가재산상 손해를 끼쳤을 때 「국가배상법」 및 회계 관계 직원 등의 변상책임에 관한 법률에 의한 변상책임을 짐
- **형사상의 책임**
  - 특별권력관계에 있는 공무원으로서의 책임 외에 일반법익을 침해하 는 경우는 징계벌 이외에 형벌을 병과할 수 있음

2) 공무원의 근무

단위학교별 탄력적 근무시간제에 따라 근무하되 법과 규정에 정한 범위 내에서 기관장의 판단에 따라 탄력적으로 운영할 수 있다(교육부, 교원 12410-52. 221).

공무원의 근무에 관련된 구체적인 내용은 다음과 같다.

- **근무시간(국가공무원복무규정 제9조)**
  - 1주간 근무시간은 점심시간을 제외하고 40시간, 토요일은 휴무
  - 1일의 근무시간은 9시부터 18시까지로 하며, 점심시간은 12시부터 13시까 지다. 다만, 행정기관의 장은 직무의 성질, 지역 또는 기관의 특수성을 감안하여 1시간의 범위 안에서 점심시간을 달리 정하여 운영할 수 있음

> ### 오후 반일 연가
>
> 질의) 오후 반일 연가를 사용하고자 하는데 12시부터인가요? 아니면 13시부터인가요? 반일 연가는 언제를 기준으로 구분되나요?
>
> ☞ 반일 연가는 13시를 기준으로 하여 오전과 오후로 구분합니다. 다만, 공가 및 특별휴가는 1일로 처리합니다.
>
> 출처: 한국교원단체총연합회(2012).

- **근무시간 등의 변경(국가공무원복무규정 제10조)**

  중앙행정기관의 장은 직무의 성질 지역 또는 기관의 특수성 때문에 필요하다고 인정할 때는 근무시간 또는 근무일을 변경할 수 있음. 이 경우 중앙행정기관의 장은 변경하고자 하는 내용과 이유를 미리 행정자치부 장관에게 통보하여야 함

- **단위학교별 탄력적 근무시간제(교육부, 교원 12410-52. 2002. 1. 21.)**

  - 고등학교 이하 각급 학교에서는 단위학교별 탄력적 근무시간제를 2002년 3월 1학기부터 시행
  - 적용대상: 고등학교 이하 각급학교 교원을 대상으로 적용
  - 제도의 취지: 학교별 교육과정 운영의 자율성을 높이고 교원의 자율연수 기회를 확대하며 방과 후 특기적성교육 등을 활성화함

- **근무시간제 내용**

  - 국가공무원복무규정(종전규정)에 의한 1일 근무시간의 총량(평일 8시간)을 확보하여 근무시간을 정하고, 교육과정 운영에 지장이 없는 범위 내에서 교원의 출퇴근 시간을 학교별로 자율적으로 정할 수 있도록

하는 제도

- 종전 근무시간(09:00~17:00)을 유지할 수도 있음. 종전 교원의 근무시간은 1985. 2. 6.(문교부, 교행 01136-104)일자로 업무특성상 09:00~17:00(동절기, 하절기 공통)로 시행했었음

- 개인별 또는 일부 집단별 근무시간의 조정은 불가능함. 특정 학년별 교과별 교사집단이 단위학교 근무시간과 별도로 근무시간을 정할 수 없음

단위학교별 탄력적 근무시간 운영

질의) 단위학교별 근무시간을 탄력적으로 정하여 시행할 수 있는 것으로 알고 있습니다. 상세한 시행 방법에 대하여 알고 싶습니다.

☞ 일반적인 초·중등교원의 근무 시간은 직무의 특수성을 고려하여 오전 9시에서 오후 5시(토요일은 오후 1시)로 하고 있습니다(교육부 교행 01136-104, 1985. 2. 6.).

고등학교 이하 각급 학교에서는 단위학교별 탄력적 근무시간제(교육부 교원 12410-52, 2002. 1. 21.)를 2002년 3월 1학기부터 시행하고 있습니다. 고등학교 이하 각급 학교 교원이 적용 대상이고, 동 제도의 시행 취지는 학교별 교육과정 운영의 자율성을 높이고 교원의 자율연수 기회를 확대하며, 방과 후 특기적성교육 등을 활성화하기 위함입니다.

실시 방법은 「국가공무원복무규정」에 의한 1일 근무시간의 총량(평일 8시간)을 확보하여 근무시간을 정하고, 교육과정 운영에 지장이 없는 범위 내에서 교원의 출·퇴근 시간을 학교별로 자율적으로 정하면 됩니다.

따라서 학교의 교육 상황을 고려하여 1일 근무시간을 확보하는 범위에서 교직원 협의회를 통해 결정하는 것이 타당할 것으로 판단됩니다. 소속 교직원의 협의 결과 기존의 근무시간을 따르는 것은 가능하지만, 개인별 또는 일부 집단별 근무시간의 조정은 불가능합니다. 예컨대 특정 학년별·교과별 교사집단이 단위학교 근무시간과 별도로 근무시간을 정할 수는 없습니다.

출처: 한국교원단체총연합회(2012).

- **근무상황관리(공무원 근무사항에 관한 규칙 제3, 4조)**
  - 각급기관장은 엄정한 근무기강 확립을 위하여 노력하여야 함
  - 근무상황은 근무상황부 또는 근무상황카드에 의하여 관리함
  - 근무상황카드 비치·관리 여부는 학교장이 자율적으로 결정하되 근무상황카드가 비치된 학교의 교원은 지정된 시간까지 출근하여 직접 서명 또는 날인해야 함
  - 복무관리의 효율화를 위해 근무상황부를 부서 개인별로 비치
  - 휴가 지참 조퇴 및 외출과 근무지 내 출장 시 근무상황부나 근무상황카드에 의하여 사전에 학교장에게 허가를 받아야 함
  - 허가를 받지 아니하고 출근하지 아니한 때는 결근 처리
  - 소속공무원이 전보 파견 파견복귀 또는 전출된 때는 전년도 및 당해연도의 근무상황부 또는 근무상황카드의 사본을 지체 없이 전보, 파견, 파견복귀 또는 전출된 기관이나 부서에 송부
  - 업무의 인계
    * 전보·파견·전출·휴직·정직·직위해제·면직 등의 명령을 받은 때는 지체 없이 담당업무 중 미결사항과 관련문서·물품 목록을 작성하여 소속기관의 장이 지정하는 자에게 업무를 인계
    * 출장·휴가 등으로 장기간 근무지를 이탈하는 경우는 소속기관 장이 지정하는 자에게 그 담당업무를 인계
  - 공무원은 퇴근 시 문서 및 물품을 잠금 장치가 된 지정 서류함에 보관

3) 휴가(국가공무원복무규정, 공무원 근무사항에 관한규칙, 공무원휴가 업무예규, 교원휴가업무처리요령)

교원의 휴가는 법과 규정에 휴가의 원칙과 절차 휴가 일수 등을 명시해 두고 이 규정에 따라 시행하도록 하고 있다. 사립학교 교원도 공립학교 교원의 규정에 준하도록 하고 있다.

▌▌▌ 학기 중 휴가 사용

질의) 사적인 이유로 학기 중에 휴가를 내려고 하는데 사용 가능한가요? 휴가의 실시원칙이 있다면 자세히 알고 싶습니다.

☞ 교원의 휴가는 연가·병가·공가·특별휴가로 구분합니다. 휴가의 실시원칙은 교원휴가업무처리요령에 의거, 기관장 또는 학교의 장은 휴가를 허가함에 소속교원이 원하는 시기에 법정휴가 일수가 보장되도록 하되, 연가와 특별 휴가 중 장기 재직휴가는 학생들의 수업 등을 고려하여 부모생신일 또는 기일 등을 제외하고는 특별한 사유가 없는 한 방학 중에 실시하고, 휴가로 인한 수업 결손 등이 발생하지 않도록 필요한 조치를 취하여야 합니다.

출처: 한국교원단체총연합회(2012).

---

(1) 휴가제도의 운영

• **휴가의 종류**
  - 연가, 병가, 공가, 특별휴가
• **휴가의 실시원칙**
  - 소속 공무원이 원하는 시기에 법정 일수 보장 및 휴가에 따른 업무공백 방지
  - 연가와 장기근속휴가는 학생들의 수업 등을 고려 특별한 경우(부모위독 등) 외는 학교교육활동에 지장이 없는 기간에 실시
• **휴가 등의 허가권자 및 절차**
  - 미리 신청, 허가를 받아야 함(병가·특별휴가 등 불가피한 경우는 당일 오전 수업 종료 시까지 필요한 절차를 취하여야 함)
  - 학교장의 휴가는 상급기관 장의 허가를 받아 실시

- **휴일일수의 계산**
  - 연가 · 병가 · 공가 및 특별휴가의 일수는 종류별로 따로 계산
  - 휴가기간 중의 토요일 또는 공휴일은 그 휴가일수에 산입하지 않으나, 휴가일수가 연속하여 30일 이상 계속되는 경우와 경조사휴가의 경우는 산입

※ 교원의 경우 주5일제가 실시될 때까지는 종전의 규정(대통령령 제18580호 〈2004. 11. 3.〉 국가공무원복무규정) 적용
  - 법정휴가일수를 초과한 휴가는 결근으로 처리

(2) 휴가종류별 실시방법

① 연가

- **연가일수**
  - 재직기간별 연가일수

표 9-12 재직기간별 연가일수

재직기간	연가일수	재직기간	연가일수
3월 이상 ~ 6월 미만	3일	3년 이상 ~ 4년 미만	14일
6월 이상 ~ 1년 미만	6일	4년 이상 ~ 5년 미만	17일
1년 이상 ~ 2년 미만	9일	5년 이상 ~ 6년 미만	20일
2년 이상 ~ 3년 미만	12일	6년 이상	21일

※ 2006. 1. 1.부터 시행(그 이전은 종전 규정 적용)
출처: 서울특별시교육연구정보원(2011).

방학 중 국외자율 연수

질의) 방학 중에 국외 문화답사를 통하여 지리, 역사, 문화 등을 익히고자 할 때에도 연가 처리하여야 하나요?

☞ 「국가공무원복무규정」에 근거하여 처리원칙을 규정한 교원휴가업무처리요령에 따르면 시도교육감이 범위, 방법 등을 정하는 국외자율 연수는 근무지 외 연수로 이루어지나, 방학은 휴업일일 뿐 휴무일이 아니므로 공무원의 국외여행(자율연수)은 연가일수 범위 내에서 이루어짐을 알려 드립니다. 따라서 학교장의 내부결재를 받아 시행해야 합니다.

공무외의 국외여행에 대한 참고자료
– 기본방침: 교원의 공무외 국외여행은 휴업일 중에 실시 원칙
– 휴가일수 범위내 공무외 국외여행
– 사유: 본인 또는 친인척의 경조사, 질병의 치료, 친지방문, 견문목적, 취미활동, 가족 기념일, 여행, 기타 필요한 경우에는 본인의 법정 연가일수 안에서 필요한 기간

출처: 한국교원단체총연합회(2012).

② **병가**(공무원복무규정 제18조)

공무원복무규정에 명시된 병가의 종류와 실시 내용은 다음과 같다.

• **일반병가**
   – 질병 또는 부상으로 직무를 수행할 수 없을 때
   – 전염병의 이환으로 그 공무원의 출근이 다른 공무원의 건강에 영향을 미칠 우려가 있을 때
   – 연 60일의 범위 안에서 허가, 질병 부상에 따른 지각, 조퇴, 외출은 구분 없이 누계 8시간을 병가 1일로 계산

• **공무상 병가**

공무상 질병 또는 부상으로 직무를 수행할 수 없거나 요양을 요할 경우, 연 180일의 범위 안에서 허가

• **병가일수의 계산**

1년 단위(1. 1.~12월 말)로 계산하며, 전년도 병가사용 일수에 관계 없이 연도가 바뀌면 새로 시작함. 다만, 공무상 병가에서 병가 사유가 동일한 경우는 그러하지 아니함

병가 허가 범위

질의) 시력이 안 좋아서 라식수술을 하기로 했습니다. 이런 상황에도 병가가 허가되나요?

☞ 국가공무원 복무규정 제18조에 의거, 병가는 ▲질병 또는 부상으로 인하여 직무를 수행할 수 없을 때 ▲감염병의 이환으로 인하여 그 공무원의 출근이 다른 공무원의 건강에 영향을 미칠 우려가 있을 때에 한해 허가할 수 있습니다.

질병 또는 부상의 이유가 아닌 개인적으로 겪던 신체적 불편함을 해결하기 위한 라식수술이라면, 이는 병가가 아닌 연가를 사용하셔야 할 것입니다.

출처: 한국교원단체총연합회(2012).

---

③ 공가(공무원복무규정 제19조)

공가는 공무에 따른 휴가를 말하며 공무원 복무규정에 명시된 공가의 내용은 다음과 같다.

• **공가사유**

–「병역법」, 기타 다른 법령에 따른 징병검사 · 소집 · 검열점호 · 동원 훈

련 참가
- 공무에 관해 국회 법원·검찰 기타 국가기관에 소환 시
- 법률의 규정에 따른 투표에 참가
- 승진·전직시험에 응시
- 원격지간의 전보발령을 받고 부임
- 국민건강보험법시행령 제26조에 의한 건강진단을 할 때
- 공무원교육훈련법시행령 제32조 의거한 외국어 능력시험 응시
- 올림픽·전국체전 등 국가적인 행사에 참가
- 천재지변·교통차단 등 기타의 사유로 출근 불가능
- **기간**
  - 공가사유에 따라 직접 필요한 기간

④ 특별휴가

특별휴가는 병가와 공가를 제외한 개인적인 사유에 의한 휴가를 말하며 경조사에 의한 휴가와 기타 특별휴가가 있다.

- **경조사 휴가**
  - 경조사별 휴가일수(국가공무원복무규정 제20조 제1항 관련)
  - 경조사휴가가 2일 이상인 경우 그 사유가 발생한 날을 포함하여 전후에 연속 실시
  - 직계존속의 범위(민법)
  - 부모·조부모·증조부모, 외조부모, 외증조부모 포함
  - 양자·양녀로 입적된 경우에는 양부모와 친생부모 포함
  - 계부·계모는 인척으로 직계존속이 아님
  - 기타 특별휴가

표 9-13 경조사별 휴가일수

구분	대상	일수	구분	대상	일수
결혼	본인	7	사망	본인 및 배우자의 형제자매와 그 형제자매의 배우자	3
	자녀	1			
	본인 및 배우자의 형제자매	1			
회갑	본인 및 배우자	5		본인 및 배우자의 부모의 형제자매와 그 형제자매의 배우자	3
	본인 및 배우자의 직계존속	1			
출산	배우자	7			
입양	본인	20			
사망	배우자, 본인 및 배우자의 부모	7	탈상	배우자, 본인 및 배우자의 부모	2
	본인 및 배우자의 증조부모·조부모·외증조부모·외조부모	5		본인 및 배우자의 증조부모·조부모·외증조부모·외조부모	1
	자녀와 그 자녀의 배우자	3		본인 및 배우자의 형제자매와 그 형제자매의 배우자	1

출처: 「교원휴가업무처리요령」(2012. 3. 1. 개정)

표 9-14 기타 특별휴가

종류	대상	시기	일수
출산휴가	• 임신 중인 여자공무원	• 출산후 45일 이상	90일
여성보건휴가	• 여자공무원	• 매 생리기(무급)와 임신한 경우 검진(유급)	1일
육아시간	• 여자공무원	• 생후 1년 미만의 유아	1일 1시간
수업휴가	• 한국방송통신대학 재학 공무원으로 연가일수를 초과하는 출석수업을 받는 공무원	• 출석 수업시간	연가일수 초과·출석 수업시간
재해구호휴가	• 재해·재난 피해공무원 • 재해·재난 발생지역에서 자원봉사활동을 희망하는 공무원	• 재해 복구상 필요 시	5일 이내

출처: 서울특별시교육연구정보원(2011).

⑤ 휴가 실시상의 유의점

• **출산휴가**

   – 임신 중의 교원에 대하여 출산의 전후를 통하여 90일의 출산휴가를 허가하여야 하고, 휴가기간의 배치는 산후에 45일 이상이 되어야 함

    ◦ 휴가기간의 배치는 의료기관의 진단서에 의한 출산 예정일을 기준으로 하되, 조산의 우려 등 특별한 경우는 예외 인정

   – 임신 이후 유산 또는 사산한 경우로써 교원이 신청하는 때에는 다음 기준에 따라 유산·사산 휴가를 주어야 함. 다만 인공임신중절수술(「모자보건법」 제14조 제1항의 규정에 의한 경우는 제외)에 의한 유산의 경우는 휴가를 부여하지 않음

    ◦ 유산 또는 사산한 교원의 임신기간(이하 "임신기간"이라 한다)이 11주 이내인 경우: 유산 또는 사산한 날로부터 5일까지

    ◦ 임신기간이 12주 이상 15주 이내인 경우: 유산 또는 사산한 날로부터 10일까지

    ◦ 임신기간이 16주 이상 21주 이내인 경우: 유산 또는 사산한 날로부터 30일까지

    ◦ 임신기간이 22주 이상 27주 이내인 경우: 유산 또는 사산한 날로부터 60일까지

    ◦ 임신기간이 28주 이상인 경우: 유산 또는 사산한 날로부터 90일까지

      ※ 참고로 1주는 7일이므로 임신 77일까지는 5일, 임신 78일부터 105일까지는 10일, 임신 106일부터 147일까지는 30일, 임신 148일부터 189일까지는 60일, 임신 190일 이후로는 90일이 되는 것임

      ☞ 휴가기간은 유산·사산한 날부터 기산하므로 유산·사산한 날 이후 일정기간이 지나서 청구하면 그 기간만큼 휴가기간이 단축됨

   – 출산 및 유산·사산휴가는 산모의 건강을 고려하여 일정기간 휴가를 부여하는 것이며, 아래의 경우에는 일반병가를 허가할 수 있음

◦ 임신 중에 심한 입덧이나 부작용 등으로 안정의 필요성이 있을 경우

※ 학교장은 산모의 건강 및 수업 등을 고려하여 출산예정일 전·후를 통하여 출산휴가를 하도록 지도

• 불임치료 시술 휴가

– 인공수정 또는 체외수정 등 불임치료 시술을 받는 공무원은 시술 당일에 1일의 휴가를 받을 수 있음. 다만 체외수정 시술의 경우 난자 채취로 인해 1일의 휴가를 추가로 받을 수 있음

(3) 공무 외의 국외여행(공무원복무규정 제23조)

기본 방침			• 교원의 공무 외 국외여행은 휴업일 중에 실시 원칙 • 교원의 전문성 신장을 위하여 휴업일 중 공무 외 자율연수목적의 국외여행 기회를 부여 • 공무 외 자율연수목적의 국외여행은 국가공무원복무규정에 따른 휴가와 별도로 실시
실시 방법	휴가일수 범위 내의 공무 외 국외여행	사유	본인 또는 친인척의 경조사, 질병의 치료, 친지방문, 견문 목적 취미활동, 가족 기념일, 여행, 기타 필요한 경우
		기간	본인 또는 친인척의 경조사 및 본인의 긴급한 질병 치료 등 특별한 경우를 제외하고는 학교교육에 지장이 없는 휴업일 중 휴가기간의 범위 내에서 자율적으로 실시
		절차	• 근무상황부의 '사유 또는 용무'란에 공무 외의 국외 여행임을 표시한 후 학교의 장의 허가를 받아 실시 • 본인의 법정연가일수 안에서 필요한 기간 허가 • 공휴일을 이용하여 공무 외의 국외여행을 하는 경우는 근무상황부에 기재하거나 소속기관에 신고할 의무는 없으나, 사전에 여행일정과 여행지 등을 비상연락 담당자에게 통보하여 긴급 시 소재파악 및 비상연락이 될 수 있도록 비상연락체계가 유지되어야 함

(계속)

실시 방법	국외자율연수를 위한 공무 외 국 외여행 (국외자율연수)	사유	• 교직단체가 주관하는 연수 또는 해외 교육기관의 초청 에 따른 연수 참가, 개인의 학습자료 수집 등
		기간	• 휴업일 중 실시하되 학교교육에 지장이 없는 범위 내
		절차	• 학교장의 사전승인 후 실시. 다만, 학교장은 직근상급기 관장의 사전승인을 받아야 함
		유의 사항	• 교원이 휴가일수 범위 내에서 공무 외의 목적으로 국외 여행을 하고자 할 때 불필요한 규제를 할 수 없으며, 여 권발급 등에 필요한 지원을 하여야 함 • 교원의 전문성 신장을 위한 국외 자율연수 기회를 최대한 부여함으로써 자질향상에 기여할 수 있도록 하여야 함 • 교원은 여권발급 · 입국사증의 취득 · 출입국관리 · 통 관절차를 준수하고, 여행기간 중 현지의 규범 · 관습 등 을 지켜 교원의 품위를 유지하여 건전한 여행문화 풍토 조성에 솔선수범하여야 함

해외 출장 · 연수 · 공무 외 국외 여행 절제 불요불급한 해외연수 · 여행 · 출장을 삼가 경제난 극복에 적극 동참

출처: 서울특별시교육연구정보원(2011).

방학 중 국외여행 허가 여부

질의) 방학 중에 해외에 있는 친척을 방문하고자 합니다. '공무 외의 국외여행'이라고 표현하던데 방침이나 방법에 대해 알려 주세요.

☞ 방학은 휴무일이 아닌 휴업일이므로 방학 중 국외여행 시에도 신청과 허가 등의 절차를 따라야 합니다. 교원휴가업무처리요령에 의거, '공무 외의 국외여행'은 휴업일 중에 실시함을 원칙으로 하며 '휴가 일수 범위 내 공무 외 국외여행'과 '국외자율연수를 위한 공무 외 국외여행'으로 분류됩니다.

'휴가 일수 범위 내 공무 외 국외여행'은 ▲ 본인 또는 친인척의 경조사 ▲ 질병의 치료 ▲ 친지 방문 ▲ 견문목적 ▲ 취미활동 ▲ 가족기념일 여행 ▲ 기타 필요한 경우에 실시할 수 있습니다. 본인 또는 친인척의 경조사 및 본인의 긴급한 질병치료 등 특별한 경우를 제외하고는 학교 교육에 지장이 없는 휴업일 중 휴가기간의 범위 안에서 공무 외의

목적으로 국외여행을 할 수 있습니다. 그러므로 선생님의 경우, 본인의 법정 연가 일수 안에서 공무 외 국외여행을 신청하셔야 할 것입니다.

'국외자율연수를 위한 공무 외 국외여행'은 ▲ 교직단체가 주관하는 연수 ▲ 국외 교육 기관의 초청에 의한 연수참가 ▲ 개인의 학습자료 수집 등은 인정되며, 이는 국가공무원 복무규정에 따른 휴가와 별도로 시행됩니다. 구체적인 인정 범위 및 절차 등의 세부적인 사항은 시·도교육감이 정하는 것으로서 관할 교육청에 확인할 필요가 있습니다.

출처: 한국교원단체총연합회(2012).

연구문제

1. 교육공무원의 신규임용의 절차를 설명하라.

2. 교육공무원 임용의 결격사유에 대해 설명하라.

3. 각급 학교의 보직교사 임용과 관련하여 학급 수에 따른 보직교사의 수를 설명하라.

4. 기간제 교원이란 무엇이며 임용의 사유를 설명하라.

5. 교육공무원의 휴직 사유를 열거하고 설명하라.

6. 복직이란 무엇이며 복직의 사유와 절차를 설명하라.

7. 퇴직의 종류를 열거하고 각각의 퇴직에 대해 설명하라.

8. 교육공무원의 징계양정의 기준과 징계의 내용을 설명하라.

9. 호봉의 획정 원칙과 공무원의 기산 호봉에 대해서 설명하라.

10. 교육공무원의 근무시간제에 대해서 설명하라.

11. 휴가의 종류와 실시 방법에 대해서 재직기간별로 구분하여 설명하라.

12. 교육공무원의 병가와 공가의 규정에 대한 내용을 설명하라.

Chapter **10**

 교육관계법

　　우리 「헌법」 31조는 교육에 관한 권리와 의무를 직접적으로 규정한 조항이다. 그 외에 헌법에서는 간접적으로 교육권을 보장한 4개의 조항이 있다. 이러한 헌법의 토대 위에 「교육기본법」이 제정되었다. 「교육기본법」은 교육받을 권리를 보장하기 위하여 학교교육 및 평생교육을 포함한 교육제도와 그 운영에 관한 기본적인 방향을 설정하고 모든 교육당사자의 권리와 의무를 규정한 교육에 관한 기본법이다. 「교육기본법」에는 우리나라 교육의 목적과 교육이념, 학습권, 교육의 기회균등, 교육의 중립성, 의무교육, 학교교육에 관한 기본적인 방향을 규정하고 있다.

　　「헌법」과 「교육기본법」에 근거하여 제정된 교육과 관련된 법은 「초·중등교육법」 「지방교육자치에 관한 법률」 「국가공무원법」 「교육공무원법」 「사립학교법」 등이 있다.

1. 「헌 법」

우리 「헌법」은 1948. 7. 17. 제정된 이래 1987. 10. 29.까지 9차례의 개정으로 현재에 이르고 있는데 헌법상 규정된 교육조항은 직접조항과 간접조항으로 구분하여 볼 수 있다. 교육에 관하여 직접적으로 규정하고 있는 조항은 제31조이며, 간접조항은 교육에 관하여 직접적으로 규정하고 있지는 않으나 간접적으로 교육권 보장을 규정하고 있는 조항들을 일컫는다.

◗ 직접조항

• 제31조
- 모든 국민은 능력에 따라 균등하게 교육을 받을 권리를 가진다.
- 모든 국민은 그 보호하는 자녀에게 적어도 초등교육과 법률이 정하는 교육을 받게 할 의무를 진다.
- 의무교육은 무상으로 한다.
- 교육의 자주성·전문성·정치적 중립성 및 대학의 자율성은 법률이 정하는 바에 의하여 보장된다.
- 국가는 평생교육을 진흥하여야 한다.
- 학교교육 및 평생교육을 포함한 교육제도와 그 운영, 교육재정 및 교원의 지위에 관한 기본적인 사항은 법률로 정한다.

◗ 간접조항

• 제10조
모든 국민은 인간으로서의 존엄과 가치를 가지며, 행복을 추구할 권리를 가진다. 국가는 개인이 가지는 불가침의 기본적 인권을 확인하고 이를 보장할 의무를 진다.

- **제22조**
  - 모든 국민은 학문과 예술의 자유를 가진다.
  - 저작자 발명가 과학기술자와 예술가의 권리는 법률로써 보호한다.

- **제23조**
  - 모든 국민의 재산권은 보장된다. 그 내용과 한계는 법률로 정한다.
  - 재산권의 행사는 공공복리에 적합하도록 하여야 한다.
  - 공공필요에 의한 재산권의 수용 사용 또는 제한 및 그에 대한 보상은 법률로써 하되, 정당한 보상을 지급하여야 한다.

- **제33조**
  - 근로자는 근로조건의 향상을 위하여 자주적인 단결권, 단체교섭권 및 단체행동권을 가진다.
  - 공무원인 근로자는 법률이 정하는 자에 한하여 단결권, 단체교섭권 및 단체행동권을 가진다.

2. 「교육기본법」

「교육기본법」은 모든 국민의 교육받을 권리를 보장하기 위하여 「교육관계법」의 체계상 「헌법」 아래에 위치한 법률로써 학교교육 및 평생교육을 포함한 교육제도와 그 운영에 관한 기본적인 방향을 설정하고 모든 교육당사자의 권리와 의무를 규정한 교육에 관한 기본법이다.

1) 총 칙

표 10-1 「교육기본법」총칙

주 제	조 항	내 용
목적	제1조	교육에 관한 국민의 권리·의무, 국가 및 지방자치단체의 책임, 교육제도와 그 운영에 관한 기본적인 사항을 규정하고 있다.
교육이념	제2조	홍익인간의 이념 아래 인격 도야, 자주적 생활 능력, 민주시민의 자질을 갖추어 인간다운 삶, 민주국가의 발전, 인류공영의 이상을 실현하게 한다.
학습권	제3조	모든 국민은 평생 학습하고, 능력과 적성에 따라 교육받을 권리를 가진다.
교육의 기회균등	제4조	모든 국민은 성별, 종교, 신념, 사회적 신분, 경제적 지위, 신체적 조건 등을 이유로 교육에 있어서 차별을 받지 않는다.
교육의 중립성	제6조	교육의 정치적·종교적 중립 원칙을 말한다.
의무교육	제8조	6년의 초등교육과 3년의 중등교육이 있다.
학교교육	제9조	학교교육의 단계, 학교의 공공성, 문화의 유지·발전과 평생교육에 대한 학교의 책무, 창의력 개발, 인성의 함양 등 전인적 교육을 중시한다.
안전사고 예방	17조의 5	국가와 지방자치단체는 학생 및 교직원의 안전을 보장하고 사고를 예방할 수 있도록 필요한 시책을 수립·실시해야 한다.

출처: 법률 제13003호(2015. 1. 20. 일부 개정).

2) 교육 당사자(제12~17조)

학습자, 보호자, 교원, 교원단체, 학교 등의 설립·경영자, 국가 및 지방자치단체를 규정하고 있다.

3) 교육의 진흥(제17~29조)

① 국가와 지방자치단체는 남녀 평등정신을 적극적으로 실현할 수 있는

시책을 수립 · 실시한다.

② 특수교육, 영재교육, 유아교육, 직업교육, 과학 · 기술교육, 교육의 정
보화 및 국제교육을 진흥한다.

③ 학술문화를 진흥하고, 사학을 육성하며, 학생 및 교직원에 대한 복지시
책 및 장학제도를 수립 · 실시한다.

④ 국제화 교육에 노력한다.

3. 「초 · 중등 교육법」

초 · 중등 교육법(법률 제13227호: 2015. 3. 27. 일부 개정)은 2012년 3월 21일
전문을 개정하여 시행되었으며, 2015년 일부 개정하여 시행되고 있다.

1) 총칙 및 의무교육

(1) 학교의 종류(제2조)

초 · 중등교육을 실시하기 위하여 다음 각 호의 학교를 둔다.

① 초등학교 · 공민학교

② 중학교 · 고등공민학교

③ 고등학교 · 고등기술학교

④ 특수학교

⑤ 각종학교

(2) 국 · 공 · 사립학교의 구분(제3조)

학교는 국가가 설립 · 경영하는 국립학교, 지방자치단체가 설립 · 경영하
는 공립학교, 법인 또는 사인이 설립 · 경영하는 사립학교로 구분한다.

(3) 지도 · 감독(제6조)

국립학교는 교육부장관의 지도 · 감독을 받으며, 공 · 사립학교는 교육감의 지도 · 감독을 받는다.

(4) 의무교육(제12조)

① 국가는 「교육기본법」 제8조 제1항의 규정에 의한 의무교육을 실시하여 야 하며, 이를 위한 시설의 확보 등 필요한 조치를 강구하여야 한다.

② 지방자치단체는 그 관할구역 안의 의무교육대상자 전원을 취학시키는 데 필요한 초등학교 및 중학교와 초등학교 및 중학교의 과정을 교육하는 특수학교를 설립 · 경영하여야 한다.

③ 지방자치단체는 지방자치단체가 설립한 초등학교, 중학교 및 특수학교에 그 관할구역 안의 의무교육대상자 전원을 취학시키는 것이 곤란한 경우에는 인접한 지방자치단체와 협의하여 합동으로 초등학교, 중학교 또는 특수학교를 설립 · 경영하거나, 인접한 지방자치단체나 국립 또는 사립의 초등학교, 중학교 또는 특수학교에 위탁하여 의무교육대상자의 일부에 대한 교육을 실시할 수 있다.

④ 국 · 공립학교의 설립 · 경영자 및 제3항의 규정에 의하여 의무교육 대상자를 위탁받은 사립학교의 설립 · 경영자는 의무교육을 받는 자에 대하여 수업료를 받을 수 없다.

(5) 취학의무(제13~15조)

• **제13조**

① 모든 국민은 그가 보호하는 자녀 또는 아동이 만 6세가 된 날이 속하는 해의 다음해 3월 1일부터 만 12세가 되는 날이 속하는 해의 다음 해 2월 말까지 그 자녀 또는 아동을 초등학교에 취학시켜야 한다.

② 제1항에도 불구하고 자녀 또는 아동의 보호자는 만 5세가 된 날이 속하는 해의 다음 해, 또는 만 7세가 된 날이 속하는 해의 다음 해에 그 자녀

또는 아동을 입학시킬 수 있다. 이 경우 만 5세가 된 날이 속하는 해의 다음 해에 입학한 자녀 또는 아동을 보호하는 자는 그 자녀 또는 아동이 만 11세, 만 7세가 된 날이 속하는 해의 다음 해에 입학한 자녀 또는 아동을 보호하는 자는 그 자녀 또는 아동이 만 13세가 되는 날이 속하는 해의 다음 해 2월 말까지 그 자녀 또는 아동을 초등학교에 취학시켜야 한다.

③ 모든 국민은 그가 보호하는 자녀 또는 아동이 초등학교를 졸업한 학년의 다음 학년 초부터 만 15세가 되는 날이 속하는 해의 다음 해 2월 말까지 그 자녀 또는 아동을 중학교에 취학시켜야 한다.

④ 제1항 내지 제3항의 규정에 의한 취학의무의 이행 및 독려 등에 관하여 필요한 사항은 대통령령으로 정한다.

· 제14조

① 질병 등 부득이한 사유로 인하여 취학이 불가능한 의무교육대상자에 대하여는 대통령이 정하는 바에 의하여 제13조의 규정에 의한 취학의무를 면제하거나 유예할 수 있다.

② 제1항의 규정에 의하여 취학의무를 면제 또는 유예받은 자가 다시 취학하고자 하는 경우에는 대통령령이 정하는 바에 의하여 학습능력을 평가한 후 학년을 정하여 취학하게 할 수 있다. 이 경우 다시 취학하는 자의 학년이 취학의무를 면제 또는 유예받지 아니하고 계속 취학하였을 때의 학년과 차이가 있는 경우에는 제13조의 규정에 의한 연령에 그 해당 연수를 더한다.

· 제15조

의무교육대상자를 고용하는 자는 그 고용으로 인하여 당해 의무교육대상자가 의무교육을 받는 것을 방해하여서는 아니 된다.

• 제16조

국가 및 지방자치단체는 의무교육대상자의 친권자 또는 후견인이 경제적 사유로 의무교육대상자를 취학시키기 곤란할 때에는 교육비를 보조할 수 있다.

2) 각급 학교의 교육목적

학급 급별 교육의 목적은 다음의 〈표 10-2〉와 같다.

표 10-2 각급 학교의 교육 목적

학교급별	관련조항	교육목적
초등학교	제38조	국민생활에 필요한 기초적인 초등교육 실시
중 학 교	제41조	초등학교에서 받은 교육의 기초 위에 중등교육 실시
고등학교	제45조	중학교에서 받은 교육의 기초 위에 중등교육 및 기초적인 전문교육 실시
특수학교	제55조	특수학교는 신체적·정신적·지적 장애 등으로 인하여 특수교육이 필요한 사람에게 초등학교·중학교 또는 고등학교에 준하는 교육과 실생활에 필요한 지식·기능 및 사회적응 교육을 하는 것을 목적으로 한다(전문개정, 2012. 3. 21.).
특수학급	제56조	고등학교 이하의 각 급 학교에 관할청의 인가를 받아 특수교육이 필요한 학생을 위한 특수학급을 둘 수 있다(전문개정, 2012. 3. 21.).

출처: 법률 제13227호(2015. 3. 27. 일부 개정)

4. 「지방교육 자치에 관한 법률」

지방교육 자치에 관한 기관의 설치와 조직 및 운영에 관한 법률은 다음의 〈표 10-3〉과 같이 규정되어 있다.

표 10-3 「지방교육 자치에 관한 법률」

목적 (제1조)	제1조(목적) 이 법은 교육의 자주성 및 전문성과 지방교육의 특수성을 살리기 위하여 지방자치단체의 교육·과학·기술·체육 그 밖의 학예에 관한 사무를 관장하는 기관의 설치와 그 조직 및 운영 등에 관한 사항을 규정함으로써 지방교육의 발전에 이바지함을 목적으로 한다.
교육위원회 설치 (제4조- 제11조)	제4조(교육위원회의 설치) 시·도의회에 교육·학예에 관한 의안과 청원 등을 심사·의결하기 위하여 상임위원회(이하 "교육위원회"라 한다)를 둔다. 제7조(교육의원의 임기) 교육의원의 임기는 4년으로 한다. 제10조(교육의원후보자의 자격 등) ① 교육의원후보자가 되려는 사람은 시·도의회의원의 피선거권이 있는 사람으로서 후보자등록신청 개시일부터 과거 1년 동안 정당의 당원이 아닌 사람이어야 한다(개정 2010. 2. 26.). 제11조(교육위원회의 의결사항) ① 교육위원회는 당해 시·도의 교육·학예에 관한 다음 각 호의 사항을 심사·의결한다.
교육감 (제18조- 24조)	제18조(교육감) ① 시·도의 교육·학예에 관한 사무의 집행기관으로 시·도에 교육감을 둔다. 제21조(교육감의 임기) 교육감의 임기는 4년으로 하며, 교육감의 계속 재임은 3기에 한한다. 제22조(교육감의 선거) 교육감의 선거에 관하여는 제6장에서 따로 정한다. 제24조(교육감후보자의 자격) ① 교육감후보자가 되려는 사람은 당해 시·도지사의 피선거권이 있는 사람으로서 후보자등록신청 개시일부터 과거 1년 동안 정당의 당원이 아닌 사람이어야 한다(개정 2010. 2. 26.). ② 교육감후보자가 되려는 사람은 후보자등록신청 개시일을 기준으로 다음 각 호의 어느 하나에 해당하는 경력이 3년 이상 있거나 다음 각 호의 어느 하나에 해당하는 경력을 합한 경력이 3년 이상 있는 사람이어야 한다(신설 2014. 2. 13.). 1. 교육경력: 「유아교육법」 제2조제2호에 따른 유치원, 「초·중등교육법」 제2조 및 「고등교육법」 제2조에 따른 학교(이와 동등한 학력이 인정되는 교육기관 또는 평생교육시설로서 다른 법률에 따라 설치된 교육기관 또는 평생교육시설을 포함한다)에서 교원으로 근무한 경력 2. 교육행정경력: 국가 또는 지방자치단체의 교육기관에서 국가공무원 또는 지방공무원으로 교육·학예에 관한 사무에 종사한 경력과 「교육공무원법」 제2조 제1항 제2호 또는 제3호에 따른 교육공무원으로 근무한 경력

출처: 법률 제13335호(2015. 6. 22. 일부 개정)

「지방교육 자치에 관한 법률」은 교육의 자주성 및 전문성과 지방교육의 특수성을 살리기 위하여 지방자치단체의 교육, 과학, 기술, 체육 기타 학예에 관한 사무를 관장하는 기관의 설치와 그 조직 및 운영 등에 관한 사항을 규정함으로써 지방교육의 발전에 이바지하려는 목적으로 1991. 3. 8.(법률 4347호)에 제정되었으며 2015년 6월 22일 개정되어 시행되고 있다(법률 제 13335호).

5. 「국가공무원법」

「국가공무원법」은 각급 기관에서 근무하는 모든 국가공무원에게 적용할 인사행정의 근본 기준을 확립하여 그 공정을 기함과, 아울러 공무원으로 하여금 국민 전체의 봉사자로서 행정의 민주적이며 능률적인 운영을 기하게 함을 목적으로 1963. 4. 17.(법률 제1325호) 제정된 법률로써 교육과 관련된 사항을 살펴보면 다음과 같다.

1) 공무원의 구분(제2조)

공무원은 임용자격, 담당직무의 성격, 신분보장, 보수 등에 따라 경력직 공무원과 특수경력직 공무원으로 구분한다.

(1) 경력직 공무원

실적과 자격에 의하여 임용되고 그 신분이 보장되며 평생토록 공무원으로 근무할 것이 예정되는 공무원으로 일반직 공무원, 특정직 공무원, 기능직 공무원으로 나눌 수 있다.

- **일반직 공무원**
  - 기술 연구 또는 행정일반에 대한 업무를 담당하며 직군 직렬별로 분류되는 공무원
- **특정직 공무원**
  - 법관, 검사, 외무공무원, 경찰공무원, 소방공무원, 교육공무원, 군인, 군무원 및 국가정보원장의 직원과 특수 분야의 업무를 담당하는 공무원으로서 다른 법률이 특정직 공무원으로 지정하는 공무원
- **기능직 공무원**
  - 기능적인 업무를 담당하며 그 기능별로 분류되는 공무원

(2) 특수경력직 공무원

경력직 공무원 외의 공무원으로 신분 보장 적용 배제되며 정무직 공무원, 별정직 공무원, 계약직 공무원, 고용직 공무원이 있다.

- **정무직 공무원**
  - 선거를 통하여 취임하거나 임명에서 국회의 동의를 요하는 공무원
  - 고도의 정책결정업무를 담당하거나 이러한 업무를 보조하는 공무원으로서 법령에서 정무직으로 지정하는 공무원
- **별정직 공무원**
  - 특정한 업무를 담당하기 위하여 별도의 자격기준에 따라서 임용되는 공무원으로서 법령에서 별정직으로 지정하는 공무원
- **계약직 공무원**
  - 국가와 채용계약에 따라서 일정한 기간 동안 전문지식 기술이 요구되거나 임용에서 신축성 등이 요구되는 업무에 종사하는 공무원
- **고용직 공무원**
  - 단순한 노무에 종사하는 공무원

2) 교육공무원의 법적 위치

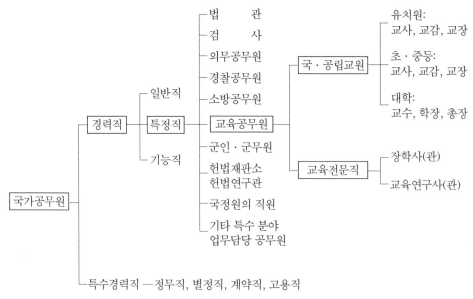

[그림 10-1] 교육공무원의 법적 위치

6. 「교육공무원법」

「교육공무원법」은 교육을 통하여 국민 전체에 봉사하는 교육공무원의 직무와 책임의 특수성에 비추어 그 자격 임용 보수 연수 및 신분보장 등에 관하여 교육공무원에 적용할 「국가공무원법」에 대한 특례를 규정함을 목적으로 1953년에 제정되어 1981. 11. 23.(법률 제3458호)에 전문 개정되었다. 그 후 47차의 개정 절차를 거쳐 2015. 3. 27.부터 법률 제13221호로 시행되고 있다. 이 법은 10장 63조 및 부칙으로 되어 있는데 주요 내용을 소개하면 다음과 같다.

목적(제1조)

교육공무원의 직무와 책임의 특수성에 비추어 그 자격·임용·보수·연수 및 신분보장 등에 관하여 교육공무원에게 적용할 「국가공무원법」 및 「지방공무원법」에 대한 특례를 규정함을 목적으로 한다(전문개정 2011. 9. 30.).

규정상 특이 사항

- **장학관 등의 임용**(제29조)
  - 교육부와 그 소속기관에 근무하는 장학관 및 교육연구관은 교육부장관의 제청으로 대통령이 임용한다.
  - 교육감 소속 장학관 및 교육연구관 중 교육행정기관에 근무하는 시·도교육청 과장급 이상의 직위에 해당하는 자는 당해 교육감의 추천을 받아 교육부의 제청으로 대통령이 임용한다.
- **교장의 임용**(제29조 2항)
  - 교육부의 제청으로 대통령이 임용한다.
  - 임기: 4년, 1차에 한하여 중임이 가능하다.
  - 임기가 학기 도중에 만료되는 경우: 임기가 만료되는 날이 3월에서 8월 사이에 있는 경우는 8월 31일을, 9월부터 다음해 2월 사이에 있는 경우에는 다음해 2월말 일을 임기의 만료일로 한다.
- **교감·교사·장학사 등의 임용**(제30조)
  - 제24, 25, 26조 및 제29조의 2항에 규정된 자를 제외한 교원과 장학사, 교육연구사는 교육부에서 임용한다.
- **초빙교원**(제31조)
  - 교원으로 초빙하고자 하는 경우: 학교운영위원회의 심의를 거쳐 초빙하고자 하는 교원의 임용권자에게 초빙 교장·교사로 임용하여 줄 것을 요청, 임용권자는 요청된 자 중에서 당해 학교의 초빙 교장·교사를 임용한다.
  - 초빙교원의 임용·보수·복무 등: 대통령령으로 정한다.

- **기간제교원의 임용(제32조)**
  - 다음에 해당하는 경우에 예산의 범위 안에서 기간을 정하여 임용한다.
  - 교원이 제44조 1항 각호의 1의 사유로 휴직한 경우
  - 교원이 파견·연수·정직·직위해제 등 대통령령이 정하는 사유로 직무를 이탈하게 되어 후임자의 보충이 불가피한 때
  - 특정교과를 한시적으로 담당하도록 할 필요가 있을 때
  - 교육공무원이었던 자의 지식이나 경험을 활용할 필요가 있을 때

7. 「사립학교법」

「사립학교법」은 사립학교의 특수성에 비추어 그 자주성을 확보하고 공공성을 앙양함으로써 사립학교의 건전한 발달을 도모함을 목적으로 1963. 6. 26.(법률 1362호) 제정되었다.

그 후 여러 차례 정치적인 파동을 거치면서 개정을 거듭하였으며 현재는 2015. 3. 27. 법률 제 13224호에 의한 「사립학교법」이 시행되고 있다.

- **주요 내용**

  사립학교의 설립, 학교법인의 구성·운영, 사립교원의 자격·임용·복무·징계 및 신분보장 등에 관한 사항을 규정하고 있다.

- **주요 규정사항**
  - 사립교원의 자격(제52조): 국·공립학교 교원의 자격에 관한 규정에 의한다.
  - 사립교원의 복무(제55조): 국·공립학교 교원의 복무에 관한 규정을 준용한다.
  - 사립학교 임원(제14조): 7인 이상의 이사와 2인 이상의 감사를 두는 규

정이다.

- 교원의 공개 채용(제52조9항): 고등학교 이하 각급 학교교원은 공개 채용한다.
- 학교장 등의 임면(제53조, 제53조2항): 학교장은 학교법인 또는 사립학교 경영자가 임면하며, 4년을 초과할 수 없고 1회에 한하여 중임할 수 있다. 학교장이 아닌 교원은 학교장의 제청으로 학교 법인이 임면한다.
- 교원 임면사항의 관할청 보고(제54조): 임면권자가 교원을 임면한 때는 임면한 날부터 7일 이내에 관할청에 보고하여야 한다.

8. 분야별 교육법규

교육의 각 분야별 교육법규 내용을 분야별로 정리하여 제시하면 다음과 같다.

1) 교육제도

우리나라 헌법을 비롯한 교육법에 명시된 교육제도에 관한 내용을 요약하면 다음과 같다.

- **국가 교육제도의 기본**
  - 「헌법」「교육기본법」「유아교육법」「초 · 중등교육법」「고등교육법」

- **학교교육 제도**
  - 학교의 종류(「유아교육법」「초 · 중등교육법」 제2조): 유치원, 초등학교, 공민학교, 중학교 · 고등공민학교, 고등학교 · 고등기술학교, 특수학

교, 각종학교

- 국·공·사립의 구분(「초·중등교육법」 제3조)

  * 국립학교: 국가가 설립·경영

  * 공립학교: 지방자치단체가 설립·경영(시립학교, 도립학교)

  * 사립학교: 법인 또는 개인이 설립·경영

• **평생교육제도(「교육기본법」 제10조)**

  - 평생교육을 위한 모든 형태의 사회교육은 장려된다.

  - 사회교육의 이수는 그에 상응하는 학교교육의 이수로 인정될 수 있다.

  - 사회교육 시설의 종류와 설립·경영 등 사회교육에 관한 기본 사항은 법률로 따로 정한다.

• **직업교육(「교육기본법」 제21조)**

  - 국가 및 지방자치단체는 모든 국민이 학교교육과 사회교육을 통하여 직업에 대한 소양과 능력의 계발을 위하여 필요한 시책을 수립·실시한다.

• **재외(「교육기본법」 제29조)**

  - 국제사회의 일원으로서 소양과 능력을 기를 수 있도록 국제화교육에 노력한다.

  - 외국거주 동포에게 필요한 학교·사회교육을 실시하기 위하여 시책을 강구한다.

  - 학문연구의 진흥을 위하여 국외유학에 관한 시책을 강구해야 하며, 우리나라에 대한 이해와 우리 문화의 정체성 확립을 위한 교육·연구활동 등을 지원한다.

  - 국가는 외국 정부 및 국제기구 등과의 교육 협력에 필요한 시책을 강구한다.

2) 학교의 설립 · 경영

학교의 설립 및 경영은 법이 정한 기준에 따라 이루어져야 한다.

• **학교 등의 설립(『교육기본법』 제11조)**
  - 국제사회의 국가 및 지방자치단체는 학교 및 사회교육 시설을 설립 · 경영한다.
  - 국제사회의 법인 또는 개인은 법률이 정하는 바에 의하여 학교 및 사회교육 시설을 설립 · 경영한다.

• **학교의 설립 등(『초 · 중등교육법』 제4, 8조)**
  - 학교를 설립하고자 하는 자는 시설 · 설비 등 대통령령이 정한 바에 따른다.
  - 학교를 설립하고자 하는 자가 갖추어야 하는 학교의 설립기준에 관한 사항은 따로 대통령령으로 정한다.
  - 사립학교를 설립하고자 하는 자는 교육감의 인가를 받아야 한다.
  - 사립학교를 설립 · 경영하는 자가 학교를 폐지, 변경할 때는 교육감의 인가를 받아야 한다.
  - 학교의 장(학교를 설립하는 경우는 당해 학교를 설립하고자 하는 자를 말한다)은 지도 · 감독 기관의 인가를 받아 학교규칙(학칙)을 제정할 수 있다.
  - 학칙의 기재사항 및 제정절차 등: 대통령령으로 정한다.

• **학교운영위원회(『초 · 중등교육법』 제31~34조)**
  - 목적: 학교운영의 자율성을 높이고 지역의 실정과 특성에 맞는 다양한 교육을 창의적으로 실시할 수 있도록 하기 위함이다.
  - 운영: 국 · 공 · 사립의 초 · 중 · 고등학교 및 특수학교에 구성 · 운영

한다.

- 구성: 학교의 교원대표, 학부모대표, 지역사회 인사로 구성한다.
- 위원정수: 5인 이상 15인 이내, 대통령령으로 정한다.
- 심의사항(국·공립학교)
    * 학교헌장 및 학칙의 제정 또는 개정에 관한 사항
    * 학교의 예산안 및 결산에 관한 사항
    * 학교 교육과정의 운영 방법에 관한 사항
    * 교과용 도서 및 교육자료의 선정에 관한 사항
    * 정규학습시간 종료 후 또는 방학기간 중의 교육활동 및 수련활동에 관한 사항 등

- **학생자치**
    - 학교의 장은 법에 의하여 학생의 자치활동을 권장·보호하기 위하여 필요한 사항을 지원하여야 한다.

- **학생징계**
    - 법에 의하여 학교의 장은 교육상 필요하다고 인정할 때는 학생에 대하여 학교 내의 봉사, 사회봉사, 특별교육이수, 퇴학처분 등의 징계를 할 수 있다.
    - 학생을 징계할 때는 학생에게 개전의 기회를 주고, 신체적 고통을 가하지 아니하는 훈육·훈계 등의 방법이 바람직하다.

3) 학사 실무

각급 학교의 학사운영은 법이 정한 기준을 토대로 각급 학교의 자율권 범위 내에서 이루어져야 한다.

- **교과, 학년도, 수업방식, 학기, 수업일수 등을 규정하고 있다.**
  - 학교교과의 법정주의: 「초·중등교육법」시행령에서 정한다.
  - 학년도: 3월 1일부터 다음해 2월 말까지로 한다.
  - 학기: 1학기(3월 1일부터 학교장이 정한 날까지)
    2학기(1학기 종료 다음날부터 다음해 2월 말까지)
  - 수업일수: 초등학교·중학교·고등학교·고등기술학교 및 특수학교의 경우, 매 학년 220일 이상, 단 필요한 경우 관할청의 승인을 얻어 1/10 범위 내에서 감축 가능하다.
  - 휴업일: 학교장이 학년도 시작 전 학교운영위원회의 심의를 거쳐 정한다. 다만 관공서의 공휴일 및 여름·겨울 휴가를 포함하여야 한다.
  - 임시휴업: 비상재해 기타 급박한 사정이 발생한 때는 임시휴업을 할 수 있다. 이러한 경우 관할청에 보고하여야 한다.

- **생활기록부작성·관리**
  - 교육부 장관이 정하는 기준에 따른다.

- **학습부진아 교육 등**
  - 체험학습 등 필요한 교육을 실시하거나, 교육기관에 위탁하여 교육할 수 있다.

- **국정·검인정 교과용 도서의 사용**
  - 학교에서는 국가가 저작권을 가지고 있거나 교육부 장관이 검정 또는 인정한 교과용 도서를 사용하여야 한다.

4) 인사복무

교육공무원의 인사와 복무는 「교육공무원법」과 하위 규정에 의해 자격,

임용, 보수, 연수 및 신분보장 등을 특례로 규정하여 시행되고 있다.

- **「교육공무원법」**
  - 교육공무원의 자격 · 임용 · 보수 · 연수 및 신분보장 등에 대하여 특례로 규정하고 있다.

- **교육공무원 승진규정**
  - 교육공무원의 경력, 근무성적 및 연수성적의 평정 등에 관한 사항을 규정하고 있다.
  - 승진후보자 명부의 작성에 관한 사항을 규정하고 있다.

- **교육공무원 인사관리규정**
  - 교육공무원임용령 및 교육공무원 승진규정의 시행에 필요한 사항을 규정하고 있다.
  - 적용범위: 국 · 공립 교장, 교감, 교사, 장학관, 교육연구관, 장학사, 연구사

5) 사무관리

학교와 공공기관의 행정 교무를 효율화하고 기록의 보관 및 보존을 위해 규정에 따라 사무관리를 하게 하였다.

- **사무관리 규정**
  - 목적: 사무의 간소화 · 표준화 및 과학화를 기하여 행정의 능률을 높인다.
  - 내용: 사무관리 규정에 사용하는 용어의 정의, 사무관리의 원칙, 공문서관리, 문서의 작성 · 처리 및 심사, 정책실명제, 관인 관리, 보고사무, 문서의 보존 등

- **사무관리 규정시행규칙**
  - 의의: 사무관리 규정에서 위임된 사항과 시행에 필요한 사항을 규정하고 있다.
  - 내용: 규칙에서 사용하는 용어의 정의, 사무의 인계, 인수, 공문서관리, 관인관리, 보고사무, 서식관리, 업무 편람 등

- **「공공기관의 기록물관리에 관한 법률」**
  - 의의: 기록유산의 안전한 보존과 공공기관 기록 정보의 효율적 활용을 도모하는 데 그 의의가 있다.
  - 내용: 기록물관리, 기록물관리의 표준화, 전문화, 벌칙 등

6) 학교회계

법과 규정에 따라 회계의 원칙을 정하고 규정에 따라 체계화하도록 하고 있다.

- **초·중등학교 회계의 설치(「초·중등교육법」 제30조 2, 3항)**
  〈설치〉
  - 국·공립 초·중·고등학교 및 특수학교에 회계를 설치한다.
  - 학교회계의 설치에 관하여 필요한 사항은 교육부령으로 한다.

- **초·중등학교 세입**
  - 국가의 일반회계 또는 지방자치단체의 교육비 특별 회계로부터의 전입금
  - 학교운영지원비
  - 학교발전기금으로부터의 전입금
  - 수업료 기타 납부금 및 학교운영지원비 외에 학교운영위원회의 심의

를 거쳐 학부모가 부담하는 경비

- 국가 또는 지방자치단체의 보조금 및 지원금
- 사용료 및 수수료, 이월금 및 기타수입

• **국 · 공립 초 · 중등학교회계규칙**

- 학교회계의 설치 · 운영에 관하여 필요한 사항을 규정하고 있다.

1. 「교육기본법」의 목적과 내용 등 주요 내용을 조항별로 제시하고 설명하라.

2. 「초 · 중등 교육법」에 나타난 각급 학교의 교육목적에 대해서 설명하라.

3. 「지방교육자치에 관한 법률」에 따라 선출되는 교육감의 자격요건을 설명하라.

4. 「국가공무원법」에 따른 교육공무원의 법적 위치를 설명하라.

5. 「교육공무원법」에 따른 교육공무원의 임용에 관한 내용을 교육공무원의 종류별로 설명하라.

6. 현재 개정된 「사립학교법」의 주요 특징을 설명하라.

7. 각 분야별 교육법규 중 우리나라 교육제도의 기본적인 종류를 열거하고 이를 설명하라.

Chapter **11**

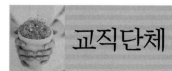

교직단체

　　우리나라 교직단체는 「교육기본법」에 따른 전문직 교원단체와 「교원의 노동조합 설립 및 운영 등에 관한 법률」에 따른 교원노조로 나뉘어 있다. 이러한 법률에 근거하여 현재 교원단체로는 한국교총과 교원노조로서 전국교직원노동조합, 한국교원노동조합이 설립되어 활동하고 있다.

　　교원단체는 회원 상호 간의 협동단결, 교원의 처우 및 복지 증진과 근무 조건 개선에 관한 일 , 교권의 옹호와 확대에 관한 일, 교직의 전문성 확립과 민주적 발전에 관한 일 등을 위해 설립되었다. 후에 설립된 교원노조는 근로조건의 개선 및 교직원의 사회 · 경제적 지위향상, 교육환경 및 교육제도 개선을 위한 사업, 조합원 교육 및 교권옹호, 후생복지, 문화 선전 홍보사업 등을 목적으로 설립되었다.

　　교직단체에 대한 가입과 탈퇴는 교사의 자유의지로 이루어지지만 교육문제에 대한 해석과 시각의 차이로 교직단체 간의 갈등이 교육문제를 해결하는 데 걸림돌이 되고 있다. 교직단체 간의 갈등은 사안에 따라 단체에 가입한 교사 간의 갈등으로 전이되어 때때로 교육 외적인 문제를 야기하기도 한다.

1. 교직단체의 설립 개요

우리나라의 교직단체는 「교육기본법」에 따른 전문직 교원단체와 「교원의 노동조합설립 및 운영 등에 관한 법률」에 따른 교원노조로 나뉘어 있다. 이러한 법률에 근거하여 2005년 9월 현재 교원단체로 한국교총과 교원노조로서 전국교직원노동조합, 한국교원 노동조합이 설립되어 활동하고 있다.

◑ **한국교원단체총연합회(한국교총)**
- 역사
  1947년 '조선교육연합회' 결성 – 현 한국교총의 모태
  1948년 '대한교육연합회'로 개칭
  1989년 '한국교원단체총연합회'로 개칭
- 설립목적: 회원 상호 간의 단결을 통한 사회적 · 경제적 지위향상과 교직의 전문성 확립
- 회원대상: 유 · 초등 · 중등 · 대학교원
- 조직: 지역조직과 직능조직, 산하단체의 통합조직
- 법적근거: 「교육기본법」 제15조(교원단체), 「민법」 제32조(비영리법인의 설립과 허가), 「교원지위향상을 위한 특별법」 제11조(교원지위향상을 위한 교섭 · 협의)
- 주요사업: 회원의 상호 간 협동 · 단결, 교원의 처우 및 복지증진과 근무조건의 개선에 관한 일, 교권의 옹호 확대에 관한 일, 교직의 전문성 확립과 민주적 발전에 관한 일 등

◑ **전국교직원노동조합(전교조)**
- 역사: 1999. 7. 1. 전국교직원노동조합 설립 신고(전국단위)
- 설립목적: 교육노동자로서의 기본권익을 적극 옹호하고 민주교육 발전에 기여

- 가입대상: 유 · 초등 · 중등 교사
- 조직: 중앙집행위원회, 시도지부, 상설위원회, 특별 위원회, 전문산하기구
- 법적근거: 「교원의 노동조합 설립 및 운영 등에 관한 법률」
- 주요사업: 근로조건의 개선 및 교직원의 사회 · 경제적 지위향상, 교육 환경 및 교육제도 개선을 위한 사업, 조합원 교육 및 교권옹호, 후생복지, 문화 선전 홍보사업 등

◑ 한국교원노동조합(한교조)

- 역사: 1999. 7. 1. 한국교원노동조합 설립신고(전국단위)
- 설립목적: 푸른 교육을 구현하고 교원으로서 존엄성을 유지하며 교직의 전문성 확립을 기함으로써 창조적이고 민주적인 교육문화 창달에 기여
- 가입대상: 유 · 초등 · 중등 교사
- 조직: 중앙집행위원회, 시도본부, 상설위원회, 특별 위원회, 전문산하기구
- 법적근거: 「교원의 노동조합 설립 및 운영 등에 관한 법률」
- 주요사업: '푸른교육' 운동 구현, 교원의 노동기본권 신장, 조합원의 복지 등 교원의 경제적 · 사회적 지위향상, 학교운영의 민주화와 교육제도 개선에 관한 사항, 교원의 전문성 제고 및 교육발전에 관한 사항 등

2. 교직단체 관련 비교

교직단체의 법적 근거와 목적 운영의 내용을 비교하여 보면 다음의 〈표 11-1〉과 같다.

표 11-1 교직단체 비교

구 분	교원단체(한국교총)	교원노조(전교조, 한교조)
법적 근거	• 「교육기본법」 • 「교원 지위향상을 위한 특별법 및 시행령」	• 「교원의 노동조합 설립 및 운영 등에 관한 법률 및 시행령」
법률의 목적	• 교원의 예우 및 처우 개선 • 신분보장을 통한 교원 지위 향상 • 교육발전도모	• 교원의 노동조합 설립에 관한 사항 • 교원에 적용할 노동조합 및 노동관계조정법에 대한 특례를 정함
설립단위	• 「교육기본법」 제15조에서 지방자치단체 및 중앙에 교원단체 설립 규정	• 특별 · 광역시도별 또는 전국단위 교원노조 구성
가입대상	• 특별한 제한 없음 – 교사 · 교감 · 교장 · 교육전문직 · 대학교원	• 초 · 중등 교사에 한정됨 – 원장(감) · 교장(감) · 교육전문직 등 관리직 배제
단체교섭 대상자	• 중앙: 중앙교원단체와 교육부장관 • 시 · 도: 시 · 도 교원단체와 교육감	• 중앙: 전국교원노조와 교육부장관 • 시 · 도: 시 · 도 교원노조와 교육감 • 사학의 경우: 전국/시 · 도 단위 사학 연합회와 교섭(사립학교 단일 교섭 불가)
단체교섭의 창구	• 교섭 · 협의 창구단일화에 대한 규정 없음	• 교섭 창구 단일화 • 자율협상에 따라 교섭대표단 구성, 자율적으로 구성치 못할 경우 비례대표제 도입
단체교섭 사항	• 교원의 처우개선, 근무조건, 복지후생 • 교원의 전문성 신장. 단, 교육과정과 교육기관 및 교육행정기관의 관리 · 운영에 관한 사항은 교섭 · 협의 대상이 될 수 없음 〈교섭 · 협의사항〉 • 보수체계의 개선에 관한 사항 • 근무시간 · 휴게 · 휴무 및 휴가사항 • 여교원의 보호에 관한 사항 • 안전 · 보건에 관한 사항 • 교권 신장에 관한 사항 • 복지 · 후생에 관한 사항 • 연구활동 육성, 지원에 관한 사항	• 임금, 근무조건, 후생복지 등 경제적 · 사회적 지위향상에 관한 사항

	• 전문성신장과 연수 등에 관한 사항 • 기타 근무조건에 관한 사항	

단체협약의
효력
	• 합의된 사항 성실히 이행
	• 합의서 작성·서명
		• 단체협약 체결권 인정
		• 단, 법령·조례 및 예산에서 규정한
		  사항과 법령·조례에 의해 위임된
		  사항을 규정하는 내용 제외
		• 합의된 사항 성실히 이행

중재기구	• 교원지위향상심의회 설치
	 −중앙과 시·도에 설치
	• 교원지위향상심의회 구성
	 −중앙: 7인(위원장을 제외한 위원
	  2분의 1은 교원단체추천)
	 −시·도: 5인(위원장을 제외한 위원
	  2분의 1은 교원단체추천)
		• 교원노동관계조정위원회 설치(중앙
		  위원회 소속)
		• 교원노동관계조정위원회 구성
		 −중앙노동위원장이 지명하는 공익위
		  원 3인으로 구성
		 −시·도는 별도 구성하지 않고 중앙
		  에 조직되는 위원회에서 통합관장

교섭협의 시기	• 1년에 2회(1월, 7월) • 특별히 필요하다고 판단되는 때	• 최소 2년에 1회

3. 교원노조 관련 법률과 이해

1) 우리나라 「노동법」의 체계

　「노동법」은 종속적 노동관계를 규율하는 법규범의 총체로 '종속적 노동관계'라 함은 근로자가 사용자의 기업 조직에 편입되어 일정한 직장 규율에 따라 정해진 시간, 장소에서 사용자의 지휘·감독을 받으며 근로를 제공하는 관계를 의미한다. 현행 「노동법」은 근로자의 근로조건의 향상을 위한 헌법 제33조의 취지에 따라 일반적으로 개별 근로자와 사용자의 관계를 규율하는 「개별적 노동관계법」과 근로자단체와 사용자의 관계를 규율하는 「집단적 노동관계법」으로 구분할 수 있다.

　따라서 「개별적 노동관계법」은 개별 근로자의 보호를 위하여 국가가 직접 개입하여 법적 기준(근로시간, 휴게, 휴일 등)을 창설하고, 그 실효성을 확보하기 위하여 행정감독(근로감독관제도)과 벌칙규정을 두고 있다.

    예)「근로기준법」「최저임금법」「산업안전보건법」「남녀고용평등법」등

       – 집단적 노동관계법은 근로자가 자주적으로 형성한 단결체를 기반으로 하여 노사 간의 실질적 평등과 집단적 자치에 대해 규정하며, 국가의 개입은 간접적임

    예)「노동조합 및 노동관계조정법」「교원의 노동조합 설립 및 운영 등에 관한 법률」등

「헌법」제33조

① 근로자는 근로조건의 향상을 위하여 자주적인 단결권, 단체교섭권 및 단체행동권을 가진다.

② 공무원인 근로자는 법률이 정하는 자에 한하여 단결권, 단체교섭권 및 단체행동권을 가진다.

③ 법률이 정하는 주요방위산업체에 종사하는 근로자의 단체행동권은 법률이 정하는 바에 의하여 이를 제한하거나 인정하지 아니할 수 있다.

---

2) 교육관계법과 개별적 노동관계법과의 관계

(1) 국·공립 교원의 경우

「국가공무원법」「교육공무원법」「교원지위향상을 위한 특별법」「초·중등교육법」국가공무원복무규정, 공무원보수규정 등은「근로기준법」등 개별적 노동관계법령과의 관계에서 특별법의 지위에 있다.

따라서 교원의 신분, 복무, 휴가, 보수 등에 관하여는 우선적으로「교육관계법령」이 적용된다. 다만,「교육관계법령」에 특별한 규정이 있지 아니하면서「근로기준법」등에 규정이 있는 경우에 한하여 개별적 노사관계법령이 적

용된다.

(2) 사립 교원의 경우

사립학교법과 동법에 의해 준용되는 「국가공무원법」「교육공무원법」「교원지위향상을 위한 특별법」「초·중등교육법」 등이 개별적 노사관계법령에 대해 우선 적용된다.

3) 「교원노조법」 등 「집단적 노사관계법」과의 관계

「교원노조법」은 노동조합 및 「노동관계조정법」에 대해 특별법의 지위에 있다. 따라서 교원의 노조 설립과 그 활동에 관하여는 「교원노조법」이 우선 적용되고 「교원노조법」에 규정이 없는 사항에 대해서는 특별한 규정이 없는 한 노동조합 및 「노동관계조정법」이 적용된다.

4. 교원노조법의 이해

1) 교원노동조합

교원이 주체가 되어 자주적으로 단결하여 근로조건의 유지, 개선, 기타 교원의 경제적·사회적 지위의 향상을 도모함을 목적으로 조직하는 단체 또는 연합체를 말한다(「노동조합및노동관계조정법」 제2조 4호, 「교원노조법」 제14조 제1항).

> 「노동조합 및 노동관계 조정법」 제2조 (정의) 이 법에서 사용하는 용어의 정의는 다음과 같다.
>
> 4. "노동조합"이라 함은 근로자가 주체가 되어 자주적으로 단결하여 근

로조건의 유지, 개선, 기타 근로자의 경제적·사회적 지위의 향상을 도모함을 목적으로 조직하는 단체 또는 그 연합단체를 말한다. 다만, 다음 각목의 1에 해당하는 경우에는 노동조합으로 보지 아니한다.

① 사용자 또는 항상 그의 이익을 대표하여 행동하는 자의 참가를 허용하는 경우

② 경비의 주된 부분을 사용자로부터 원조받는 경우

③ 공제 수양 기타 복리사업만을 목적으로 하는 경우

④ 근로자가 아닌 자의 가입을 허용하는 경우. 다만, 해고된 자가 노동위원회에 부당노동행위의 구제신청을 한 경우는 중앙노동위원회의 재심판정이 있을 때까지는 근로자가 아닌 자로 해석하여서는 아니 된다.

⑤ 주로 정치운동을 목적으로 하는 경우

2) 노조 가입 범위(「교원노조법」 제2조)

「초·중등교육법」 제19조 제1항에서 규정하고 있는 유치원, 초·중·고등학교 교원만이 가입할 수 있다(단, 사용자적 지위에 있는 학교 설립자, 교장, 교감 등은 교원노조에 가입할 수 없음).

3) 전국 또는 시·도 단위의 복수 노조 설립 허용(「교원노조법」 제4조, 제6조 제1, 2항)

특별시·광역시·도 단위 또는 전국 단위에 한하여 교원노조를 조직할 수 있고 개별학교 단위 교원노조 설립은 금지되어 있다. 또한 복수 노조가 허용됨에 따라 여러 개의 교원노조 설립이 가능하다.

개별학교 단위 교원노조 설립을 금지하는 이유는 교원의 임금·근무조건 등이 법정화되어 있어 전국적으로 통일적인 기준이 적용되며, 임용권은 시·도 교육감이 갖고 있는 등 일반 근로자와 다른 특수성을 감안하고, 또한

학교단위의 교원노조를 허용하면 노조활동이 학교운영에 영향을 미쳐 학습권이 저해될 수 있기 때문이다.

- **교원의 노동조합설립 및 운영 등에 관한 법률 제4조(노동조합의 설립)**
  ① 교원은 특별시 · 광역시 · 도 · 특별자치도(이하 "시 · 도"라 한다) 단위 또는 전국단위에 한하여 노동조합을 설립할 수 있다.

- **교원의 노동조합설립 및 운영 등에 관한 법률 제6조(교섭 및 체결 권한 등)**
  ① 노동조합의 대표자는 그 노동조합 또는 조합원의 임금 근무조건 후생복지 등 경제적 · 사회적 지위 향상에 관한 사항에 대하여 교육부장관, 시 · 도 교육감 또는 사립학교를 설립 · 경영하는 자와 교섭하고 단체협약을 체결할 권한을 가진다. 사립학교의 경우는 사립학교를 설립 · 경영하는 자가 전국 또는 시 · 도 단위로 연합하여 교섭에 응하여야 한다.
  ② 제1항의 경우에 노동조합의 교섭위원은 당해 노동조합을 대표하는 자와 그 조합원으로 구성하여야 한다.

---

4) 교원노조 전임자 인정(「교원노조법」 제5조)

교원노조에는 임용권자의 허가를 받아 노동조합의 업무에만 종사하는 전임자를 둘 수 있다. 전임자로 허가를 받은 경우 그 신분은 휴직으로 처리되며, 임용권자로부터 봉급은 받을 수 없으나 승급 또는 기타 신분상의 불이익은 받지 않는다.

또한 전국단위의 교원노조(전교조, 한교조)는 전임자의 수, 전임기간 등을 교육부에서 정하여 임용권자에게 전임자 허가 협조를 요청한다. 이를 교육부의 '교원노조전임자허가 지침'에 따라 허가한다.

- **「교원의 노동조합 설립 및 운영 등에 관한 법률」 제5조(노동조합 전임자의 지위)**
  ① 교원은 임용권자의 허가가 있는 경우는 노동조합의 업무에만 종사할 수 있다.
  ② 제1항의 규정에 의하여 허가를 받아 노동조합의 업무에만 종사하는 자(이하 "전임자"라 한다)는 당해 기간 중 「교육공무원법」 제44조 및 「사립학교법」 제59조의 규정에 의한 휴직명령을 받은 것으로 본다.
  ③ 전임자는 그 전임기간 중 봉급을 받지 못한다.
  ④ 전임자는 그 전임기간 중 전임자임을 이유로 승급 기타 신분상의 불이익을 받지 아니한다.

5) 단체교섭 창구의 단일화(「교원노조법」 제6조 제3항)

여러 개의 교원노조가 있을 경우 자율적으로 교섭창구를 단일화하여 단체교섭을 요구해야 한다. 교섭개시 예정일 전까지 교섭위원을 선임하지 못하는 때는 노동조합의 조합원수에 비례하여 교섭위원을 선임한다.

- **「교원의 노동조합 설립 및 운영 등에 관한 법률」 제6조(교섭 및 체결권한 등)**
  ③ 조직대상을 같이하는 2 이상의 노동조합이 설립되어 있는 경우는 노동조합은 교섭창구를 단일화하여 단체교섭을 요구하여야 한다.

6) 단체교섭 시 국민여론 및 학부모 의견 수렴(「교원노조법」 제6조 제4항)

단체교섭 및 단체협약 체결 과정에서 학생들의 학습권이 침해되는 것을 방지하기 위해 단체교섭 당사자는 국민여론 및 학부모의 의견을 수렴하여 교섭에 임해야 한다.

> • 「교원의 노동조합 설립 및 운영 등에 관한 법률」 제6조(교섭 및 체결 권한 등)
> ④ 제1항의 규정에 의한 단체교섭을 하거나 단체협약을 체결하는 경우는 관계 당사자는 국민여론 및 학부모의 의견을 수렴하여 성실히 교섭하고 단체협약을 체결하여야 하며, 그 권한을 남용하여서는 아니 된다.

7) 교원노조의 쟁의행위 금지(「교원노조법」 제8조)

교원은 타 직업과는 달리 신분적 특수성이 있으므로 단결권과 단체교섭권은 인정되고 쟁의행위(파업, 태업, 준법투쟁 등)는 인정되지 않는다. 따라서 쟁의행위 금지를 위반한 경우 5년 이하의 징역 또는 5천만 원 이하의 벌금을 부과한다.

> • 「교원의 노동조합 설립 및 운영 등에 관한 법률」 제8조(쟁의행위의 금지)
> 노동조합과 그 조합원은 파업, 태업, 기타 업무의 정상적인 운영을 저해하는 일체의 쟁의행위를 하여서는 아니 된다.
> • 「교원의 노동조합 설립 및 운영 등에 관한 법률」 제15조(벌칙)
> 제8조의 규정에 위반한 자는 5년 이하의 징역 또는 5천만 원이하의 벌금에 처한다.

8) 교원노조의 정치활동 금지(「교원노조법」 제3조)

　교원노조에 정치활동을 허용하는 경우 교육현장이 정치적 영향을 받게 되어 학생들의 학습권과 교육의 자주성이 훼손될 우려가 있으므로 정치활동은 금지된다.

> • 「교원의 노동조합 설립 및 운영 등에 관한 법률」 제3조(정치활동의 금지)
> 　교원의 노동조합은 일체의 정치활동을 하여서는 아니 된다.

9) 조정 중재(「교원노조법」 제11조)

　단체교섭이 결렬되는 경우 쌍방은 법이 정한 절차에 따라 조정과 중재의 과정을 거쳐 단체교섭안을 결정한다.

(1) 조정
① 단체교섭이 결렬된 경우 당사자의 일방 또는 쌍방은 중앙노동위원회에 조정 신청한다.
② 조정기간은 30일이다.
③ 신청방법: 노동쟁의조정신청서에 사업장의 개요, 단체교섭 경위, 당사자 간의 의견 불일치 사항 및 이에 대한 당사자의 주장 내용, 기타 참고 사항 등을 기재하여 신고한다.
④ 조정의 효력
• 조정위원회의 조정안을 양 당사자가 수락한 경우 서명 날인함으로써 단체협약과 동일한 효력을 갖게 된다.
• 조정안을 당사자가 수락하지 않을 경우 조정의 종료를 결정한다.

(2) 중재

① 단체교섭이 결렬되어 관계당사자 쌍방이 함께 중재를 신청한 경우와 조정안을 당사자 일방 또는 쌍방이 거부한 경우는 중재 요건이 된다.

② 중재의 효과

• 중재안은 양 당사자의 수락여부와 관계없이 당연히 수용하여야 하며, 중재재정의 내용은 단체협약과 동일한 효력을 갖는다.

• 다만, 중재재정이 위법하거나 월권에 의한 것이라고 인정하는 경우는 중재 재정서를 송달받은 날부터 15일 이내에 행정소송을 제기할 수 있다.

• 『교원의 노동조합 설립 및 운영 등에 관한 법률』 제9조(노동쟁의의 조정신청 등)

① 제6조의 규정에 의한 단체교섭이 결렬된 경우에는 당사자 일방 또는 쌍방은 중앙노동위원회에 조정을 신청할 수 있다.

② 제1항의 규정에 의하여 당사자 일방 또는 쌍방이 조정을 신청한 경우에 중앙노동위원회는 지체 없이 조정을 개시하여야 하며 당사자 쌍방은 이에 성실히 임하여야 한다.

③ 조정은 제1항의 규정에 의한 신청이 있는 날부터 30일 이내에 종료하여야 한다.

• 『교원의 노동조합 설립 및 운영 등에 관한 법률』 제10조(중재의 개시)

중앙노동위원회는 다음 각 호의 1에 해당하는 때에는 중재를 행한다.

① 제6조의 규정에 의한 단체교섭이 결렬되어 관계 당사자 쌍방이 함께 중재를 신청한 경우

② 중앙노동위원회가 제시한 조정안을 당사자 일방 또는 쌍방이 거부한 경우

③ 중앙노동위원회 위원장이 직권 또는 노동부장관의 요청에 의하여 중재에 회부한다는 결정을 한 경우

- 「교원의 노동조합 설립 및 운영 등에 관한 법률」 제11조(교원노동관계조정위원회의 구성)
  ① 교원의 노동쟁의를 조정 중재하기 위하여 중앙노동위원회에 교원노동관계조정위원회(이하 "위원회"라 한다)를 둔다.
  ② 제1항의 규정에 의한 위원회는 중앙노동위원회 위원장이 지명하는 조정담당 공익위원 3인으로 구성한다. 다만, 관계당사자의 합의로 중앙노동위원회의 조정담당 공익위원이 아닌 자를 추천하는 경우에는 그 추천된 자를 지명하여야 한다.
  ③ 위원회의 위원장은 위원회의 위원 중에서 호선한다.
- 「교원의 노동조합 설립 및 운영 등에 관한 법률」 제12조(중재재정의 확정 등)
  ① 관계당사자는 중앙노동위원회의 중재재정이 위법하거나 월권에 의한 것이라고 인정하는 경우에는 행정소송법 제20조의 규정에 불구하고 그 중재재정서의 송달을 받은 날부터 15일 이내에 중앙노동위원회 위원장을 피고로 하여 행정소송을 제기할 수 있다.
  ② 제1항의 기간 내에 행정소송을 제기하지 아니한 때에는 그 중재재정은 확정된다.
  ③ 제2항의 규정에 의하여 중재재정이 확정된 때에는 관계당사자는 이에 따라야 한다.
  ④ 중앙노동위원회의 중재재정은 제1항의 규정에 의한 행정소송의 제기에 의하여 그 효력이 정지되지 아니한다.
  ⑤ 제2항의 규정에 의하여 확정된 중재재정의 내용은 단체협약과 동일한 효력을 가진다.

출처: 「교원의 노동조합 설립 및 운영 등에 관한 법률」 제1169호(2013. 3. 13. 개정).

10) 부당노동행위

교원의 노동기본권이 사용자로부터 부당하게 침해될 때는 국가기관이 개입하여 사용자의 부당노동행위를 구제한다(「노동조합 및 노동관계 조정법」 제81조).

부당노동행위의 유형

① 불이익 취급: 교원의 노조가입·결성 기타 정당한 조합업무를 위한 행동을 이유로 해고 또는 불이익을 주는 행위

② 불공정 고용계약: 특정 노조가입, 미가입, 탈퇴를 고용조건으로 하는 행위

③ 단체교섭의 거부·해태: 정당한 이유 없이 단체교섭 또는 단체협약 체결을 거부하거나 해태하는 행위

④ 지배·개입: 노조의 조직·운영에 지배·개입하는 행위와 노조 전임자에게 급여를 지원하거나 노동조합의 운영비를 원조하는 행위

• 「노동조합 및 노동관계 조정법」 제81조(부당노동행위)

사용자는 다음 각 호의 1에 해당하는 행위(이하 "부당노동행위"라 한다)를 할 수 없다.

1. 근로자가 노동조합에 가입 또는 가입하려고 하였거나 노동조합을 조직하려고 하였거나 기타 노동조합의 업무를 위한 정당한 행위를 한 것을 이유로 그 근로자를 해고하거나 그 근로자에게 불이익을 주는 행위

2. 근로자가 어느 노동조합에 가입하지 아니할 것 또는 탈퇴할 것을 고용조건으로 하거나 특정한 노동조합의 조합원이 될 것을 고용조건으로 하는 행위. 다만, 노동조합이 당해 사업장에 종사하는 근로자의 3분의 2 이상을 대표하고 있을 때에는 근로자가 그 노동조합의 조합원이 될 것을 고용 조건으로 하는 단체협약의 체결은 예외로 하며, 이 경우 사용자는 근로자가 당해 노동조합에서 제명된 것을 이유로 신분상 불이익한 행위를 할 수 없다.

3. 노동조합의 대표자 또는 노동조합으로부터 위임을 받은 자와의 단체협약체결 기타의 단체교섭을 정당한 이유 없이 거부하거나 해태하는 행위

4. 근로자가 노동조합을 조직 또는 운영하는 것을 지배하거나 이에 개입하는 행위와 노동조합의 전 임자에게 급여를 지원하거나 노동조합의 운영

비를 원조하는 행위. 다만, 근로자가 근로시간 중에 사용자와 협의 또는
교섭하는 것을 사용자가 허용함은 무방하며, 또한 근로자의 후생자금 또
는 경제상의 불행 기타 재액의 방지와 구제 등을 위한 기금의 기부와 최
소한의 규모의 노동조합사무소의 제공은 예외로 한다.
5. 근로자가 정당한 단체행위에 참가한 것을 이유로 하거나 또는 노동위원
회에 대하여 사용자가 이 조의 규정에 위반한 것을 신고하거나 그에 관
한 증언을 하거나 기타 행정관청에 증거를 제출한 것을 이유로 그 근로
자를 해고하거나 그 근로자에게 불이익을 주는 행위

5. 단체교섭 및 단체협약

1) 단체교섭

단체교섭은 노동조합이 사용자 측과 임금 · 근무조건 · 후생복지 등 경
제 · 사회적 지위 향상에 관한 사항에 대해 단결력을 배경으로 교섭하는 노
동조합의 기본적 활동이다.

구체적인 단체교섭 사항은 임금, 근무조건, 후생 · 복지 등 경제적 · 사회
적 지위 향상과 관련된 사항으로 한정되어 있다.

또한 단체교섭의 당사자란 단체교섭에 대한 권리와 의무를 가진 자로서,
스스로의 이름으로 단체교섭을 행하고 단체협약을 체결할 권한을 가지는 자
를 의미하며, 사용자 측은 교육부장관, 시 · 도교육감, 사립학교 설립 · 경영
자이며 근로자 측은 교원노동조합이 된다.

2) 단체협약

(1) 단체협약의 의의

단체협약은 노동조합과 사용자가 임금, 근로시간 기타의 사항에 대하여 단체교섭 과정을 거쳐 합의한 문서로 개별 근로계약에 우선하는 규범적 효력이 인정된다.

(2) 단체협약의 체결

① 서면으로 작성하여 당사자 쌍방이 서명 날인함
② 단체협약 체결일로부터 15일 이내에 쌍방이 연명으로 지방노동관서에 신고함
③ 유효기간은 2년을 초과할 수 없음
④ 새로운 단체협약이 체결되지 아니한 때 종전의 단체협약은 만료일로부터 3개월까지 효력이 지속됨
⑤ 단체협약으로 '자동연장협정' 조항을 두는 경우, 새로운 협약이 체결될 때까지 계속 효력을 갖도록 명시함(당사자 일방은 상대방에게 6개월 이전에 통고하고 종전 단체협약을 해지할 수 있음)

(3) 단체협약의 내용과 효력

① 단체협약은 규범적 부분과 채무적 부분으로 구분되며, 규범적 부분에 위반하는 취업규칙이나 근로계약은 그 부분이 무효로서 단체협약에서 정한 기준에 따라야 함

규범적 부분	교원의 근무조건, 기타 교원의 대우에 관한 사항 예) 임금, 퇴직금, 근로시간, 인사이동, 상벌 및 해고 등
채무적 부분	노동조합의 유지 · 활동을 위한 사항 예) 조합원 범위, 조합 활동, 단체교섭 등

② 법령 · 예산 등에 의해 규정되는 내용의 효력

단체협약의 내용 중 법령 · 조례 · 예산에 근거하여 규정되는 내용과 법령 또는 조례에 의한 위임을 받아 규정되는 내용은 단체협약으로써의 규범적 효력이 부인되므로 사용자는 그 내용의 이행을 위해 성실히 노력하여야 함

(4) 단체협약의 해석

단체협약의 해석 또는 이행방법에 관하여 관계 당사자 간에 의견이 불일치가 있는 때는 당사자 쌍방 또는 단체협약에 정하는 바에 의하여 어느 일방이 노동위원회에 그 해석 또는 이행방법에 관한 견해의 제시를 요청할 수 있다. 견해제시의 요청은 당해 단체협약의 내용과 당사자의 의견 등을 기재한 서면으로 해야 한다.

연구
문제

1. 교직단체 설립의 법적 준거를 제시하고 설명하라.

2. 교직단체의 종류를 제시하고 이 단체의 설립목적을 비교하여 설명하라.

3. 한국교원단체 총연합과 전국교직원노동조합 및 한국교직원총연합의 차이를 설명하되 가입대상과 단체교섭에 관하여 구체적으로 설명하라.

4. 「교원노조법」에 명시된 교원노동조합의 성격에 대해서 설명하라.

5. 노동조합의 가입의 범위에 대해서 설명하라.

6. 교원노조의 정치활동 금지의 법적 취지와 내용을 설명하라.

7. 단체교섭이 결렬될 경우 조정 및 중재의 과정을 통해 교섭안이 결정되는 과정과 내용을 설명하라.

8. 단체교섭 및 단체협약의 체결 과정과 법적효력에 대해서 설명하라.

제4부

교육실습 실무

TEACHING PRACTICE

Chapter **12**

교육실습의 의의와 목적

교사가 되기 위한 필수적인 과정이 교육실습이다. 교육실습은 학점이수를 위한 실습과정의 의미를 넘어 스스로 교사의 자질을 확인하는 과정이라고 할 수 있다. 누구나 선생님이 될 수 있지만 누구나 훌륭한 선생님은 될 수 없기 때문에 교육실습에 임하는 교육실습생은 대학에서 배운 교육이론을 충실하게 시험할 기회를 가지며 실습을 통해서 스스로 교직적성을 확인하는 기회를 갖는 것이 중요하다.

교육실습생의 신분은 배우는 학생의 신분이며 동시에 가르치는 예비교사다. 학생들은 담임선생님과 전혀 다른 기대와 설레임으로 교생선생님과의 만남을 기다린다. 교생선생님은 젊고 학생들을 잘 이해해 주는 친숙한 상대라고 생각하기 때문이다.

학생들과 교생선생님의 운명적인 만남은 한 달뿐이지만 교육적으로 큰 의미와 변화를 가져오는 계기가 될 수 있다. 그런 점에서 교생선생님은 실습기간 동안 잠시나마 인간교육을 실현하는 교육적 만남의 실천자임과 동시에 학생의 운명을 바꿀 수 있는 감화자로 임해야 할 것이다.

1. 교육실습의 의의와 목적

교육실습이란 교사가 되기 위해 대학에서 습득한 교직과 관련한 학문적 이론을 교육의 현장에서 실제로 적용하고 수련하는 과정을 뜻한다. 교육실습에 임하는 교육실습생은 다음과 같은 몇 가지 교육적 의미를 교육실습을 통해 찾아야 한다.

- 대학에서 배운 교육이론을 충실하게 시험할 기회를 갖는 것
- 실습을 통해서 스스로 교직적성을 확인하는 기회를 갖는 것
- 수업과 생활지도를 포함한 다양한 교사의 업무를 충실하게 체험함으로써 실제 교사가 되었을 때 교사로서의 자질과 능력을 갖추는 기회로 삼는 것
- 실습을 통하여 교직에 대한 사명감과 교직관을 새롭게 자각하는 기회로 삼는 것

이러한 교육실습의 궁극적 목적은 교육실습을 통하여 교육적 품성을 도야하여 교사로서의 자질을 갖추도록 기회를 제공하는 것이다. 다시 말하면, 교육실습을 통하여 교직에 대한 이해, 교사로서의 품성과 직업적 능력 함양, 학생과 학생문화에 대한 이해와 체험, 학교와 교직문화에 대한 이해를 함으로써 교사로서의 실제적 능력을 갖추는 기회를 갖는 것이 핵심적인 목적이다.

이러한 교육실습의 구체적인 목표는 다음과 같다.

- 실제수업을 통해 주어진 교과목의 지식을 학생에게 효율적으로 전달하는 기술을 실험하고 개선하는 과정을 통하여 교수·학습의 기술을 습득한다.

- 학생생활 지도와 담임 지도의 경험을 통하여 학생의 삶과 문화를 이해하고 상담자와 안내자로서의 역할과 기능을 습득한다.
- 학생을 사랑으로 가르치는 방법을 체험하고 짧은 교생 실습기간이지만 학생들에게 마음껏 사랑을 베푸는 기회로 활용한다.
- 학교와 학급경영의 과정을 체험하는 기회를 통하여 학교문화를 이해하고 학급경영의 기법을 습득하는 기회로 활용한다.
- 교사들의 삶을 체험하며 교직사회의 특성과 교직문화를 이해하는 기회로 삼는다.

2. 교육실습생의 자세와 태도

1) 교육실습생의 자세

교육실습생의 신분은 배우는 학생의 신분이며 동시에 가르치는 예비교사다. 실습학교에 배정받은 예비교사로서 다음의 몇 가지 자세와 태도가 필요하다.

- 실습기간 중에 교생의 신분을 잊지 않는 자세가 필요하다. 지도교사에게는 충실한 학생으로서 배움의 자세로 임하고 학생들에게는 예비교사로서의 용모를 갖추고 학생들에게 모범을 보이는 언행을 실천하여야 한다.
- 복장은 반드시 정장을 기본으로 하며 체육 실기 수업이나 실습, 기타 학교행사와 관련한 경우는 용도에 적합한 복장을 한다. 예를 들면, 체육시간에 임하는 교생선생님이 운동복을 입는 것은 필수적인 복무 자세다.
- 수업은 반드시 표준말 경어로 하는 것을 원칙으로 한다. 품격 있는 교육적 용어와 학생을 존중하는 적절한 언어 구사력은 교사의 인격을 드러내며 효율적인 수업을 이끌어 내는 방법이다.

- 교사로서의 기본적인 자세 중 하나인 출근과 퇴근 시간을 규정에 따라 분명하게 지키되, 출근은 여유 있게 지정된 시간보다 일찍 하고 퇴근은 늦게 하는 것이 배우는 입장의 교생으로서 바람직한 자세다. 이와 함께 참관수업과 실제 수업에 이르는 실습의 과정에서 수업시간을 철저하게 지키는 것은 필수적인 교사로서의 기본 자세다.
- 연구하는 자세로 수업준비를 철저히 한다. 실습기간 중의 학생들은 교생 선생님의 실험대상이 아니므로 수업시간의 낭비와 실수를 최소화하기 위해 사전에 수업연구를 철저히 할 필요가 있다.
- 학생들에게 최대한 열정과 관심을 갖고 대하되, 학생과의 지나친 접촉과 친분으로 교사와 학생과의 경계선이 모호해지는 우를 범하지 않도록 해야 한다.

2) 학생을 만나는 자세

교생선생님이 학교에 온다는 소식을 듣는 학생들은 학기 초 담임선생님을 만나는 것과는 전혀 다른 설레임을 갖고 교생선생님과의 만남을 기다린다. 왜냐하면 교생선생님은 젊고 학생들을 잘 이해해 주는 친숙한 상대라고 생각하기 때문이다. 학생들과 교생선생님의 운명적인 만남은 한 달뿐이지만 교육적으로 큰 의미와 변화를 가져오는 결정적이고 운명적인 계기가 될 수 있다. 왜냐하면 만남이 가지는 교육적 가능성은 시간의 문제가 아니라 만남의 의미에 있기 때문이다. 짧은 교생 실습기간이지만 의미 있는 만남의 대상으로 학생을 만나는 교생선생님은 학생의 일생을 좌우하는 결정적인 영향을 미칠 수도 있다. 그런 측면에서 교육적 사명감을 가지고 교생실습에 임하며 교육에서 만남의 의미를 되새기는 것이 필요하다. 따라서 실습에 임하는 교생선생님은 학생과의 만남을 통해 잠시나마 인간교육을 실현하는 교육적 만남의 실천자로, 인간교육의 실천자로, 학생의 운명을 바꿀 수 있는 감화자로 임해야 할 것이다.

3. 교육실습의 내용

교육실습은 크게 참관실습, 실무실습, 수업실습으로 구분할 수 있고 교육 대학과 사범대학 학생은 참관수업 최소 1주일 이상, 수업실습 4주 이상을 받아야 한다. 2008학년도 대학입학생부터 교사자격증 취득과정의 강화에 따라 교생실습 2학점 이상과 교육봉사활동을 2학점 이내 취득하는 것을 법제화하였다. 따라서 실습과 관련된 학점이 4학점 이상으로 확대된다. 이러한 변화의 추세는 실습의 중요성을 강조하는 것을 의미하며 갈수록 실습의 질적 내용이 강화될 가능성이 있다.

1) 참관실습

참관실습은 교직실무를 익히고 실제 수업하기 위한 사전 관찰 및 체험단계의 실습기간으로 통상 실습 시작 1주일 동안 이루어지는 실습의 단계다. 참관실습의 단계에서는 수업을 포함한 교사의 모든 업무를 일주일 단위로 보고 배우는 단계라고 할 수 있다.

참관실습의 주요 내용은 다음과 같다.

4월 8일 목요일

처음으로 교생을 나와 처음으로 수업 참관한 날이다. 매우 설레고 처음 학생들을 만났을 때 어떤 인사를 해야 하는지도 설렌다. 그동안에 연수를 받느라고 제대로 수업참관을 못했는데 오늘은 2-7반 학생들과 첫 만남을 할 수 있게 되었다. 첫 만남과 함께 킥런볼 연습을 같이 했다. 7반 전체의 분위기는 체육수업을 재미있게 즐기는 학생이 대부분이었다. 그중에 체육시간이 즐거워 보이는 학생이 있었는데 그 학생의 이름은 ○○○ 이었다. 나는 이 학생이 다들 싫어하는 체육 수업에 즐겁게 참여하는 데에 놀랐다. 하지만 50분이라는 짧은 시간 안에 이 학생의 문제점이 조금씩 보이기 시작했다. 이 학생은 정말 즐겁게 체육 수업에 참여한다. 하지만 다른 학생들은 ○○○ 때문에 체육 수업을 점점 하기 싫어한다. 이유는 ○○○는 경쟁 경기인 킥런볼에서 팀이 지고 있으면 팀원들을 격려하기보다는 나무라는 말을 많이 하는 모습들이 보였기 때문이다. 다음 수업 때에는 고쳐 줄 것이다.

(1) 담임교사의 일상적인 업무 수행 참관
• 학급경영 및 담임과 관련한 각종 학급업무 처리
• 학교와 학급관련 장부 정리 방법 및 사후 정리 방법
• 학생생활지도와 관련된 담임교사와 교과담임교사로서의 역할
• 학생들의 학급활동에 대한 담임의 조력적인 역할(학생회, 특별활동, 과외활동 등)
• 학급경영 계획의 내용 이해 및 학급경영안 작성 보조
• 학급 조회와 종례 지도 방법과 내용
• 학급 환경 구성에 대한 이해와 보조

(2) 수업참관을 통한 교과에 대한 이해와 지도
• 교과운영 전반에 대한 이해, 연간 교육과정 운영계획에 대한 이해
• 수업지도안 작성에 대한 이해와 실제적 작성방법 실습
• 교재 연구, 수업자료 제작을 위한 방법과 실제
• 수업 참관을 통한 수업기술, 학생지도, 특수아에 대한 지도 방법 등 효율적인 수업 방법에 대한 이해

(3) 생활지도 참관 및 이해
• 학생들의 생활지도 참관 및 보조
• 학생 상담지도에 대한 이해

- 등·하교 및 교내·외 생활지도와 관련된 업무 참관 및 보조
- 교사의 지도와 도움을 통한 학생 사례 연구를 위한 학생 관찰
- 학생특별 활동 참관 및 이해
- 학생들 이름 외우기와 교우관계 파악
- 학생회 활동지도 참관 및 보조

수요일 1, 2교시는 담임 반을 맡은 학생들의 ○○수업이 있어서 처음으로 담임을 맡은 반 아이들과 수업을 한다는 생각에 나름 들떠 있었다. 그러나 수업을 하기 전부터 복통을 호소하며 아프다는 학생이 나타나는 것이 아닌가. 처음에는 단순하게 복통을 호소하는 것으로 가볍게 생각하고 양호실로 학생을 데려갔다. 근데 그 아이의 눈빛을 본 순간 '이 아이는 나랑, 아니 사람과 대화를 원하는구나.'라는 생각이 들 정도로 무언가가 간절하게 나를 쳐다보았다. 마침 양호실에는 아무도 없어서 마음 놓고 이야기를 할 수 있었다. 교과지도 선생님께는 양해를 구하고 아이와 이야기를 하러 양호실에 들어갔다. 금방이라도 눈물이 떨어질 것 같이 그렁그렁한 눈망울을 아직도 잊을 수 없을 만큼 본지 며칠 지나지 않은 낯선 나에게 이것저것 털어놓기 시작하였다. 그런데 아이랑 상담하기 전에 너무 가까워지면 담임선생님이 별로 안 좋아할 것 같아서 고민을 했지만 '내가 대화를 유도한 것보다 아이가 나랑 대화를 원했기 때문에 괜찮겠지.'라는 생각으로 이야기를 들어주었다. 우선 신체적으로 나타나는 증상부터 이야기하자면 아침에 밥을 먹고 학교에 오면 복통을 호소하고 숨이 안 쉬어진다는 것이었다. 나는 이야기를 하면서 단순히 신체적 이상이 아닐 것이라는 생각에 이것저것 묻게 되었고 대답을 듣고 나서 조금은 아이의 증상이 왜 그런 것인지 이해할 수 있게 되었다.

2) 실무실습

(1) 실무실습 참가

실무실습 참가의 과정은 참관 중심의 실습을 마친 후 지도교사의 지시에 따라 지도교사의 일의 일부를 맡거나 보조함으로써 교사의 업무를 이해하고

교사의 실무를 실습하기 위한 것이다. 실제적인 업무의 일부를 맡거나 보조적 역할을 수행하는 과정에서 지도교사와 업무의 진행과정을 협의하여 원활한 업무 수행 실습을 할 수 있도록 하는 것이 주목적이다.

(2) 협의 및 평가

실무실습의 과정에서 지도교사와 업무에 대한 협의를 하거나 조언 및 평가를 받는 과정을 말한다. 모든 실무적인 일에 대하여 지도교사와 사전에 협의와 조언을 구한 다음 업무를 수행하는 것이 원칙이며, 특히 학생생활 및 학생상담 지도는 지도교사와 협의하며 평가하는 과정이 반드시 필요하다. 생활이나 상담 지도는 교생의 일방적인 지도로 이루어질 경우 의외의 문제를 야기시킬 가능성이 크기 때문이다.

3) 수업실습 준비 단계

수업실습은 교육실습의 핵심적인 단계로 교사의 지도하에 실제로 수업을 하거나 상담을 하거나 학급경영을 하는 것을 의미한다. 그중에서 수업실습은 교생실습 과정 중 교사가 되기 위한 가장 중요한 실습이므로 그동안 대학에서 배운 지식과 현장에서의 관찰과 체험을 바탕으로 최상의 수업을 하기 위한 철저한 준비와 노력이 필요한 단계다.

이를 위해 학생을 이해하고 수업환경을 점검하며 교과 내용에 관한 사전연구가 필요하다.

███ 온전히 1시간을 내가 수업한다고 생각하니 전날 밤 잠도 제대로 오지 않았다. 어릴 적 소풍가기 전날 그 설렘을 느끼며 잠을 청했고 날이 밝아 드디어 대망의 첫 수업시간! 본관 영상실에서 1, 2학년을 대상으로 한 수업이 시작되었다. 한 시간이 마파람에 게 눈 감추듯 어떻게 지났는지도 모를 만큼 훌쩍 지났다. 수업이 끝난 직후 선생님들의 반응을 살폈을 때 '나쁘지 않았어.' 라는 표정을 보여 주셨다. 다행이었다. 그 후로 일주일

간 하루 두 시간씩 총 10번에 걸쳐 1, 2학년 학생들에게 내가 전해 주고픈 이야기를 전달하였다. 매 수업을 진행할 때마다 마음속에서 무언가가 꿈틀거리는 느낌이 이상하였고 가슴이 벅찬 순간도 있었고 별의별 감정을 느꼈던 것 같다. 선생님들 말씀으로는 회가 거듭할수록 안정적으로 수업을 진행한다고 격려해 주셨고 발음이 다소 아쉬운 감이 있다고도 하셨다.

스스로 단점을 보완하고 더욱더 알찬 이야기를 해 주려 노력을 하면서 한 주를 보낼 때 지도교사 선생님이 나에게 대하는 행동이 조금씩 달라지셨다. 내가 이렇게 스스로 수업도 준비하고 가르쳐 주지 않은 부분까지 잘 하니까 달라 보였나 보다. 직접적인 칭찬은 하지 않으셨지만 지도교사 선생님 때에는 교생 나갈 때 별로 가르쳐 준 것이 없었는데 요새는 많이 가르쳐 주고 내보낸다면서 학교를 칭찬해 주시고 많이 배워 왔다고 좋아하시기도 했다. 비록 직접적 칭찬은 아니었지만 내심 뿌듯한 마음을 감추고 하나라도 더 배우려는 마음가짐으로 선생님께 다가갔다. 선생님의 마음이 움직이기 시작하신 것이다.

(1) 학생에 대한 이해

- 수업 대상 학생 수, 학생의 수준과 수업 태도에 대한 사전 점검
- 학생들의 이름과 교우관계, 특수아에 대한 사전 파악
- 해당교과에 대한 학생들의 인식과 흥미 정도에 대한 이해
- 선수 학습 수준에 대한 사전 이해

(2) 수업환경에 대한 이해

- 효율적인 수업을 위해 교실(체육관, 음악실, 미술실 등) 환경에 대한 사전 점검
- 수업 중 당황하지 않고 시청각 기자재를 자유롭게 이용할 수 있도록 시청각 기자재 사용을 위한 사용방법 및 교실의 이용 장치 확인
- 교실의 구조와 채광 상태, 방음 상태 등 교실 환경에 대한 사전 점검 및 확인

(3) 교과내용에 대한 이해

- 교과 및 단원의 구조 이해
- 교과의 목표와 단원의 목표 파악
- 전시 학습에 대한 이해와 본시 수업의 내용과 목표 확인
- 관찰 수업의 분석 및 수업계획 작성
- 교재 연구 및 수업 자료에 대한 분석

 연구 문제

1. 교육실습의 목적과 구체적인 목표를 제시하고 이를 설명하라.

2. 학생을 만나는 교육실습생의 자세와 마음가짐을 설명하라.

3. 참관교육실습의 목적과 중요한 실습 내용에 대해 설명하라.

4. 실무실습의 목적과 구체적인 실습 내용을 설명하라.

5. 수업실습의 준비를 위해 필요한 내용을 설명하라.

6. 학습지도 계획 및 지도안 작성의 과정과 구체적인 단계를 설명하라.

7. 도입단계에서 가장 중요한 활동 내용을 열거하고 설명하라.

8. 전개 단계에서 해야 할 활동 내용을 설명하고 교사가 해야 할 중요한 역할을 열거하고 설명하라.

9. 정리 단계에서 이루어지는 활동 내용을 열거하고 교사가 해야 할 활동 내용을 설명하라.

10. 학습지도안 작성 시 유의할 점과 지도안의 주요 내용을 열거하고 실제 학습지도안을 작성해 보라.

Chapter **13**

학습지도 계획 및 지도안 작성

　　교육실습의 가장 핵심적인 과정 중의 하나가 수업실습이다. 훌륭한 교사가 되기 위한 가장 중요한 자질 중의 하나가 수업능력이기에 좋은 수업을 위한 학습지도 계획과 지도안 작성은 교육실습의 핵심적 과제다.

　　수업을 위한 계획은 학생들에게 무엇을 어떻게 가르칠 것인가에 대한 구체적인 계획을 말한다. 학습지도의 단계는 수업이 진행되는 단계는 일반적으로 도입, 전개, 정리라는 세 단계로 구분할 수 있으며 각 단계별로 구체적인 지도 계획을 세워야 한다.

　　이러한 학습지도의 구체적인 계획서가 학습지도안이다. 학습지도안은 가르치는 사람의 수업계획에 따라 수업 단계의 형식과 내용이 창조적일 수 있다. 수업이 창조적 예술의 과정이라고 본다면 학습지도안은 그 자체가 수업의 독창성과 성공적인 과정을 보여 주는 예술작품이다.

교생실습의 가장 핵심적인 과정 중의 하나가 수업실습이다. 교사가 되기 위한 가장 중요한 자질 중의 하나가 수업능력이기에 수업을 위한 준비와 노력은 교생실습 기간부터 철저하게 하여야 한다. 종전에 일부 시·도의 임용고사에서만 지도안 작성과 실제 수업을 2차 전형 과정으로 선택하고 있었지만, 2008년 후부터 개정되어 시행되는 임용고사에서는 3차 시험에서 실제 수업을 필수적으로 채택하도록 되어 있다.

수업을 위한 계획은 학생들에게 무엇을 어떻게 가르칠 것인가에 대한 구체적인 계획을 말하며, 실제 학교에서는 지도안을 작성하는 과정을 통해 이러한 계획이 구체화된다.

1. 학습지도의 단계와 활동

학습지도의 단계는 수업이 진행되는 단계로써, 일반적으로 도입, 전개, 정리라는 세 단계로 구분할 수 있다.

도입 단계는 교사가 학습과제의 구체적인 목표를 제시하고, 학습자의 동기유발을 위해 다양한 방법들을 동원하는 단계를 말한다. 동시에 현재 다루고 있는 학습과제와 전 시간이나 전 학년에서 다룬 학습과제와 관련된 학습요소가 있는지를 분석하여 이를 본시 학습과제와 관련시켜서 학생들의 이해를 돕도록 수업 내용을 구성한다.

전개 단계는 교사가 학습과제의 내용을 학생들에게 제시하고 학생들은 이를 학습하는 수업의 중심적인 단계며, 다양한 수업 방법과 교사의 수업기술을 발휘하는 단계다. 주어진 시간 내에 교수-학습의 효율을 극대화시키기 위해 시청각 기자재와 다양한 교재를 활용하는 노력이 필요하다.

정리 단계는 학습지도가 마무리되는 마지막 단계로 학습목표의 도달 여부를 확인하며 평가를 통해서 피드백시키는 단계다. 이러한 과정과 함께 다음 시간에 배울 학습과제를 알려 주는 차시 예고를 통해 학습 내용의 맥락을 이해하도록 한다.

　이러한 교수-학습 활동을 도입, 전개, 정리의 세 단계를 나누어 요약·제
시하면 다음 〈표 13-1〉과 같다.

표 13-1 학습지도의 단계별 주요 활동

지도단계	주요 활동	시간
도입	1. 학습동기 유발 2. 학습목표 인지 3. 전시학습 확인 및 본시학습과의 연결	5~7분
전개	1. 학습 내용의 제시 2. 적절한 학습자료의 활용 3. 학습자의 학습 참여 및 확인 4. 다양한 수업 기법의 활용 5. 수업 중 형성평가를 통한 학습의 효율성 확인 6. 시간과 자원의 관리	30~40분
정리	1. 요약·정리 2. 평가 및 학습목표 도달 여부 확인 3. 차시 예고	5분 이내

2. 도입 단계의 주요 교수-학습 활동

　도입 단계는 본 수업이 시작되는 단계로 비교적 짧은 시간 안에 이루어진
다. 수업상황에 따라 약간의 차이는 있지만 대략 5분 정도가 적절하다. 길어
도 10분 이상을 초과하는 것은 수업의 전체적 진행을 위해 무리다. 도입 단
계의 가장 필수적인 요소는 다음과 같다.

1) 학습자의 주의 집중

교사의 생각과 의지대로 학생들이 움직이지 않는 것이 교실의 상황이다. 교실에 들어선 순간 교사가 좋은 수업을 진행하려고 해도 학생들이 떠들고 관심을 보이지 않으면 아무 소용이 없다. 학생들을 정숙하게 하며 교사의 일거수일투족에 관심을 갖도록 유도하는 것이 가장 우선적인 일이다. 그러므로 교실에 들어서기 전에 학생들의 주의를 집중시킬 전략과 방법을 가지고 교실에 들어가야 한다. 사실은 교실에 들어서기 전부터 실제적인 수업이 시작되기 때문이다.

교실을 정숙하게 하며 주의를 집중시키기 위해서는 학습자의 주의를 끌 수 있는 절제된 행동과 언어를 구사하는 기술이 필요하다. 가장 보편적인 방법 중의 하나는 교사의 권위와 눈으로 제압하는 방법이다. 이는 학생들의 눈을 놓치지 않고 말보다는 위엄과 절제된 언어로 학습자의 주의를 끄는 방법이라고 할 수 있다. 이 외에도 교실의 분위기를 반전시키는 다양한 방법이 있으며 교사의 성격과 특성에 따라 적절한 전략과 방법을 구사한다.

2) 학습자에 대한 관심과 출결 확인

일단 교실의 상황을 교사가 적절하게 통제할 수 있는 상태로 주위를 집중시키고 나면 다음은 학생들을 개별적으로 확인하고 관심을 베푼다. 인간은 누구든지 사랑과 관심에 따라 마음이 움직인다. 수업이 시작되고 교사가 교실에 들어서는 순간 학습자에 대한 관심과 사랑의 표시는 그날 수업의 성패를 가르는 분수령이 될 수도 있다. 다정하게 이름을 부르는 일, 학생의 일상에 관심을 가지고 미소와 관심의 눈빛을 보내는 일, 특별한 의미를 가진 학생에 대한 관심과 칭찬을 하는 일, 유머로 수업의 시작을 부드럽게 하는 일이 짧은 시간이지만 수업의 시작을 즐겁고 행복하게 하는 윤활유의 역할을 할 것이다.

3) 학습자의 동기유발

수업을 위한 동기유발은 수업의 성패를 결정짓는 중요한 변수 중의 하나다. 동기유발은 수업의 흥미를 높이고 학습의 효율을 높이는 매개 역할을 할 수 있도록 다양한 방법으로 학습자에게 제시되어야 하며, 동기유발을 위해 다음과 같은 방법이 있다.

(1) 성취동기를 자극하거나 성취의 결과를 제시

학습자들에게 주어진 수업목표를 달성했을 때 그들이 받을 수 있는 보상이 무엇인지 사전에 설명해 주는 방법이다. 목표의 명료화는 동기를 자극하는 요인이 된다. 단순히 그 시간의 수업목표를 명료하고 간결하게 제시해 주는 것만으로 충분한 학생들도 있다. 그러나 어떤 학생들에게는 그들이 이해할 수 있는 용어로 쉽게 풀어서 설명하여 그 시간 혹은 그 단원의 목표가 무엇인지를 설명해 주어야 할 필요가 있다. 어느 방법을 선택하든지 간에 학생들은 수업의 도입 단계에서 자신이 그 수업을 성공적으로 참여했을 때 무엇을 얻을 수 있게 되는가를 분명히 알 수 있어야 한다. 목표를 명확히 알아야만 그 목표의 성취를 위한 동기가 생겨난다.

(2) 학습과 관련된 동기 요인을 이용하는 방법

학습과제와 관련이 있는 예화나 경험담을 들려 줌으로써 학습자의 관심을 유도하는 방법이다. 학습과 관련된 최근의 뉴스나 신문보도를 통해서 알려진 사건들이나 일상생활에서 경험한 내용들을 언급함으로써 학습자의 관심을 불러일으킨다. 시사적인 자료들과 그 외의 자료들을 학습과제에 적극적으로 활용함으로써 흥미를 유발시키고 동기를 자극하는 것이다. 또한 평소 학습과 관련된 자료에 대해 관심을 가지고 수집하거나 주의 깊게 관찰하고 기록해 두었다가 필요할 때 적절히 활용할 수 있어야 한다. 이를 위해 학습자들이 흥미를 가지는 소재와 지식에 대해 관심을 가지고 이를 동기유발의 기제로 사용할 필요가 있다.

(3) 다양한 매체를 활용하여 동기를 자극하는 방법

학습과제를 설명하거나 표현해 주는 시청각 자료들을 사용하여 학습자의 주의를 집중시키는 방법이다. 학습해야 할 내용과 관련한 사진, 필름, 영화 인터넷 영상자료 등을 보여 줌으로써 학습자의 호기심을 자극시키고 시선을 모은다. 교사가 선정한 주제를 단순히 설명하는 것보다는 관련 영상자료와 신문 기사 등을 통해 이 문제 장면들을 보여 주는 것이 학습자의 동기유발에 훨씬 더 효과적이라는 것이다.

4) 학습목표의 제시

도입 단계에서 교사와 학습자 모두가 학습목표를 명확히 인식하고 있어야 학습의 효과를 높일 수 있다. 따라서 학습자가 성취해야 할 학습목표를 구체적이고도 분명하게 제시해 주어야 한다. 학습목표를 제시할 때 몇 가지 유의해야 할 점들은 다음과 같다.

(1) 행동적 학습목표의 진술

학습목표는 수업이 끝났을 때 학습자가 실제로 도달 여부를 확인할 수 있는 행동적 학습목표로 진술해야 한다. 즉, 학습자가 수업 활동을 통해 성취할 수 있는 행동적 수준의 목표를 구체적으로 제시하는 것이다. 이렇게 진술된 학습목표는 그 수업의 성공 여부를 판단하는 평가기준이 되며, 이 평가기준은 학습자의 학습활동을 촉진시키는 요인이 될 수도 있다.

(2) 학습목표의 명료화

학습자들에게 학습목표를 명료하게 인지시켜 준 다음에 수업에 임하는 것이 효과적이다. 이를 위해서는 수업목표를 칠판에 판서하거나 구두로 설명하는 방법, 목표에 도달했을 때의 완전한 동작을 보여 주거나 모범작품을 보여 주는 방법으로 생각할 수 있다. 왜냐하면 교사와 학습자가 학습목표를 분명하게 이해하고 이를 의식하면서 수업에 임하면 학습목표에 초점을 맞춘 수업을 전개할 수 있기 때문이다. 또한 학습목표의 달성을 위한 행동적 학습의 범위를 명료화해서 제시하고 이에 도달할 수 있는 절차를 학습자에게 이해시키는 것이 학습목표의 효과적인 달성을 위해 필요하다.

(3) 학습목표의 구체화

학습목표의 도달점을 구체적으로 제시함으로써 목표 달성 여부를 분명하게 확인할 수 있는 준거를 제시한다. 이를 위해 목표를 세분화하고 각각의 세분화된 목표를 구체적인 행동으로 표현하는 노력이 필요하다.

(4) 학습목표의 위계화

학습목표는 쉬운 것부터 어려운 것으로, 간단한 것에서부터 복잡한 것으로, 기본적인 원리에서부터 복잡한 응용으로 나아가는 등의 위계적인 단계로 제시되어야 한다. 그것은 학습의 절차와 동일한 것이기에 학습자에게 친숙하게 학습의 과정으로 인식될 수 있다.

(5) 선수 학습과 관련짓기

본시 수업에서 다룰 학습과제와 관련이 있는 전시학습의 내용, 과거의 학습 경험들을 회상시키거나 재생시켜 주는 일도 도입 단계에서 이루어져야 한다. 새로운 학습과제의 학습이 이루어지도록 하기 위해서는 그 과제와 관련이 있는 선수 학습을 상기시키며 복습시켜 줄 필요가 있다. 선수 학습과 본시에 학습해야 할 과제가 어떻게 관련되어 있는가를 이론적으로 설명하고 학습자로 하여금 그 관계를 분명히 이해하게 하면 새로운 학습과제에 대한 이해와 개념 정리에 많은 도움이 될 수 있다.

3. 전개 단계의 특성과 주요 활동

전개 단계는 수업의 중심 활동이 이루어지는 단계다. 도입에서 자연스럽게 이어지는 본시 수업의 대부분은 주로 전개 단계에 해당된다. 전개 단계는 학습과제의 내용을 학생들에게 제시하고 다양한 수업 방법을 사용하여 수업의 목표 달성을 위한 교수-학습활동이 전개되는 단계다.

1) 학습 내용의 제시

학습 내용을 학습자들에게 제시하기 위해서 교사가 생각해야 할 일은 학습 내용을 어떤 순서로 어떻게 제시할 것인가 하는 문제다. 여기에는 다음과 같은 몇 가지 방법이 있다.

(1) 학습 내용 제시의 순차성

학습과제를 분석하여 학습 내용의 위계성에 따라 학습 내용을 순서적으로 제시하는 방법이다. 이는 쉽고 기본적인 학습과제부터 시작하여 점차 일반적인 학습과제에 이르기까지 순차적으로 제시하는 방법을 의미한다. 하나의 학습과제나 학습 요소는 독립적으로 존재하는 것이 아니라 다른 학습 요소들과 서로 연결되어 있다. 따라서 어떤 학습과제를 위계적 방법으로 분석하였다면, 하위의 학습 요소들은 바로 그 상위에 있는 학습 요소들을 이해하는데 필요한 선수 학습 능력이 된다. 즉, 먼저 단순하고 쉬운 학습과제부터 학습하게 하고, 그다음 이를 토대로 점차 복잡하고 어려운 학습과제를 학습하도록 제시하는 것이다.

(2) 학습단위의 영역화

한 시간에 가르칠 학습 내용을 학습자의 수준과 특성, 수업의 조건과 활동

상황 등을 고려하여 적당한 크기로 영역화하여 묶는 것이다. 예를 들어, 학습수준이 낮은 학습자를 위한 한 단위의 학습활동의 묶음은 수준이 높은 학습자의 그것에 비해 수준이 낮거나 학습 분량이 적어야 한다. 한 영역의 단위 학습 내용이 너무 큰 경우는 학습자들이 성공적으로 학습하기가 어려우며, 전체를 이해하기보다는 부분적으로 이해하거나 피상적으로 이해하는 것에 머물기 때문에 지루하고 따분한 수업이 이루어질 가능성이 많다. 따라서 학습 내용을 학습자의 수준과 특성에 따라 적절한 단위의 양으로 분할하여 가르칠 때 수업이 효과적으로 이루어질 수 있다.

(3) 학습단위의 구조화

주어진 학습목표를 성취하기 위해 학습해야 할 내용과 예를 선정하여 이를 계획적으로 구조화시키는 일이다. 학습목표를 달성하는 데 필요한 학습 내용을 선정하고 이를 구조화시키면 학습의 효율성을 높이고 목표를 달성하기가 쉬워진다. 수업의 효율성을 위해 학습 내용을 구조화시키는 일은 수업투자 시간의 낭비를 줄이고 핵심적이고 중요한 내용을 적절하게 가르칠 수 있는 계획서와 같은 것이다.

학습단위의 구조화는 쉽고 효과적으로 가르치는 수업기술의 한 방안으로 수업의 밀도를 높이기 위해 활용되는 방법이다.

2) 학습자료의 효율적 제시와 활용

학습자료는 학습목표를 달성하는 데 도움이 되는 다양한 학습프로그램이나 교육매체들을 말한다. 흔히 교수매체는 전자적인 장치를 동반한 것을 연상하지만 반드시 전자적인 것일 필요는 없다. 교수-학습과정에서 간단하고 손쉽게 사용되고 교육적인 효과도 큰 매체들도 많다. 대표적으로 실물, 모형, 인쇄교재, 칠판과 이와 유사한 다양한 종류의 게시장치 등이 있다.

실물은 구하기 쉽고 가장 효과적인 학습자료다. 실물은 실제적 경험을 할 수 있는 대표적 자료이기 때문에 동기유발에도 효과적이다. 모형은 실물을 축소하거나 확대하여 삼차원적으로 표현한 것이기에 실물로 경험할 수 없는 것들을 간접적으로 체험하는 데 유용하다. 인쇄자료는 교재, 참고서, 소책자, 학습지 등 학습 내용과 직접적으로 관련된 내용과 소설, 비소설, 전단지 등 간접적으로 영향을 미치는 것이 있으며, 손쉽고 편리하게 자주 사용되는 자료매체다.

칠판은 오랜 전통을 가지고 보편적으로 사용되고 있으며, 최근에 다양한 용도로 개발된 백색 다목적 칠판(white board)이 널리 사용되고 있고 인쇄가 가능한 전자칠판도 있다. 다양한 유형의 전시장치들로 자료 부착과 탈착이 자유로운 융판과 자석을 사용하여 시각자료를 부착할 수 있는 자석칠판 등이 있다.

컴퓨터의 발전은 기존의 교육 방법에 비해 혁명적인 변화를 가져오는 매체적인 기능을 복합적으로 갖춤으로써 교육공학의 중요한 연구 영역이 되었다. 컴퓨터는 기존의 다른 매체들과는 달리 다양한 기능을 복합적으로 제공하기 때문에 학습자와의 역동적인 상호작용이 가능하고, 다양하면서도 흥미로운 학습 경험을 제공해 줄 수 있다. 이러한 장점 때문에 컴퓨터는 광범위하게 확산·보급되었다.

과거의 학습자료는 단순히 수업을 보조하는 수단으로 사용되었으나, 최근에는 학습자료 그 자체가 수업을 주도할 만큼 다양하고 과학적이며 복합적으로 개발되고 있다. 교사의 개입 없이도 학습자 스스로가 학습할 수 있을 정도로 교사의 역할과 학습 전략 등을 포함시킨 다양한 패키지 형태의 학습자료들이 나오고 있다. 이러한 학습자료들은 학습자의 특성과 학습 내용의 계열성을 고려하여 단계별로 제공되어야 한다. 학습 내용의 계열성을 고려하지 않은 학습자료의 무분별한 사용은 자칫 잘못하면 수업을 산만하게 하거나 때로는 수업의 역효과를 초래할 수도 있다.

3) 학습자의 참여

수업의 성패는 학습자의 능동적 참여에 있다. 교사의 설명에 집중하는 자세에서 발문에 대한 응답, 동작과 실험, 기타 수업에서 필요한 다양한 활동에 얼마나 참여하여 열중하느냐에 따라 수업의 성패가 결정된다. 학습자의 적극적인 참여를 유도하는 방법은 수업의 내용에 따라 다를 수 있지만 다음과 같은 몇 가지 방법이 있다.

(1) 언어적 참여 방법
- 적절한 발문법에 따라 질문하고 응답하게 하는 법
- 학습자 스스로가 질문하고 응답을 구하는 방법
- 주어진 학습과제를 발표하는 방법
- 함께 토론하고 발표하는 방법

(2) 협동적 참여 방법
- 조별 학습을 통한 과제 해결 및 토론
- 수준별 협동 학습을 통한 학습과제 해결

(3) 과제활동을 통한 참여 방법
- 수업 중 학습자에게 수업 내용에 적합한 과제를 부여하여 학습자 스스로 학습하도록 하는 방법
- 쓰기, 조사, 자료 정리, 실습, 연습, 시연 등 수업과 관련된 과제를 해결하는 활동

(4) 교육공학적 참여 방법
학습자에게 교육공학 매체를 이용하여 수업 내용을 이해하도록 하는 방법으로 컴퓨터를 이용한 방법이 대표적임

4) 적절한 수업기법의 활용

교과목의 특성, 수업의 내용, 수업목표, 수업환경, 수업자료의 준비상태, 학습자의 준비도와 수준, 수업의 특성에 따라 다양한 수업기법이 요구된다. 교과내용의 특성을 고려하고 수업목표를 충실하게 달성하기 위해서는 합당한 수업기법을 적절하게 활용하는 기술이 필요하다. 다양한 수업기법을 짧은 교생 실습기간 동안 숙련된 상태로 활용하는 것은 거의 불가능하지만 몇 가지 기본적인 기법 중에서 교과내용에 적합한 수업기법을 활용하도록 노력하여야 한다. 이를 위해 사전에 지도교사와 충분히 협의하고 지도받을 필요가 있다.

4. 정리 단계의 특성과 주요 활동

정리 단계는 학습목표의 도달 여부를 확인시켜 주는 단계다. 학습 내용을 요약하고 정리하며 수업목표의 도달 여부를 확인한다. 평가를 통해 학습목표를 피드백시키고 다음 시간의 학습에 대한 안내를 한다. 수업의 시작부터 모든 단계가 중요하지만 정리 단계에서 시간을 충분히 활용하지 못하면 한 시간 수업을 마무리하지 못하는 결과를 초래하여 효과를 반감시킬 수 있다. 따라서 정리 단계는 반드시 시간을 배정하고 효율적으로 활용할 필요가 있다.

1) 학습 내용에 대한 요약 정리

학습 내용의 핵심적인 내용과 중요한 사항들을 요약 정리한다. 학습 내용을 전체적인 맥락에서 다시 한 번 환기시키는 기회를 제공한다.

2) 학습목표 도달 여부 평가

학습목표의 도달 여부를 확인하기 위한 평가를 간략하게 실시한다.

- 핵심내용에 관한 쪽지 시험
- 질문과 응답
- 학습목표와 관련된 응용문제 풀이
- 학습 내용에 대한 동작과 반복 연습(체육)을 통한 학습목표 확인

3) 학습 내용의 적용

학습자들이 학습한 내용을 주변의 생활 문제에 적용해서 그 문제를 해결해 보는 경험을 통해 학습의 일반화 및 전이의 효과를 가져오는 기회를 제공한다. 정리 단계에서 학습 내용을 일반화할 수 있는 적용문제를 제시하고 시간 내에 문제를 해결하거나 이를 차시 학습과제로 제시함으로써 일반화의 효과를 기대할 수 있다.

4) 심화 학습과제 제시

수업시간에 충분히 다루지 못한 심화 학습과제에 대해 보충자료나 참고도서들을 안내해 주어서 학습자가 알고 싶어 하는 지적 욕구를 충족시켜 주어야 한다. 또 수업시간에 깊이 있게 다루지 못한 학습 내용을 학습자 스스로 보충하고 심화하도록 적절한 과제를 제시할 필요가 있다.

5) 차시 예고

마지막으로 다음 시간에 학습할 내용이나 주제를 이번 수업시간에 배운

것과 관련지어 제시한다. 이는 학습의 계열성을 학습자에게 제시하고, 차시 학습 내용에 대해 학습자의 준비와 기대 효과를 유도할 수 있다.

5. 학습지도안 작성

1) 학습지도안 작성의 의미

교수-학습의 지도안은 학교 급별, 과목의 특성, 학습자의 특성 또는 학습목표나 내용에 따라서 다양하다. 예를 들어, 운동장에서의 체육수업의 경우 시범과 반복연습, 연습과정에서의 피드백을 중요시한다. 따라서 교실에서 국어나 수학을 가르치는 교수-학습과는 기본적으로 수업 활동 내용이 다르기 때문에 지도안의 내용도 달라야 한다. 또 초등학교의 저학년 학생들을 가르치는 놀이 중심의 교수-학습의 지도안은 교과의 내용을 논리적이고 체계적으로 설명해 주어야 하는 고등학교의 사회과나 역사수업과는 수업 활동이 근본적으로 다르기 때문에 지도안의 구성과 형식도 다를 것임은 쉽게 짐작할 수 있다.

그러나 대개의 수업안은 몇 가지 기본적인 원칙을 가지고 형식 면에 일정한 순서와 내용이 통일되어 있다고 볼 수 있다. 첫째, 단원의 지도계획을 먼저 작성하고 그다음에 매 수업시간별 지도계획을 작성한다. 둘째, 매 수업시간별로 계획을 세운 교수-학습이 제대로 이루어지면 그 결과는 단원의 수업 목표를 달성할 수 있도록 계획되어야 한다. 셋째, 교수-학습의 지도안은 세안(細案)또는 약안(略安)으로 작성하는데, 수업연구나 연구발표수업 등을 제외하고는 약안의 형식으로 작성하는 것이 일반적이다. 이때 약안으로 작성하더라도 교재 연구는 세안을 작성할 때와 같은 사고와 탐색의 과정을 거쳐야 한다. 다만, 문서상으로 작성만 하지 않을 따름이다(서울시교육연구원, 1995).

2) 학습지도안 작성의 실제

교과목에 따라 차이가 있지만 대부분의 교과서는 대단원과 여러 개의 중단원 또는 소단원으로 구성된다. 단원 지도에 관련된 구체적인 내용은 교사용 지도서에 상세하게 진술되어 있으나 지역이나 학교의 특성, 학생의 학습능력 등에 따라 차이가 있으므로 교사가 교과서, 교사용 지도서, 기타 관련전문 서적을 토대로 단원 지도 계획을 재구성하는 것이 바람직하다. 교과나단원의 특성에 따라 차이는 있겠지만 모든 교과의 공통적인 단원지도의 구성 요소는 다음과 같다(서울시교육연구원, 1995).

- 단원명
- 단원의 개관–단원의 구성, 학습 문제, 단원의 설정 이유
- 단원목표–단원의 일반적인 목표
- 단원지도상의 유의점
- 학습과제 분석–학습 내용의 구조
- 출발점 행동의 진단과 처치–진단평가(diagnostic evaluation), 정치평가 (placement evaluation), 보충학습
- 단원의 전개

(1) 단원지도 계획의 작성과 절차

① 단원명
단원명은 교사에게나 아동, 학생에게나 다같이 관심과 흥미를 끌 수 있는것이면 좋다. 따라서 단원명은 이미 교과서나 교사용 지도서에 있는 내용을기준으로 하지만 학교나 학생의 특성에 맞게 재구성할 수 있다.

단원명을 정하는 원칙은 다음과 같다.

- 일반적이고 대표적인 중요한 제목
- 중요한 원리, 개념, 사실을 대표하는 제목
- 학생의 중요한 문제를 나타내는 의문문 형태의 제목
- 중요한 사회문제를 표시하는 의문문 형태의 제목

교생이 수업을 위해 지도안을 작성하는 경우는 교과서에 지시된 단원명을 그대로 옮겨 쓰는 것이 좋다.

② 단원의 개관

단원의 개관에 포함되는 주요 내용은 다음과 같다.

- 학생의 필요나 흥미에 관한 내용
- 사회적 의미와 가치 있는 내용
- 해당 교과의 교육과정의 계열에서 차지하는 위치에 관한 내용

이러한 내용을 단원의 필요성을 근거로 그 정당성을 논리적으로 기술한다. 기술하는 내용을 학습자 측면, 사회적 요구 측면, 교과의 특성 측면으로 구분하기도 한다.

③ 단원의 목표

단원의 목표는 학습자가의 입장에서 성취해야 할 구체적이고 행동적인 목표로 진술되는 것이 바람직하다. 단원의 목표는 이미 교사용 지도서에 상세히 기술되어 있으나 학교나 학생의 학습능력과 특성에 맞게 조정해야 한다.

즉, 단원의 목표는 다음의 두 가지 측면을 고려하여 진술한다.

- 다루어야 할 주요한 내용의 영역
- 그 내용을 다룸으로써 달성될 것으로 기대되는 행동

예를 들면, '만유인력에 관한 원리의 이해' '인수분해의 개념을 이해하고 문제를 풀 수 있는 능력' 등이다. 그리고 지식, 이해, 태도, 기능, 적용 등의

영역이 순차적으로 선정되어 진술되어야 한다. 단원의 목표는 차시별 학습목표에 비하여 상대적으로 포괄적이고 종합적인 목표다.

④ 지도상의 유의점

해당 단원학습을 지도하기 위해서는 교사용 지도서에 기록되어 있는 지도상의 유의점을 살펴보고, 각 학습과제별 지도상의 유의점에 관심을 두어 지도 계획을 세우고 실제 수업에 임해야 한다. 그러나 교사용 지도서에 나타난 내용들은 학생의 특성, 학교의 특성을 전부 고려하였다고 볼 수 없기 때문에 교사용 지도서를 참고로 하되 해당 학생의 학습능력과 특성을 고려하여 단원의 학습 내용을 분석해서 지도상의 유의점을 찾아내야 한다. 특히 발견학습, 탐구학습, 토의식이 강조되는 단원에서는 그 단원을 처음부터 어떻게 이끌어 나갈지에 관해 이들 수업이론이나 모형을 참조하여 그 지도 방법을 탐색하고 구체적인 방법을 선택해서 진술한다.

⑤ 학습과제의 분석(학습 내용의 구조도)

단원목표를 명확하게 제시하여 지도함으로써 학습자의 학습력을 높이며, 가르칠 학습 내용을 객관적이고 타당하게 평가하기 위해서 맨 먼저 해야 할 일이 학습과제를 분석하는 일이다. 어떤 내용들을 가르쳐야 하는가에 대한 학습과제(학습 내용)가 구체적으로 분석되어야 그것을 근거로 해서 학습목표가 구체화되고 가르칠 학습 요소, 학습 요소 간의 관련성, 학습순서 등을 밝혀 낼 수 있다.

학습과제 분석은 해당 단원의 성격에 따라 여러 가지 방법으로 분석할 수 있다. 그러나 대개는 학습 내용의 위계별 분석, 교수-학습단계별 분석, 시간별 분석, 기능별 분석법 등을 사용한다(변영계, 2005).

⑥ 단원의 전개 계획

• 수업계열의 결정

단원목표에 따라 학습과제를 분석하고 그 요소를 추출한 후에는 이를 토대로 단원의 목표를 달성하기 위한 소요시간이 얼마나 필요한지, 어떤 순서로 단원을 전개할 것인가를 결정해야 한다. 수업계열을 결정하기 위해서 먼저 생각해야 할 일은 한 수업목표의 학습이 차시 수업목표의 학습에 최대한의 전이를 줄 수 있도록 배열하는 일이다. 그 구체적인 원칙을 몇 가지 들면 다음과 같다.

- 공동 요소는 가능한 초기에 가르친다.
- 한 수업목표가 다른 수업목표의 선수 학습 능력이 될 때 선수 학습 능력이 되는 것을 먼저 가르친다.
- 작업의 의존성에 따라 그 선후를 가린다.
- 위의 세 원칙이 적용되지 않을 경우는 교과의 특성, 자료의 특성에 따라 그 순서를 결정한다.

• 수업전략의 수립과 수업 방법 선정

수업계열의 결정에 따라 한 단원을 어떤 수업전략으로 어떻게 가르칠 것인가를 결정해야 한다. 단원을 위한 총 시수 단위시간별 학습목표를 결정하고 이를 위한 전략과 평가방법을 결정하여야 한다.

수업전략 중의 하나로 평가를 활용하고 진단평가, 형성평가, 총괄평가 등의 평가방법을 적절하게 활용하는 전략을 수립한다. 진단평가는 단원을 시작하는 시간에 학습자의 수준과 학습자의 정치(定置)를 위해 해야 할 것이다. 형성평가는 수업 중 실시하는 형성평가와 수업 후 하는 형성평가가 있다. 단위 수업이 끝나면 적절한 형성평가를 통해 학습목표의 달성 여부를 확인하고 피드백해 주는 전략이 포함되어야 한다. 총괄평가는 단원이 끝나면서 배정해야 할 것이다.

수업 방법은 단원의 매 차시별로 학습목표와 학습 내용에 적합한 수업 방법을 결정하고, 아울러 수업 방법에 적합한 수업매체와 자료를 선정하여 수업의 보조적 자료로 사용하는 것이 필요하다.

· 평가계획의 수립

진단평가, 형성평가, 총괄평가 등은 언제, 어떠한 방법으로 실시할 것인가를 결정해야 한다. 가능한 한 평가도구는 단원 전개 계획을 수립하는 단계에서 제작하는 것이 좋다.

이와 같이 단원 전개 계획은 한 단원을 체계적으로 어떻게 가르칠 것인가에 관한 개략적인 설계도다. 보다 자세한 지도 계획은 매 수업시간별 계획에서 나타날 것이다. 이 단원 전개 계획은 대개 아래의 형식에 따라 계획하면 활용하기에 편리하다.

표 13-2 단원 전개 계획 양식의 예

소단원	시 간	차 시	학습목표 및 학습 내용	수업 방법 및 평가계획	학습자료 및 수업매체	비 고

(2) 본시 학습지도안 작성 방법

본시 학습지도안이란 단위 시간의 구체적 수업목표의 달성을 위해 제공될 교수-학습활동에 대한 계획이다. 초등학교는 40분, 중학교는 45분, 고등학교는 50분씩 배정된 한 시간 수업의 진행을 위한 구체적인 계획이다.

본시 학습지도안은 단원의 전개 계획에 따라 한 시간 단위 수업을 어떻게 전개시킬 것인가에 관한 보다 구체적이고 상세한 지도 계획이다. 본시 학습지도안에 반드시 들어가야 할 요소의 핵심적인 요소는 다음과 같은 것들이 있다.

• 학습목표
• 수업의 단계 및 절차

- 학습 내용
- 교수-학습활동-교사와 학생으로 구분하여 작성
- 학습자료 및 수업매체
- 시간계획

그러나 지도안의 양식은 고정된 형식이 있을 수 없으며 학습 내용과 수업 방법에 따라 다양한 형식으로 응용하거나 창의적인 내용으로 만들 수 있다.

3) 본시 학습지도안의 작성 방법

효율적인 수업을 위해 단원의 지도 계획을 토대로 구체적인 본시 학습지도안을 작성하는 것이 순서다. 본시 학습지도안을 세부적으로 작성하는 방법은 다음과 같다.

① 단원명
단원명은 교과와 학습지도안에 따라 소단원, 중단원, 대단원명을 기입한다. 대단원의 지도 시수가 많지 않을 경우는 일반적으로 대단원명을 기입하고 있으나, 학습지도 시간이 적은 경우는 중단원이나 소단원을 기입하는 것이 바람직하다.

② 지도 대상
지도학년과 지도학급

③ 차시
차시는 사선 윗부분(분자)에는 본시의 차시를, 사선 아랫부분(분모)에는 단원지도에 소요되는 총 시수를 숫자로 기입한다. 예를 들면, '2/6'이란 단원지도 소요시간이 총 6시간인데 본시가 제2차시란 뜻이다.

④ 수업목표

본시의 수업목표는 학습자가 학습 후에 도달해야 할 성취 행동으로 진술하되, 명시적 동사를 사용하여 그 성취 결과를 명확하게 알 수 있도록 해야 한다. 즉, 단원의 목표와 달리 본시의 학습목표는 추상적인 의미를 담고 있는 암시적 동사 대신에 구체적 행동으로 표현되는 동사를 사용하여 제시한다. 예를 들면 다음과 같다.

- 추상적 의미의 동사: 이해한다, 감상한다, 인식한다.
- 구체적 행동적 의미의 동사: 10초 이내로 달릴 수 있다, 다섯 가지를 진술할 수 있다, 비교·설명할 수 있다, 문제를 풀어 그 정답을 구할 수 있다.

행동적 목표 진술을 주장하는 학자들 중 Mager는 수업목표는 수업과정에서 의도하고 있는 행동의 내용, 그 행동을 수행할 조건, 그리고 학습목표 도달과 평가하는 준거의 세 가지 요소를 포함한 학습목표 진술을 주장하고 있다.

4) 학습지도안 예시

모범적인 학습지도안은 교과 관련 웹사이트와 교육관련 단체의 웹사이트 등에 탑재된 지도안 예시 자료를 통해 볼 수 있다. 다음의 〈표 13-3〉은 학습지도안 형식의 예시다.

표 13-3 **학습지도안 형식**(예시)

단원명		대상		차시		지도일시		지도장소	
학습목표									
학습 지도 단계	주요 학습 내용			교수-학습활동		시간	수업 매체	지도상의 유의점	
				교사	학생				
도입									
전개									
정리									
판서 내용, 형성평가 문항 및 과제물 제시									

Chapter **14**

교육실습록 작성 및 평가

　　교육실습록은 교육실습의 과정을 배움의 시각에서 기록하여 정리한 것이다. 학교와 학급의 행사와 전반적인 교육활동의 내용을 기록하고 분석하여 나름대로의 평가를 해 보는 학습장이다. 이러한 평가와 자기반성을 실습기간 동안 기록함으로써 교육실습록은 교생의 자서전적 실습보고서가 되며, 이는 실습의 전 과정을 객관적으로 평가할 수 있는 귀중한 자료가 될 수 있다.

　　특히 매일 작성하는 소감 및 반성은 교사로서의 자질을 갖추기 위한 자기 성찰의 과정을 볼 수 있는 내용이다. 교사가 되기 위해서 갖추어야 할 능력과 사명감, 수업 실습에 대한 평가, 학생에 대한 사랑의 실천 등 교육실습 전반에 대해 솔직하고 정직하게 교육적인 시각에서 되돌아보는 반성적 일기장이 되어야 한다.

1. 교육실습록 작성의 의미

교육실습록은 실습한 내용을 교육적인 시각에서 기록하여 정리한 것이다. 여기에는 실습의 실제적인 기록과 함께 소감과 반성적 평가를 포함하여 지도교사의 조언이 함께 정리된다. 실습을 성실하게 잘 수행한 교생은 실습록에 그러한 내용이 정확하게 기록되어 있어서 실습의 증거가 되며 평가의 준거가 된다.

교육실습록은 실습학교에서 실습과정을 통해 배우는 모든 과정을 정리하여 기록하는 보고서다. 실습학교의 교장이나 교감, 실습담당 부장교사, 담임지도교사 및 교과담임교사의 지도와 조언을 정리하여 기록하며, 학교와 학급의 행사와 전반적인 교육활동의 내용을 기록하고 분석하여 나름대로의 평가를 해 보는 기록장이다. 이러한 평가와 자기반성을 실습기간 동안 기록함으로써 실습록은 교생의 자서전적 실습보고서가 되며, 이는 실습의 전 과정을 객관적으로 평가할 수 있는 귀중한 자료가 될 수 있다. 따라서 실습록은 성실하게 최선을 다해 작성해야 한다.

특히 매일 작성하는 소감 및 반성은 교사로서의 자질을 갖추기 위한 자기성찰의 과정을 볼 수 있는 내용이다. 교사가 되기 위해서 갖추어야 할 능력과 사명감, 학생에 대한 사랑의 실천 등을 솔직하고 정직하게 교육적인 시각에서 되돌아보는 반성적 일기장이 되어야 한다.

2. 교육실습록의 주요 기재 내용

• 실습학교에서 별도로 준비하여 출근상황을 기록하도록 하는 경우는 교육실습록의 출근부를 사용하지 않아도 된다. 그렇지 않은 경우는 실습록의 출근부를 사용하여 출근 여부를 기록한다.

- '실습학교 현황'은 그 학교의 홈페이지에 소개된 학교의 현황, 혹은 '학교요람'이나 '교육계획서'를 바탕으로 주요 사항만을 발췌하여 학교의 개요를 알 수 있도록 기록한다.
- '담당 학급 현황'은 담임지도교사의 도움을 받아 학급에 대한 현황을 파악하여 기록하며, '학급경영록' 기타 학급의 현황을 파악할 수 있는 학급의 다른 장부를 보고 그 학급의 일반적 현황을 파악할 수 있도록 기록한다.
- '좌석표(담임 및 교과 담당 학급용)'는 실습에 임하는 학급의 학생들을 파악하고 기억하기 위해 작성한다. 교실 정면의 교단을 중심으로 학급 학생들의 좌석에 이름을 써 넣고 이를 빠른 시간 내에 기억하도록 한다. 첨부된 여러 장의 '좌석표'를 학생들을 파악하고 기억하기 위한 교육적 목적으로 사용한다.
- '좌석표(참관용)'는 교생들이 지도교사의 수업을 참관할 때 학생들을 파악하기 위해 필요한 경우 학생들의 좌석을 파악할 수 있도록 좌석표를 작성한다.
- '주간일정표'는 교생실습 기간 중에 실습과 관련된 주별 및 요일별 일정과 실습학교의 주요 행사를 기록하도록 한다.
- '수업시간표'는 실습을 담당한 담임 학급과 교과 담당 학급의 시간표를 기재한다.
- '교육실습일지'의 부분별 기재 내용은 다음과 같다.
  - 주요행사 및 계획: 학교의 주요행사를 기록한다. 예컨대, 애국조회, 대청소, 체육대회, 야외학습, 수업연구, 시범수업 등 해당되는 날의 학교행사나 교육계획을 간략하게 기재한다.
  - 전달 및 협의사항: 학교의 업무추진을 위한 여러 가지 전달 내용을 기록한다. 예컨대, 전체 교직원 조회나 동학년 협의회, 교과협의회에서 논의되어 교생에게 알리거나 학교장(감)의 지시, 협조 사항, 또는 교생 대표의 전달사항을 기록한다.
  - 학습지도 및 생활지도: 수업과 교과학습과 관련된 특기사항이나 학급

의 특별활동 계획과 실천 및 생활지도에 관한 특기사항을 기록한다.

- 반성 및 소감: 실습학교의 교사나 교생의 수업을 참관하고 느낀 점이
나 배운 점 또는 학생들의 태도나 행동을 보고 느낀 점이나 개선 점,
기타 학교운영이나 행사·학급경영 등에 관한 소감이나 반성 또는 시
사점 등을 기록한다.

- 지도교사의 조언: 실습록에 기록된 하루의 실습소감 및 반성, 실습활
동에 대한 결재를 받으면서 지도교사가 지도와 조언을 기재한다. 경
우에 따라서는 교생이 직접 지도교사의 지도와 조언을 기록할 수도
있다. 지도교사의 지도와 조언을 교생이 충실하게 수용하며 교생실습
에 반영하는 것은 당연하다.

• '수업 참관록'에는 다른 교사나 교생의 수업을 참관하는 경우 그 내용을
기록한다.

- '수업의 과정'은 도입에서 정리에 이르는 일련의 수업과정을 진지하
고 연구적인 태도로 참관하고, 배우는 입장에서 수업의 장단점을 분
석하며, 이를 토대로 자기 수업의 개선점으로 삼는 기회를 갖기 위해
기록한다. 수업의 과정은 도입·전개·정리의 순으로 기록한다.

- '평가'는 수업지도안과 실제 수업을 분석하여 수업의 전반적인 부분
에 대해 평가한 내용을 기록한다. 평가자의 입장에서 학습 목표에 비
해 실제 수업에서 학습 목표의 도달 정도와 학생의 활동 정도를 기록
한다.

- '토의·협의사항'은 수업 후 별도의 수업평가회가 있는 경우는 평가
회에서 논의된 토의 내용과 수업평가 내용을 정리하여 기록한다.

• '교육실습후기'란에는 교육실습의 전 과정을 통해 배운 점이나 느낀 점,
기억에 남는 교육적 사건과 추억, 교사가 되기 위한 사명감, 실습의 전
반적인 과정에서 교육현장의 실제적 모습을 통해 느낀 소감 등을 솔직
하게 종합적으로 기록한다.

3. 교육실습록 작성의 유의점

• 정성껏 기록한다

교사가 되기 위한 실습 과정을 성실하게 수행한 증거 자료로 성실하게 정성껏 작성한다. 참관실습 과정에서부터 실제 수업에 이르는 모든 실습과정의 탐구와 노력의 자세가 자세하게 표현될 수 있도록 가능하면 상세하게 기록한다.

• 구체적이면서 핵심적인 내용을 정확하게 기입한다

실습의 하루 일과를 핵심적인 일을 중심으로 간결하게 정리하여 기록한다. 객관적인 입장에서 배우는 자세로 서술한다.

• 매일매일 성실하게 기록하고 점검을 받는다

실습록은 매일 일과를 마치기 전에 기록하고 지도교사의 점검을 받는다. 하루 중에도 수시로 실습의 내용을 생생하게 기록한다.

4. 교육실습 평가

1) 교육실습 평가의 의의

교육실습의 결과를 평가하는 것은 실습생의 입장에서는 크게 두 가지 측면에서 의미를 가진다. 우선은 교육실습 평가를 통해 교사로서의 자질을 확인하는 척도로 삼을 수 있다는 것이다. 동시에 평가의 결과를 토대로 실제로 교사가 되기 위해 무엇을 어떻게 해야 하는가에 대한 피드백을 받는 계기로 삼을 수 있다. 결과적으로는 학점을 취득하여 교사자격증을 받을 수 있는 자

표 14-1 교육실습일지(예시)

교 육 실 습 일 지

학습지도교사	교과지도교사	부장교사	교 감	교 장

20 년 월 일 요일		날 씨	
주요 행사 및 계획			
전달 및 협의사항			
학습 지도			
생활 지도			
반성 및 소감			
지도교사 조언			

료가 된다.

2) 교육실습 평가 영역

교육실습 평가의 영역은 크게 다음과 같은 몇 가지 영역으로 나뉜다.

- 교사의 일반적인 자질과 능력
- 교사로서의 근무상황과 기본적인 태도
- 실제 수업 능력
- 실습록 작성
- 연구 활동
- 학급경영 능력
- 학생지도 능력
- 학교행사 참가

다음의 〈표 14-2〉는 이러한 평가 영역별 구체적인 평가 내용을 보여 주는 예시다. 학교에 따라서 구체적인 평가 내용이 다소 다를 수 있지만 평가 영역에는 차이가 없다. 또한 평가 영역별 점수 배점도 학교의 재량에 따라 다를 수 있다. 이러한 평가의 내용에 대해 실습학교의 담당 부장교사가 교생들을 대상으로 한 오리엔테이션에서 안내할 수 있다.

표 14-2 **교육실습 성적 평가표**(예시)

소 속		평가교사	(인)
영 역	내 용	배 점	점 수
실제 수업	언어 표현력 교편물 준비 수업 형태 판서 및 정리 학습 전개 및 구조화 학생 활동 및 호응도	50	
학습지도안 및 제출물	교재 연구 성실성 출제 및 교편물 제출상황(사전 · 사후)	15	
참관 및 평가회	참관 상황 연구적 태도 평가회	10	
학급경영 및 근무	학급경영 계획 생활지도(전달확인) 청소환경 · 제장부 근무 및 참관 상황	10	
교사자질	예의 · 언행 지도 역량 성실성 및 협동성	10	
실습록	작성내용	5	
연구활동	연구과제	10	
합 계		100	

연구
문제

1. 교육실습 과정에서 교육실습록 작성의 의미는 무엇인가?

2. 교육실습록의 주요 기재 내용은 무엇이며 기재 요령은 어떠한지 설명하라.

3. 교육실습록의 예시를 보고 내용을 기재해 보라.

4. 교육실습록의 반성 및 소감을 쓰는 의미와 요령을 설명하라.

5. 교육실습록 작성 시 유의할 점에 대해 설명하라.

6. 교육실습 평가의 의미와 평가 영역을 열거하고 설명하라.

부록

「교육기본법」

「초 · 중등교육법」

교육공무원 임용후보자 선정경쟁시험규칙

「교육기본법」
[시행 2015.1.20.] [법률 제13003호, 2015.1.20., 일부개정]

제1장 총칙 〈개정 2007. 12. 21.〉

제1조(목적) 이 법은 교육에 관한 국민의 권리 · 의무 및 국가 · 지방자치단체의 책임을 정하고 교육제도와 그 운영에 관한 기본적 사항을 규정함을 목적으로 한다.

[전문개정 2007. 12. 21.]

제2조(교육이념) 교육은 홍익인간(弘益人間)의 이념 아래 모든 국민으로 하여금 인격을 도야(陶冶)하고 자주적 생활능력과 민주시민으로서 필요한 자질을 갖추게 함으로써 인간다운 삶을 영위하게 하고 민주국가의 발전과 인류공영(人類共榮)의 이상을 실현하는 데에 이바지하게 함을 목적으로 한다.

[전문개정 2007. 12. 21.]

제3조(학습권) 모든 국민은 평생에 걸쳐 학습하고, 능력과 적성에 따라 교육받을 권리를 가진다.

[전문개정 2007. 12. 21.]

제4조(교육의 기회균등) ① 모든 국민은 성별, 종교, 신념, 인종, 사회적 신분, 경제적 지위 또는 신체적 조건 등을 이유로 교육에서 차별을 받지 아니

한다.

② 국가와 지방자치단체는 학습자가 평등하게 교육을 받을 수 있도록 지역 간의 교원 수급 등 교육 여건 격차를 최소화하는 시책을 마련하여 시행하여야 한다.

[전문개정 2007. 12. 21.]

제5조(교육의 자주성 등) ① 국가와 지방자치단체는 교육의 자주성과 전문성을 보장하여야 하며, 지역 실정에 맞는 교육을 실시하기 위한 시책을 수립·실시하여야 한다.

② 학교운영의 자율성은 존중되며, 교직원·학생·학부모 및 지역주민 등은 법령으로 정하는 바에 따라 학교운영에 참여할 수 있다.

[전문개정 2007. 12. 21.]

제6조(교육의 중립성) ① 교육은 교육 본래의 목적에 따라 그 기능을 다하도록 운영되어야 하며, 정치적·파당적 또는 개인적 편견을 전파하기 위한 방편으로 이용되어서는 아니 된다.

② 국가와 지방자치단체가 설립한 학교에서는 특정한 종교를 위한 종교교육을 하여서는 아니 된다.

[전문개정 2007. 12. 21.]

제7조(교육재정) ① 국가와 지방자치단체는 교육재정을 안정적으로 확보하기 위하여 필요한 시책을 수립·실시하여야 한다.

② 교육재정을 안정적으로 확보하기 위하여 지방교육재정교부금 등에 관하여 필요한 사항은 따로 법률로 정한다.

[전문개정 2007. 12. 21.]

제8조(의무교육) ① 의무교육은 6년의 초등교육과 3년의 중등교육으로 한다.

② 모든 국민은 제1항에 따른 의무교육을 받을 권리를 가진다.

[전문개정 2007. 12. 21.]

제9조(학교교육) ① 유아교육·초등교육·중등교육 및 고등교육을 하기 위하여 학교를 둔다.

② 학교는 공공성을 가지며, 학생의 교육 외에 학술 및 문화적 전통의 유지·발전과 주민의 평생교육을 위하여 노력하여야 한다.

③ 학교교육은 학생의 창의력 계발 및 인성(人性) 함양을 포함한 전인적(全人的) 교육을 중시하여 이루어져야 한다.

④ 학교의 종류와 학교의 설립·경영 등 학교교육에 관한 기본적인 사항은 따로 법률로 정한다.

[전문개정 2007. 12. 21.]

제10조(사회교육) ① 국민의 평생교육을 위한 모든 형태의 사회교육은 장려되어야 한다.

② 사회교육의 이수(履修)는 법령으로 정하는 바에 따라 그에 상응하는 학교교육의 이수로 인정될 수 있다.

③ 사회교육시설의 종류와 설립·경영 등 사회교육에 관한 기본적인 사항은 따로 법률로 정한다.

[전문개정 2007. 12. 21.]

제11조(학교 등의 설립) ① 국가와 지방자치단체는 학교와 사회교육시설을 설립·경영한다.

② 법인이나 사인(私人)은 법률로 정하는 바에 따라 학교와 사회교육시설을 설립·경영할 수 있다.

[전문개정 2007. 12. 21.]

제2장 교육당사자 〈개정 2007. 12. 21.〉

제12조(학습자) ① 학생을 포함한 학습자의 기본적 인권은 학교교육 또는 사회교육의 과정에서 존중되고 보호된다.

② 교육내용·교육방법·교재 및 교육시설은 학습자의 인격을 존중하고 개성을 중시하여 학습자의 능력이 최대한으로 발휘될 수 있도록 마련되어야 한다.

③ 학생은 학습자로서의 윤리의식을 확립하고, 학교의 규칙을 준수하여야 하며, 교원의 교육·연구활동을 방해하거나 학내의 질서를 문란하게 하여서는 아니 된다.

[전문개정 2007. 12. 21.]

제13조(보호자) ① 부모 등 보호자는 보호하는 자녀 또는 아동이 바른 인성을 가지고 건강하게 성장하도록 교육할 권리와 책임을 가진다.

② 부모 등 보호자는 보호하는 자녀 또는 아동의 교육에 관하여 학교에 의견을 제시할 수 있으며, 학교는 그 의견을 존중하여야 한다.

[전문개정 2007. 12. 21.]

제14조(교원) ① 학교교육에서 교원(敎員)의 전문성은 존중되며, 교원의 경제적·사회적 지위는 우대되고 그 신분은 보장된다.

② 교원은 교육자로서 갖추어야 할 품성과 자질을 향상시키기 위하여 노력하여야 한다.

③ 교원은 교육자로서의 윤리의식을 확립하고, 이를 바탕으로 학생에게 학습윤리를 지도하고 지식을 습득하게 하며, 학생 개개인의 적성을 계발할 수 있도록 노력하여야 한다.

④ 교원은 특정한 정당이나 정파를 지지하거나 반대하기 위하여 학생을 지도하거나 선동하여서는 아니 된다.

⑤ 교원은 법률로 정하는 바에 따라 다른 공직에 취임할 수 있다.

⑥ 교원의 임용·복무·보수 및 연금 등에 관하여 필요한 사항은 따로 법률로 정한다.

[전문개정 2007. 12. 21.]

제15조(교원단체) ① 교원은 상호 협동하여 교육의 진흥과 문화의 창달에 노력하며, 교원의 경제적·사회적 지위를 향상시키기 위하여 각 지방자치단체와 중앙에 교원단체를 조직할 수 있다.

② 제1항에 따른 교원단체의 조직에 필요한 사항은 대통령령으로 정한다.

[전문개정 2007. 12. 21.]

제16조(학교 등의 설립자ㆍ경영자) ① 학교와 사회교육시설의 설립자ㆍ경영자는 법령으로 정하는 바에 따라 교육을 위한 시설ㆍ설비ㆍ재정 및 교원 등을 확보하고 운용ㆍ관리한다.

② 학교의 장 및 사회교육시설의 설립자ㆍ경영자는 법령으로 정하는 바에 따라 학습자를 선정하여 교육하고 학습자의 학습성과 등 교육의 과정을 기록하여 관리한다.

③ 학교와 사회교육시설의 교육내용은 학습자에게 미리 공개되어야 한다.

제17조(국가 및 지방자치단체) 국가와 지방자치단체는 학교와 사회교육시설을 지도ㆍ감독한다.

[전문개정 2007. 12. 21.]

제3장 교육의 진흥 〈개정 2007. 12. 21.〉

제17조의2(남녀평등교육의 증진) ① 국가와 지방자치단체는 남녀평등정신을 보다 적극적으로 실현할 수 있는 시책을 수립ㆍ실시하여야 한다.

② 국가 및 지방자치단체와 제16조에 따른 학교 및 사회교육시설의 설립자ㆍ경영자는 교육을 할 때 합리적인 이유 없이 성별에 따라 참여나 혜택을 제한하거나 배제하는 등의 차별을 하여서는 아니 된다.

③ 제1항에 따른 시책에는 체육ㆍ과학기술 등 여성의 활동이 취약한 분야를 중점 육성할 수 있는 교육적 방안이 포함되어야 한다.

④ 학교교육에서 남녀평등을 증진하기 위한 학교교육과정의 기준과 내용 등 대통령령으로 정하는 사항에 관한 교육부장관의 자문에 응하기 위하여 남녀평등교육심의회를 둔다. 〈개정 2008. 2. 29., 2013. 3. 23.〉

⑤ 제4항에 따른 남녀평등교육심의회 위원의 자격ㆍ구성ㆍ운영 등에 필요한 사항은 대통령령으로 정한다.

[전문개정 2007. 12. 21.]

제17조의3(학습윤리의 확립) 국가와 지방자치단체는 모든 국민이 학업·연구·시험 등 교육의 모든 과정에 요구되는 윤리의식을 확립할 수 있도록 필요한 시책을 수립·실시하여야 한다.

[전문개정 2007. 12. 21.]

제17조의4(건전한 성의식 함양) ① 국가와 지방자치단체는 학생의 존엄한 성(性)을 보호하고 학생에게 성에 대한 선량한 정서를 함양시킬 수 있도록 필요한 시책을 수립·실시하여야 한다.

② 제1항에 따른 시책에는 학생 개인의 존엄과 인격이 존중될 수 있는 교육적 방안과 남녀의 성 특성을 고려한 교육·편의시설 마련 방안이 포함되어야 한다.

[전문개정 2007. 12. 21.]

제17조의5(안전사고 예방) 국가와 지방자치단체는 학생 및 교직원의 안전을 보장하고 사고를 예방할 수 있도록 필요한 시책을 수립·실시하여야 한다.

[본조신설 2015. 1. 20.]

제18조(특수교육) 국가와 지방자치단체는 신체적·정신적·지적 장애 등으로 특별한 교육적 배려가 필요한 자를 위한 학교를 설립·경영하여야 하며, 이들의 교육을 지원하기 위하여 필요한 시책을 수립·실시하여야 한다.

[전문개정 2007. 12. 21.]

제19조(영재교육) 국가와 지방자치단체는 학문·예술 또는 체육 등의 분야에서 재능이 특히 뛰어난 자의 교육에 필요한 시책을 수립·실시하여야 한다.

[전문개정 2007. 12. 21.]

제20조(유아교육) 국가와 지방자치단체는 유아교육을 진흥하기 위하여 필요한 시책을 수립·실시하여야 한다.

[전문개정 2007. 12. 21.]

제21조(직업교육) 국가와 지방자치단체는 모든 국민이 학교교육과 사회교육
을 통하여 직업에 대한 소양과 능력을 계발하기 위한 교육을 받을 수 있
도록 필요한 시책을 수립·실시하여야 한다.

[전문개정 2007. 12. 21.]

제22조(과학·기술교육) 국가와 지방자치단체는 과학·기술교육을 진흥하기
위하여 필요한 시책을 수립·실시하여야 한다.

[전문개정 2007. 12. 21.]

제22조의2(학교체육) 국가와 지방자치단체는 학생의 체력 증진과 체육활동
장려에 필요한 시책을 수립·실시하여야 한다.

[전문개정 2007. 12. 21.]

제23조(교육의 정보화) 국가와 지방자치단체는 정보화교육 및 정보통신매체
를 이용한 교육을 지원하고 교육정보산업을 육성하는 등 교육의 정보
화에 필요한 시책을 수립·실시하여야 한다.

[전문개정 2007. 12. 21.]

제23조의2(학교 및 교육행정기관 업무의 전자화) 국가와 지방자치단체는 학교
및 교육행정기관의 업무를 전자적으로 처리할 수 있도록 필요한 시책
을 마련하여야 한다.

[전문개정 2007. 12. 21.]

제23조의3(학생정보의 보호원칙) ① 학교생활기록 등의 학생정보는 교육적 목
적으로 수집·처리·이용 및 관리되어야 한다.

② 부모 등 보호자는 자녀 등 피보호자에 대한 제1항의 학생정보를 제
공받을 권리를 가진다.

③ 제1항에 따른 학생정보는 법률로 정하는 경우 외에는 해당 학생(학
생이 미성년자인 경우에는 학생 및 학생의 부모 등 보호자)의 동의 없
이 제3자에게 제공되어서는 아니 된다.

[전문개정 2007. 12. 21.]

제24조(학술문화의 진흥) 국가와 지방자치단체는 학술문화를 연구·진흥하기 위하여 학술문화시설 설치 및 연구비 지원 등의 시책을 수립·실시하여야 한다.

[전문개정 2007. 12. 21.]

제25조(사립학교의 육성) 국가와 지방자치단체는 사립학교를 지원·육성하여야 하며, 사립학교의 다양하고 특성있는 설립목적이 존중되도록 하여야 한다.

[전문개정 2007. 12. 21.]

제26조(평가 및 인증제도) ① 국가는 국민의 학습성과 등이 공정하게 평가되어 사회적으로 통용될 수 있도록 학력평가와 능력인증에 관한 제도를 수립·실시할 수 있다.

② 제1항에 따른 평가 및 인증제도는 학교의 교육과정 등 교육제도와 상호 연계되어야 한다.

[전문개정 2007. 12. 21.]

제26조의2(교육 관련 정보의 공개) ① 국가와 지방자치단체는 국민의 알 권리와 학습권을 보장하기 위하여 그 보유·관리하는 교육 관련 정보를 공개하여야 한다.

② 제1항에 따른 교육 관련 정보의 공개에 관한 기본적인 사항은 따로 법률로 정한다.

[전문개정 2007. 12. 21.]

제27조(보건 및 복지의 증진) ① 국가와 지방자치단체는 학생과 교직원의 건강 및 복지를 증진하기 위하여 필요한 시책을 수립·실시하여야 한다. 〈개정 2008. 3. 21.〉

② 국가 및 지방자치단체는 학생의 안전한 주거환경을 위하여 학생복지주택의 건설에 필요한 시책을 수립·실시하여야 한다. 〈신설 2008. 3. 21.〉

[전문개정 2007. 12. 21.]

제28조(장학제도 등) ① 국가와 지방자치단체는 경제적 이유로 교육받기 곤란한 자를 위한 장학제도(獎學制度)와 학비보조제도 등을 수립·실시하여야 한다.

② 국가는 다음 각 호의 자에게 학비나 그 밖에 필요한 경비의 전부 또는 일부를 보조할 수 있다.

1. 교원양성교육을 받는 자

2. 국가가 특히 필요로 하는 분야를 국내외에서 전공하거나 연구하는 자

③ 제1항 및 제2항에 따른 장학금 및 학비보조금 등의 지급 방법 및 절차, 지급받을 자의 자격 및 의무 등에 관하여 필요한 사항은 대통령령으로 정한다.

[전문개정 2007. 12. 21.]

제29조(국제교육) ① 국가는 국민이 국제사회의 일원으로서 갖추어야 할 소양과 능력을 기를 수 있도록 국제화교육에 노력하여야 한다.

② 국가는 외국에 거주하는 동포에게 필요한 학교교육 또는 사회교육을 실시하기 위하여 필요한 시책을 마련하여야 한다.

③ 국가는 학문연구를 진흥하기 위하여 국외유학에 관한 시책을 마련하여야 하며, 국외에서 이루어지는 우리나라에 대한 이해와 우리 문화의 정체성 확립을 위한 교육·연구활동을 지원하여야 한다.

④ 국가는 외국정부 및 국제기구 등과의 교육협력에 필요한 시책을 마련하여야 한다.

[전문개정 2007. 12. 21.]

부칙 〈제13003호, 2015. 1. 20.〉

이 법은 공포한 날부터 시행한다.

『초 · 중등교육법』
[시행 2015.9.28.] [법률 제13227호, 2015.3.27., 일부개정]

제1장 총칙 〈개정 2012. 3. 21.〉

제1조(목적) 이 법은 「교육기본법」 제9조에 따라 초 · 중등교육에 관한 사항
  을 정함을 목적으로 한다.

  [전문개정 2012. 3. 21.]

제2조(학교의 종류) 초 · 중등교육을 실시하기 위하여 다음 각 호의 학교를
  둔다.

  1. 초등학교 · 공민학교

  2. 중학교 · 고등공민학교

  3. 고등학교 · 고등기술학교

  4. 특수학교

  5. 각종학교

  [전문개정 2012. 3. 21.]

제3조(국립 · 공립 · 사립학교의 구분) 제2조 각 호의 학교(이하 "학교"라 한다)
  는 설립주체에 따라 다음 각 호와 같이 구분한다. 〈개정 2013. 12. 30.〉

  1. 국립학교: 국가가 설립 · 경영하는 학교 또는 국립대학법인이 부설
  하여 경영하는 학교

2. 공립학교: 지방자치단체가 설립·경영하는 학교(설립주체에 따라 시립학교·도립학교로 구분할 수 있다)

3. 사립학교: 법인이나 개인이 설립·경영하는 학교(국립대학법인이 부설하여 경영하는 학교는 제외한다)

[전문개정 2012. 3. 21.]

제4조(학교의 설립 등) ① 학교를 설립하려는 자는 시설·설비 등 대통령령으로 정하는 설립 기준을 갖추어야 한다.

② 사립학교를 설립하려는 자는 특별시·광역시·특별자치시·도·특별자치도 교육감(이하 "교육감"이라 한다)의 인가를 받아야 한다.

③ 사립학교를 설립·경영하는 자가 학교를 폐교하거나 대통령령으로 정하는 중요 사항을 변경하려면 교육감의 인가를 받아야 한다.

[전문개정 2012. 3. 21.]

제5조(학교의 병설) 초등학교·중학교 및 고등학교는 지역의 실정에 따라 상호 병설(竝設)할 수 있다.

[전문개정 2012. 3. 21.]

제6조(지도·감독) 국립학교는 교육부장관의 지도·감독을 받으며, 공립·사립 학교는 교육감의 지도·감독을 받는다. 〈개정 2013. 3. 23.〉

[전문개정 2012. 3. 21.]

제7조(장학지도) 교육감은 관할 구역의 학교를 대상으로 교육과정 운영과 교수(敎授)·학습방법 등에 대한 장학지도를 할 수 있다.

[전문개정 2012. 3. 21.]

제8조(학교 규칙) ① 학교의 장(학교를 설립하는 경우에는 그 학교를 설립하려는 자를 말한다)은 법령의 범위에서 학교 규칙(이하 "학칙"이라 한다)을 제정 또는 개정할 수 있다.

② 학칙의 기재 사항과 제정·개정 절차 등에 관하여 필요한 사항은 대통령령으로 정한다.

[전문개정 2012. 3. 21.]

제9조(학생·기관·학교 평가) ① 교육부장관은 학교에 재학 중인 학생을 대상으로 학업성취도를 측정하기 위한 평가를 할 수 있다. 〈개정 2013. 3. 23.〉

② 교육부장관은 교육행정을 효율적으로 수행하기 위하여 특별시·광역시·특별자치시·도·특별자치도 교육청과 그 관할하는 학교를 평가할 수 있다. 〈개정 2013. 3. 23.〉

③ 교육감은 교육행정의 효율적 수행 및 학교 교육능력 향상을 위하여 그 관할하는 교육행정기관과 학교를 평가할 수 있다.

④ 제2항 및 제3항에 따른 평가의 대상·기준·절차 및 평가 결과의 공개 등에 필요한 사항은 대통령령으로 정한다.

⑤ 평가 대상 기관의 장은 특별한 사유가 있는 경우가 아니면 제1항부터 제3항까지의 규정에 따른 평가를 받아야 한다.

⑥ 교육부장관은 교육감이 그 관할 구역에서 제3항에 따른 평가를 실시하려는 경우 필요한 지원을 할 수 있다. 〈개정 2013. 3. 23.〉

[전문개정 2012. 3. 21.]

제10조(수업료 등) ① 학교의 설립자·경영자는 수업료와 그 밖의 납부금을 받을 수 있다.

② 제1항에 따른 수업료와 그 밖의 납부금을 거두는 방법 등에 필요한 사항은 국립학교의 경우에는 교육부령으로 정하고, 공립·사립 학교의 경우에는 특별시·광역시·특별자치시·도·특별자치도(이하 "시·도"라 한다)의 조례로 정한다. 이 경우 국민의 교육을 받을 권리를 본질적으로 침해하는 내용을 정하여서는 아니 된다. 〈개정 2013. 3. 23.〉

[전문개정 2012. 3. 21.]

제11조(학교시설 등의 이용) 모든 국민은 학교교육에 지장을 주지 아니하는 범위에서 그 학교의 장의 결정에 따라 국립학교의 시설 등을 이용할 수 있고, 공립·사립 학교의 시설 등은 시·도의 교육규칙으로 정하는 바에 따라 이용할 수 있다.

[전문개정 2012. 3. 21.]

제2장 의무교육 〈개정 2012. 3. 21.〉

제12조(의무교육) ① 국가는 「교육기본법」 제8조제1항에 따른 의무교육을 실시하여야 하며, 이를 위한 시설을 확보하는 등 필요한 조치를 강구하여야 한다.

② 지방자치단체는 그 관할 구역의 의무교육대상자를 모두 취학시키는 데에 필요한 초등학교, 중학교 및 초등학교 · 중학교의 과정을 교육하는 특수학교를 설립 · 경영하여야 한다.

③ 지방자치단체는 지방자치단체가 설립한 초등학교 · 중학교 및 특수학교에 그 관할 구역의 의무교육대상자를 모두 취학시키기 곤란하면 인접한 지방자치단체와 협의하여 합동으로 초등학교 · 중학교 또는 특수학교를 설립 · 경영하거나, 인접한 지방자치단체가 설립한 초등학교 · 중학교 또는 특수학교나 국립 또는 사립의 초등학교 · 중학교 또는 특수학교에 일부 의무교육대상자에 대한 교육을 위탁할 수 있다.

④ 국립 · 공립 학교의 설립자 · 경영자와 제3항에 따라 의무교육대상자의 교육을 위탁받은 사립학교의 설립자 · 경영자는 의무교육을 받는 사람으로부터 수업료와 학교운영지원비를 받을 수 없다. 〈개정 2013. 12. 30.〉

[전문개정 2012. 3. 21.]

제13조(취학 의무) ① 모든 국민은 보호하는 자녀 또는 아동이 6세가 된 날이 속하는 해의 다음 해 3월 1일에 그 자녀 또는 아동을 초등학교에 입학시켜야 하고, 초등학교를 졸업할 때까지 다니게 하여야 한다.

② 모든 국민은 제1항에도 불구하고 그가 보호하는 자녀 또는 아동이 5세가 된 날이 속하는 해의 다음 해 또는 7세가 된 날이 속하는 해의 다음 해에 그 자녀 또는 아동을 초등학교에 입학시킬 수 있다. 이 경우에

도 그 자녀 또는 아동이 초등학교에 입학한 해의 3월 1일부터 졸업할 때까지 초등학교에 다니게 하여야 한다.

③ 모든 국민은 보호하는 자녀 또는 아동이 초등학교를 졸업한 학년의 다음 학년 초에 그 자녀 또는 아동을 중학교에 입학시켜야 하고, 중학교를 졸업할 때까지 다니게 하여야 한다.

④ 제1항부터 제3항까지의 규정에 따른 취학 의무의 이행과 이행 독려 등에 필요한 사항은 대통령령으로 정한다.

[전문개정 2012. 3. 21.]

제14조(취학 의무의 면제 등) ① 질병·발육 상태 등 부득이한 사유로 취학이 불가능한 의무교육대상자에 대하여는 대통령령으로 정하는 바에 따라 제13조에 따른 취학 의무를 면제하거나 유예할 수 있다.

② 제1항에 따라 취학 의무를 면제받거나 유예받은 사람이 다시 취학하려면 대통령령으로 정하는 바에 따라 학습능력을 평가한 후 학년을 정하여 취학하게 할 수 있다.

[전문개정 2012. 3. 21.]

제15조(고용자의 의무) 의무교육대상자를 고용하는 자는 그 대상자가 의무교육을 받는 것을 방해하여서는 아니 된다.

[전문개정 2012. 3. 21.]

제16조(친권자 등에 대한 보조) 국가와 지방자치단체는 의무교육대상자의 친권자나 후견인이 경제적 사유로 의무교육대상자를 취학시키기 곤란할 때에는 교육비를 보조할 수 있다.

[전문개정 2012. 3. 21.]

제3장 학생과 교직원 〈개정 2012. 3. 21.〉
제1절 학생 〈개정 2012. 3. 21.〉

제17조(학생자치활동) 학생의 자치활동은 권장·보호되며, 그 조직과 운영에

관한 기본적인 사항은 학칙으로 정한다.

[전문개정 2012. 3. 21.]

제18조(학생의 징계) ① 학교의 장은 교육상 필요한 경우에는 법령과 학칙으로 정하는 바에 따라 학생을 징계하거나 그 밖의 방법으로 지도할 수 있다. 다만, 의무교육을 받고 있는 학생은 퇴학시킬 수 없다.

② 학교의 장은 학생을 징계하려면 그 학생이나 보호자에게 의견을 진술할 기회를 주는 등 적정한 절차를 거쳐야 한다.

[전문개정 2012. 3. 21.]

제18조의2(재심청구) ① 제18조제1항에 따른 징계처분 중 퇴학 조치에 대하여 이의가 있는 학생 또는 그 보호자는 퇴학 조치를 받은 날부터 15일 이내 또는 그 조치가 있음을 알게 된 날부터 10일 이내에 제18조의3에 따른 시·도학생징계조정위원회에 재심을 청구할 수 있다.

② 제18조의3에 따른 시·도학생징계조정위원회는 제1항에 따른 재심청구를 받으면 30일 이내에 심사·결정하여 청구인에게 통보하여야 한다.

③ 제2항의 심사결정에 이의가 있는 청구인은 통보를 받은 날부터 60일 이내에 행정심판을 제기할 수 있다.

④ 제1항에 따른 재심청구, 제2항에 따른 심사 절차와 결정 통보 등에 필요한 사항은 대통령령으로 정한다.

[전문개정 2012. 3. 21.]

제18조의3(시·도학생징계조정위원회의 설치) ① 제18조의2제1항에 따른 재심 청구를 심사·결정하기 위하여 교육감 소속으로 시·도학생징계조정위원회(이하 "징계조정위원회"라 한다)를 둔다.

② 징계조정위원회의 조직·운영 등에 필요한 사항은 대통령령으로 정한다.

[본조신설 2007. 12. 14.]

제18조의4(학생의 인권보장) 학교의 설립자·경영자와 학교의 장은 「헌법」과 국제인권조약에 명시된 학생의 인권을 보장하여야 한다.

[본조신설 2007. 12. 14.]

제2절 교직원 〈개정 2012. 3. 21.〉

제19조(교직원의 구분) ① 학교에는 다음 각 호의 교원을 둔다.

1. 초등학교·중학교·고등학교·공민학교·고등공민학교·고등기술학교 및 특수학교에는 교장·교감·수석교사 및 교사를 둔다. 다만, 학생 수가 100명 이하인 학교나 학급 수가 5학급 이하인 학교 중 대통령령으로 정하는 규모 이하의 학교에는 교감을 두지 아니할 수 있다.

2. 각종학교에는 제1호에 준하여 필요한 교원을 둔다.

② 학교에는 교원 외에 학교 운영에 필요한 행정직원 등 직원을 둔다.

③ 학교에는 원활한 학교 운영을 위하여 교사 중 교무(校務)를 분담하는 보직교사를 둘 수 있다.

④ 학교에 두는 교원과 직원(이하 "교직원"이라 한다)의 정원에 필요한 사항은 대통령령으로 정하고, 학교급별 구체적인 배치기준은 제6조에 따른 지도·감독기관(이하 "관할청"이라 한다)이 정하며, 교육부장관은 교원의 정원에 관한 사항을 매년 국회에 보고하여야 한다. 〈개정 2013. 3. 23.〉

[전문개정 2012. 3. 21.]

제19조의2(전문상담교사의 배치 등) ① 학교에 전문상담교사를 두거나 시·도교육행정기관에 「교육공무원법」 제22조의2에 따라 전문상담순회교사를 둔다.

② 제1항의 전문상담순회교사의 정원·배치 기준 등에 필요한 사항은 대통령령으로 정한다.

[전문개정 2012. 3. 21.]

제20조(교직원의 임무) ① 교장은 교무를 통할(統轄)하고, 소속 교직원을 지도·감독하며, 학생을 교육한다.

② 교감은 교장을 보좌하여 교무를 관리하고 학생을 교육하며, 교장이 부득이한 사유로 직무를 수행할 수 없을 때에는 교장의 직무를 대행한다. 다만, 교감이 없는 학교에서는 교장이 미리 지명한 교사(수석교사를 포함한다)가 교장의 직무를 대행한다.

③ 수석교사는 교사의 교수·연구 활동을 지원하며, 학생을 교육한다.

④ 교사는 법령에서 정하는 바에 따라 학생을 교육한다.

⑤ 행정직원 등 직원은 법령에서 정하는 바에 따라 학교의 행정사무와 그 밖의 사무를 담당한다.

[전문개정 2012. 3. 21.]

제21조(교원의 자격) ① 교장과 교감은 별표 1의 자격 기준에 해당하는 사람으로서 대통령령으로 정하는 바에 따라 교육부장관이 검정(檢定)·수여하는 자격증을 받은 사람이어야 한다. 〈개정 2013. 3. 23.〉

② 교사는 정교사(1급·2급), 준교사, 전문상담교사(1급·2급), 사서교사(1급·2급), 실기교사, 보건교사(1급·2급) 및 영양교사(1급·2급)로 나누되, 별표 2의 자격 기준에 해당하는 사람으로서 대통령령으로 정하는 바에 따라 교육부장관이 검정·수여하는 자격증을 받은 사람이어야 한다. 〈개정 2013. 3. 23.〉

③ 수석교사는 제2항의 자격증을 소지한 사람으로서 15년 이상의 교육경력(「교육공무원법」 제2조제1항제2호 및 제3호에 따른 교육전문직원으로 근무한 경력을 포함한다)을 가지고 교수·연구에 우수한 자질과 능력을 가진 사람 중에서 대통령령으로 정하는 바에 따라 교육부장관이 정하는 연수 이수 결과를 바탕으로 검정·수여하는 자격증을 받은 사람이어야 한다. 〈개정 2013. 3. 23.〉

[전문개정 2012. 3. 21.]

제22조(산학겸임교사 등) ① 교육과정을 운영하기 위하여 필요하면 학교에 제19조제1항에 따른 교원 외에 산학겸임교사·명예교사 또는 강사 등을 두어 학생의 교육을 담당하게 할 수 있다. 이 경우 국립·공립 학교는

「교육공무원법」 제10조의3제1항 및 제10조의4를, 사립학교는 「사립학교법」 제54조의3제4항 및 제5항을 각각 준용한다

② 제1항에 따라 학교에 두는 산학겸임교사 등의 종류 · 자격기준 및 임용 등에 필요한 사항은 대통령령으로 정한다.

[전문개정 2012. 3. 21.]

제4장 학교 〈개정 2012. 3. 21.〉
제1절 통칙 〈개정 2012. 3. 21.〉

제23조(교육과정 등) ① 학교는 교육과정을 운영하여야 한다.

② 교육부장관은 제1항에 따른 교육과정의 기준과 내용에 관한 기본적인 사항을 정하며, 교육감은 교육부장관이 정한 교육과정의 범위에서 지역의 실정에 맞는 기준과 내용을 정할 수 있다. 〈개정 2013. 3. 23.〉

③ 학교의 교과(敎科)는 대통령령으로 정한다.

[전문개정 2012. 3. 21.]

제24조(수업 등) ① 학교의 학년도는 3월 1일부터 시작하여 다음 해 2월 말일까지로 한다.

② 수업은 주간(晝間) · 전일제(全日制)를 원칙으로 한다. 다만, 법령이나 학칙으로 정하는 바에 따라 야간수업 · 계절수업 · 시간제수업 또는 방송 · 통신수업 등을 할 수 있다.

③ 학교의 학기 · 수업일수 · 학급편성 · 휴업일과 반의 편성 · 운영, 그 밖에 수업에 필요한 사항은 대통령령으로 정한다.

[전문개정 2012. 3. 21.]

제25조(학교생활기록) ① 학교의 장은 학생의 학업성취도와 인성(人性) 등을 종합적으로 관찰 · 평가하여 학생지도 및 상급학교(「고등교육법」 제2조 각 호에 따른 학교를 포함한다. 이하 같다)의 학생 선발에 활용할 수 있는 다음 각 호의 자료를 교육부령으로 정하는 기준에 따라 작성 · 관

리하여야 한다. 〈개정 2013. 3. 23.〉

1. 인적사항

2. 학적사항

3. 출결상황

4. 자격증 및 인증 취득상황

5. 교과학습 발달상황

6. 행동특성 및 종합의견

7. 그 밖에 교육목적에 필요한 범위에서 교육부령으로 정하는 사항

② 학교의 장은 제1항에 따른 자료를 제30조의4에 따른 교육정보시스템으로 작성·관리하여야 한다.

③ 학교의 장은 소속 학교의 학생이 전출하면 제1항에 따른 자료를 그 학생이 전입한 학교의 장에게 넘겨주어야 한다.

[전문개정 2012. 3. 21.]

제26조(학년제) ① 학생의 진급이나 졸업은 학년제로 한다.

② 제1항에도 불구하고 학교의 장은 관할청의 승인을 받아 학년제 외의 제도를 채택할 수 있다.

[전문개정 2012. 3. 21.]

제27조(조기진급 및 조기졸업 등) ① 초등학교·중학교·고등학교 및 이에 준하는 각종학교의 장은 재능이 우수한 학생에게 제23조·제24조·제26조·제39조·제42조 및 제46조에도 불구하고 수업연한(授業年限)을 단축(수업상의 특례를 포함한다)하여 조기진급 또는 조기졸업을 할 수 있도록 하거나 상급학교 조기입학 자격을 줄 수 있다.

② 제1항에 따라 상급학교 조기입학 자격을 얻어 상급학교에 입학한 경우에는 조기졸업한 것으로 본다.

③ 제1항 및 제2항에 따른 재능이 우수한 학생의 선정(選定)과 조기진급, 조기졸업 및 상급학교 조기입학자격 등에 필요한 사항은 대통령령으로 정한다.

[전문개정 2012. 3. 21.]

제27조의2(학력인정 시험) ① 제2조에 따른 학교의 교육과정을 마치지 아니한 사람은 대통령령으로 정하는 시험에 합격하여 초등학교·중학교 또는 고등학교를 졸업한 사람과 동등한 학력을 인정받을 수 있다.

② 국가 또는 지방자치단체는 제1항에 따른 시험 중 초등학교와 중학교를 졸업한 사람과 동등한 학력이 인정되는 시험의 실시에 필요한 비용을 부담한다.

③ 초등학교·중학교 및 고등학교를 졸업한 사람과 동등한 학력이 인정되는 시험에 필요한 사항은 교육부령으로 정한다. 〈개정 2013. 3. 23., 2015. 3. 27.〉

④ 교육감은 상급학교 학생선발을 위하여 필요한 경우 고등학교를 졸업한 사람과 동등한 학력을 인정받는 시험에 합격한 자의 합격증명과 성적증명 자료를 본인의 동의를 받아 제3자에게 제30조의4에 따른 교육정보시스템으로 제공할 수 있다. 〈신설 2015. 3. 27.〉

⑤ 제4항에 따른 자료 제공의 제한에 관하여는 제30조의6을 준용한다. 이 경우 "학교의 장"은 "교육감"으로 본다. 〈신설 2015. 3. 27.〉

[본조신설 2012. 1. 26.]

제28조(학습부진아 등에 대한 교육) 국가와 지방자치단체는 학습부진(學習不振)이나 성격장애 등의 사유로 정상적인 학교생활을 하기 어려운 학생과 학업을 중단한 학생들을 위하여 대통령령으로 정하는 바에 따라 수업일수와 교육과정을 신축적으로 운영하는 등 교육상 필요한 시책을 마련하여야 한다.

[전문개정 2012. 3. 21.]

제29조(교과용 도서의 사용) ① 학교에서는 국가가 저작권을 가지고 있거나 교육부장관이 검정하거나 인정한 교과용 도서를 사용하여야 한다. 〈개정 2013. 3. 23.〉

② 교과용 도서의 범위·저작·검정·인정·발행·공급·선정 및 가

격 사정(査定) 등에 필요한 사항은 대통령령으로 정한다.

[전문개정 2012. 3. 21.]

제30조(학교의 통합 · 운영) ① 학교의 설립자 · 경영자는 효율적인 학교 운영을 위하여 필요하면 지역 실정에 따라 초등학교 · 중학교, 중학교 · 고등학교 또는 초등학교 · 중학교 · 고등학교의 시설 · 설비 및 교원 등을 통합하여 운영할 수 있다.

② 제1항에 따라 통합 · 운영하는 학교의 시설 · 설비 기준 및 교원배치 기준 등에 필요한 사항은 대통령령으로 정한다.

[전문개정 2012. 3. 21.]

제30조의2(학교회계의 설치) ① 국립 · 공립의 초등학교 · 중학교 · 고등학교 및 특수학교에 각 학교별로 학교회계(學校會計)를 설치한다.

② 학교회계는 다음 각 호의 수입을 세입(歲入)으로 한다.

1. 국가의 일반회계나 지방자치단체의 교육비특별회계로부터 받은 전입금

2. 제32조제1항에 따라 학교운영위원회 심의를 거쳐 학부모가 부담하는 경비

3. 제33조의 학교발전기금으로부터 받은 전입금

4. 국가나 지방자치단체의 보조금 및 지원금

5. 사용료 및 수수료

6. 이월금

7. 물품매각대금

8. 그 밖의 수입

③ 학교회계는 학교 운영과 학교시설의 설치 등을 위하여 필요한 모든 경비를 세출(歲出)로 한다.

④ 학교회계는 예측할 수 없는 예산 외의 지출이나 예산초과지출에 충당하기 위하여 예비비로서 적절한 금액을 세출예산에 계상(計上)할 수 있다.

⑤ 학교회계의 설치에 필요한 사항은 국립학교의 경우에는 교육부령으로, 공립학교의 경우에는 시·도의 교육규칙으로 정한다. 〈개정 2013. 3. 23.〉

[전문개정 2012. 3. 21.]

제30조의3(학교회계의 운영) ① 학교회계의 회계연도는 매년 3월 1일에 시작하여 다음 해 2월 말일에 끝난다.

② 학교의 장은 회계연도마다 학교회계 세입세출예산안을 편성하여 회계연도가 시작되기 30일 전까지 제31조에 따른 학교운영위원회에 제출하여야 한다.

③ 학교운영위원회는 학교회계 세입세출예산안을 회계연도가 시작되기 5일 전까지 심의하여야 한다.

④ 학교의 장은 제3항에 따른 예산안이 새로운 회계연도가 시작될 때까지 확정되지 아니하면 다음 각 호의 경비를 전년도 예산에 준하여 집행할 수 있다. 이 경우 전년도 예산에 준하여 집행된 예산은 해당 연도의 예산이 확정되면 그 확정된 예산에 따라 집행된 것으로 본다.

1. 교직원 등의 인건비

2. 학교교육에 직접 사용되는 교육비

3. 학교시설의 유지관리비

4. 법령상 지급 의무가 있는 경비

5. 이미 예산으로 확정된 경비

⑤ 학교의 장은 회계연도마다 결산서를 작성하여 회계연도가 끝난 후 2개월 이내에 학교운영위원회에 제출하여야 한다.

⑥ 학교회계의 운영에 필요한 사항은 국립학교의 경우에는 교육부령으로, 공립학교의 경우에는 시·도의 교육규칙으로 정한다. 〈개정 2013. 3. 23.〉

[전문개정 2012. 3. 21.]

제30조의4(교육정보시스템의 구축·운영 등) ① 교육부장관과 교육감은 학교

와 교육행정기관의 업무를 전자적으로 처리할 수 있도록 교육정보시스템(이하 "정보시스템"이라 한다)을 구축·운영할 수 있다. 〈개정 2013. 3. 23.〉

② 교육부장관과 교육감은 정보시스템의 운영과 지원을 위하여 정보시스템운영센터를 설치·운영하거나 정보시스템의 효율적 운영을 위하여 필요하다고 인정하면 정보시스템의 운영 및 지원업무를 교육의 정보화를 지원하는 법인이나 기관에 위탁할 수 있다. 〈개정 2013. 3. 23.〉

③ 정보시스템의 구축·운영·접속방법과 제2항에 따른 정보시스템운영센터의 설치·운영 등에 필요한 사항은 교육부령으로 정한다. 〈개정 2013. 3. 23.〉

[전문개정 2012. 3. 21.]

제30조의5(정보시스템을 이용한 업무처리) ① 교육부장관과 교육감은 소관 업무의 전부 또는 일부를 정보시스템을 이용하여 처리하여야 한다. 〈개정 2013. 3. 23.〉

② 학교의 장은 제25조에 따른 학교생활기록과 「학교보건법」 제7조의3에 따른 건강검사기록을 정보시스템을 이용하여 처리하여야 하며, 그 밖에 소관 업무의 전부 또는 일부를 정보시스템을 이용하여 처리하여야 한다.

[전문개정 2012. 3. 21.]

제30조의6(학생 관련 자료 제공의 제한) ① 학교의 장은 제25조에 따른 학교생활기록과 「학교보건법」 제7조의3에 따른 건강검사기록을 해당 학생(학생이 미성년자인 경우에는 학생과 학생의 부모 등 보호자)의 동의 없이 제3자에게 제공하여서는 아니 된다. 다만, 다음 각 호의 어느 하나에 해당하는 경우에는 그러하지 아니하다.

1. 학교에 대한 감독·감사의 권한을 가진 행정기관이 그 업무를 처리하기 위하여 필요한 경우

2. 제25조에 따른 학교생활기록을 상급학교의 학생 선발에 이용하기

위하여 제공하는 경우

3. 통계작성 및 학술연구 등의 목적을 위한 것으로서 자료의 당사자가 누구인지 알아볼 수 없는 형태로 제공하는 경우

4. 범죄의 수사와 공소의 제기 및 유지에 필요한 경우

5. 법원의 재판업무 수행을 위하여 필요한 경우

6. 그 밖에 관계 법률에 따라 제공하는 경우

② 학교의 장은 제1항 단서에 따라 자료를 제3자에게 제공하는 경우에는 그 자료를 받은 자에게 사용목적, 사용방법, 그 밖에 필요한 사항에 대하여 제한을 하거나 그 자료의 안전성 확보를 위하여 필요한 조치를 하도록 요청할 수 있다.

③ 제1항 단서에 따라 자료를 받은 자는 자료를 받은 본래 목적 외의 용도로 자료를 이용하여서는 아니 된다.

[전문개정 2012. 3. 21.]

제30조의7(정보시스템을 이용한 업무처리 등에 대한 지도·감독) 교육부장관과 교육감은 필요하다고 인정하면 제30조의5에 따른 업무처리 및 제27조의2·제30조의6에 따른 자료 제공 또는 이용에 관한 사항을 지도·감독할 수 있다. 〈개정 2013. 3. 23., 2015. 3. 27.〉

[전문개정 2012. 3. 21.]

제30조의8(학생의 안전대책 등) ① 국립학교의 경우에는 학교의 장이, 공립 및 사립 학교의 경우에는 교육감이 시·도의 교육규칙으로 정하는 바에 따라 학교시설(학교담장을 포함한다)을 설치·변경하는 경우에는 외부인의 무단출입이나 학교폭력 및 범죄의 예방을 위하여 학생 안전대책을 수립하여 시행하여야 한다.

② 학교의 장은 학생의 안전을 위하여 다음 각 호의 사항을 시행하여야 한다.

1. 학교 내 출입자의 신분확인 절차 등의 세부기준수립에 관한 사항

2. 영상정보처리기기의 설치에 관한 사항

3. 학교주변에 대한 순찰 · 감시 활동계획에 관한 사항

③ 제1항 및 제2항에 따른 학생의 안전대책 등에 필요한 사항은 대통령령으로 정한다

[본조신설 2012. 1. 26.]

제2절 학교운영위원회 〈개정 2012. 3. 21.〉

제31조(학교운영위원회의 설치) ① 학교운영의 자율성을 높이고 지역의 실정과 특성에 맞는 다양하고도 창의적인 교육을 할 수 있도록 초등학교 · 중학교 · 고등학교 및 특수학교에 학교운영위원회를 구성 · 운영하여야 한다.

② 국립 · 공립 학교에 두는 학교운영위원회는 그 학교의 교원 대표, 학부모 대표 및 지역사회 인사로 구성한다.

③ 학교운영위원회의 위원 수는 5명 이상 15명 이하의 범위에서 학교의 규모 등을 고려하여 대통령령으로 정한다.

[전문개정 2012. 3. 21.]

제31조의2(결격사유) ① 「국가공무원법」 제33조 각 호의 어느 하나에 해당하는 사람은 학교운영위원회의 위원으로 선출될 수 없다.

② 학교운영위원회의 위원이 「국가공무원법」 제33조 각 호의 어느 하나에 해당할 때에는 당연히 퇴직한다.

[전문개정 2012. 3. 21.]

제32조(기능) ① 국립 · 공립 학교에 두는 학교운영위원회는 다음 각 호의 사항을 심의한다.

1. 학교헌장과 학칙의 제정 또는 개정

2. 학교의 예산안과 결산

3. 학교교육과정의 운영방법

4. 교과용 도서와 교육 자료의 선정

5. 교복 · 체육복 · 졸업앨범 등 학부모 경비 부담 사항

6. 정규학습시간 종료 후 또는 방학기간 중의 교육활동 및 수련활동

7. 「교육공무원법」 제29조의3제8항에 따른 공모 교장의 공모 방법, 임용, 평가 등

8. 「교육공무원법」 제31조제2항에 따른 초빙교사의 추천

9. 학교운영지원비의 조성 · 운용 및 사용

10. 학교급식

11. 대학입학 특별전형 중 학교장 추천

12. 학교운동부의 구성 · 운영

13. 학교운영에 대한 제안 및 건의 사항

14. 그 밖에 대통령령이나 시 · 도의 조례로 정하는 사항

② 사립학교의 장은 제1항 각 호의 사항(제7호 및 제8호의 사항은 제외한다)에 대하여 학교운영위원회에 자문하여야 한다. 다만, 제1호의 사항에 대하여는 학교법인이 요청하는 경우에만 자문한다.

③ 학교운영위원회는 제33조에 따른 학교발전기금의 조성 · 운용 및 사용에 관한 사항을 심의 · 의결한다.

[전문개정 2012. 3. 21.]

제33조(학교발전기금) ① 제31조에 따른 학교운영위원회는 학교발전기금을 조성할 수 있다.

② 제1항에 따른 학교발전기금의 조성과 운용방법 등에 필요한 사항은 대통령령으로 정한다.

[전문개정 2012. 3. 21.]

제34조(학교운영위원회의 구성 · 운영) ① 제31조에 따른 학교운영위원회 중 국립학교에 두는 학교운영위원회의 구성과 운영에 필요한 사항은 대통령령으로 정하고, 공립학교에 두는 학교운영위원회의 구성과 운영에 필요한 사항은 대통령령으로 정하는 범위에서 시 · 도의 조례로 정한다.

② 사립학교에 두는 학교운영위원회의 위원 구성에 관한 사항은 대통

령령으로 정하고, 그 밖에 운영에 필요한 사항은 해당 학교법인의 정관으로 정한다.

[전문개정 2012. 3. 21.]

제34조의2(학교운영위원회 위원의 연수 등) ① 교육감은 학교운영위원회 위원의 자질과 직무수행능력의 향상을 위한 연수를 실시할 수 있다.

② 교육감은 제1항에 따른 연수를 연수기관 또는 민간기관에 위탁하여 실시할 수 있다.

③ 교육감은 제2항에 따라 연수를 위탁받은 기관에 대하여 행정적 · 재정적 지원을 할 수 있다.

④ 그 밖에 필요한 사항은 대통령령으로 정한다.

[본조신설 2007. 12. 14.]

제3절 삭제 〈2004. 1. 29.〉

제35조 삭제 〈2004. 1. 29.〉

제36조 삭제 〈2004. 1. 29.〉

제37조 삭제 〈2004. 1. 29.〉

제4절 초등학교 · 공민학교 〈개정 2012. 3. 21.〉

제38조(목적) 초등학교는 국민생활에 필요한 기초적인 초등교육을 하는 것을 목적으로 한다.

[전문개정 2012. 3. 21.]

제39조(수업연한) 초등학교의 수업연한은 6년으로 한다.

[전문개정 2012. 3. 21.]

제40조(공민학교) ① 공민학교는 초등교육을 받지 못하고 제13조제1항 및 제2항에 따른 취학연령을 초과한 사람에게 국민생활에 필요한 교육을 하는 것을 목적으로 한다.

② 공민학교의 수업연한은 3년으로 한다.

③ 학교 건물, 마을회관, 공장 또는 사업장 등 학교 건물로 사용할 수 있는 건물을 공민학교의 학교 건물로 사용할 수 있다.

[전문개정 2012. 3. 21.]

제5절 중학교 · 고등공민학교 〈개정 2012. 3. 21.〉

제41조(목적) 중학교는 초등학교에서 받은 교육의 기초 위에 중등교육을 하는 것을 목적으로 한다.

[전문개정 2012. 3. 21.]

제42조(수업연한) 중학교의 수업연한은 3년으로 한다.

[전문개정 2012. 3. 21.]

제43조(입학자격 등) ① 중학교에 입학할 수 있는 사람은 초등학교를 졸업한 사람, 제27조의2제1항에 따라 초등학교를 졸업한 사람과 동등한 학력이 인정되는 시험에 합격한 사람, 그 밖에 법령에 따라 이와 동등 이상의 학력이 있다고 인정된 사람으로 한다.

② 그 밖에 중학교의 입학 방법과 절차 등에 필요한 사항은 대통령령으로 정한다.

[전문개정 2012. 3. 21.]

제43조의2(방송통신중학교) ① 중학교 또는 고등학교에 방송통신중학교를 부설할 수 있다.

② 방송통신중학교의 설치 · 교육방법 · 수업연한, 그 밖에 운영에 필요한 사항은 대통령령으로 정한다.

[본조신설 2012. 1. 26.]

제44조(고등공민학교) ① 고등공민학교는 중학교 과정의 교육을 받지 못하고 제13조제3항에 따른 취학연령을 초과한 사람 또는 일반 성인에게 국민생활에 필요한 중등교육과 직업교육을 하는 것을 목적으로 한다.

② 고등공민학교의 수업연한은 1년 이상 3년 이하로 한다.

③ 고등공민학교에 입학할 수 있는 사람은 초등학교 또는 공민학교를 졸업한 사람, 제27조의2제1항에 따라 초등학교를 졸업한 사람과 동등한 학력이 인정되는 시험에 합격한 사람, 그 밖에 법령에 따라 이와 동등 이상의 학력이 있다고 인정된 사람으로 한다.

[전문개정 2012. 3. 21.]

제6절 고등학교 · 고등기술학교 〈개정 2012. 3. 21.〉

제45조(목적) 고등학교는 중학교에서 받은 교육의 기초 위에 중등교육 및 기초적인 전문교육을 하는 것을 목적으로 한다.

[전문개정 2012. 3. 21.]

제46조(수업연한) 고등학교의 수업연한은 3년으로 한다. 다만, 제49조에 따른 시간제 및 통신제(通信制) 과정의 수업연한은 4년으로 한다.

[전문개정 2012. 3. 21.]

제47조(입학자격 등) ① 고등학교에 입학할 수 있는 사람은 중학교를 졸업한 사람, 제27조의2제1항에 따라 중학교를 졸업한 사람과 동등한 학력이 인정되는 시험에 합격한 사람, 그 밖에 법령에 따라 이와 동등 이상의 학력이 있다고 인정된 사람으로 한다.

② 그 밖에 고등학교의 입학방법과 절차 등에 필요한 사항은 대통령령으로 정한다.

[전문개정 2012. 3. 21.]

제48조(학과 등) ① 고등학교에 학과를 둘 수 있다.

② 고등학교의 교과 및 교육과정은 학생이 개인적 필요 · 적성 및 능력에 따라 진로를 선택할 수 있도록 정하여져야 한다.

[전문개정 2012. 3. 21.]

제49조(과정) ① 고등학교에 관할청의 인가를 받아 전일제 과정 외에 시간제

또는 통신제 과정을 둘 수 있다.

② 고등학교과정의 설치에 필요한 사항은 대통령령으로 정한다.

[전문개정 2012. 3. 21.]

제50조(분교) 고등학교의 설립자·경영자는 특별히 필요한 경우에는 관할청의 인가를 받아 분교(分校)를 설치할 수 있다.

[전문개정 2012. 3. 21.]

제51조(방송통신고등학교) ① 고등학교에 방송통신고등학교를 부설할 수 있다.

② 방송통신고등학교의 설치, 교육방법, 수업연한, 그 밖에 그 운영에 필요한 사항은 대통령령으로 정한다.

[전문개정 2012. 3. 21.]

제52조(근로청소년을 위한 특별학급 등) ① 산업체에 근무하는 청소년이 중학교·고등학교 과정의 교육을 받을 수 있도록 하기 위하여 산업체에 인접한 중학교·고등학교에 야간수업을 주로 하는 특별학급을 둘 수 있다.

② 하나의 산업체에 근무하는 청소년 중에서 중학교 또는 고등학교 입학을 희망하는 인원이 매년 2학급 이상을 편성할 수 있을 정도가 될 것으로 예상되는 경우 그 산업체는 희망하는 청소년이 교육을 받을 수 있도록 하기 위하여 중학교 또는 고등학교(이하 "산업체 부설 중·고등학교"라 한다)를 설립·경영할 수 있다.

③ 둘 이상의 산업체에 근무하는 청소년 중에서 입학을 희망하는 인원이 매년 2학급 이상을 편성할 수 있을 정도가 될 것으로 예상되는 경우에는 제2항에도 불구하고 그 둘 이상의 산업체가 공동으로 하나의 산업체 부설 중·고등학교를 설립·경영할 수 있다.

④ 제1항부터 제3항까지의 규정에 따른 특별학급 및 산업체 부설 중·고등학교의 설립 기준과 입학방법 등에 필요한 사항은 시·도의 조례로 정한다.

⑤ 제1항부터 제3항까지의 규정에 따른 특별학급 또는 산업체 부설 중·고등학교에 다니는 청소년을 고용하는 산업체의 경영자는 시·도

의 조례로 정하는 바에 따라 그 교육비의 일부를 부담하여야 한다.

⑥ 지방자치단체는 시·도의 조례로 정하는 바에 따라 제1항부터 제3항까지의 규정에 따른 특별학급 또는 산업체 부설 중·고등학교에 다니는 학생의 교육비 중 일부를 부담할 수 있다.

[전문개정 2012. 3. 21.]

제53조(취학 의무 및 방해 행위의 금지) ① 산업체의 경영자는 그 산업체에 근무하는 청소년이 제52조에 따른 특별학급 또는 산업체 부설 중·고등학교에 입학하기를 원하면 그 청소년을 입학시켜야 한다.

② 산업체의 경영자는 그가 고용하는 청소년이 제52조에 따른 특별학급 또는 산업체 부설 중·고등학교에 입학하는 경우에는 그 학생의 등교와 수업에 지장을 주는 행위를 하여서는 아니 된다.

[전문개정 2012. 3. 21.]

제54조(고등기술학교) ① 고등기술학교는 국민생활에 직접 필요한 직업기술교육을 하는 것을 목적으로 한다.

② 고등기술학교의 수업연한은 1년 이상 3년 이하로 한다.

③ 고등기술학교에 입학할 수 있는 사람은 중학교 또는 고등공민학교(3년제)를 졸업한 사람, 제27조의2제1항에 따라 중학교를 졸업한 사람과 동등한 학력이 인정되는 시험에 합격한 사람, 그 밖에 법령에 따라 이와 동등 이상의 학력이 있다고 인정된 사람으로 한다.

④ 고등기술학교에는 고등학교를 졸업한 사람 또는 법령에 따라 이와 같은 수준 이상의 학력이 있다고 인정된 사람에게 특수한 전문기술교육을 하기 위하여 수업연한이 1년 이상인 전공과(專攻科)를 둘 수 있다.

⑤ 공장이나 사업장을 설치·경영하는 자는 고등기술학교를 설립·경영할 수 있다.

[전문개정 2012. 3. 21.]

제7절 특수학교 등 〈개정 2012. 3. 21.〉

제55조(특수학교) 특수학교는 신체적·정신적·지적 장애 등으로 인하여 특수교육이 필요한 사람에게 초등학교·중학교 또는 고등학교에 준하는 교육과 실생활에 필요한 지식·기능 및 사회적응 교육을 하는 것을 목적으로 한다.

[전문개정 2012. 3. 21.]

제56조(특수학급) 고등학교 이하의 각급 학교에 관할청의 인가를 받아 특수교육이 필요한 학생을 위한 특수학급을 둘 수 있다.

[전문개정 2012. 3. 21.]

제57조(전공과의 설치) 제55조에 따른 특수학교 및 제56조에 따른 특수학급 중 고등학교과정을 설치한 학교 및 학급에는 「장애인 등에 대한 특수교육법」에서 정하는 바에 따라 전공과를 둘 수 있다.

[전문개정 2012. 3. 21.]

제58조(학력의 인정) 특수학교나 특수학급에서 초등학교·중학교 또는 고등학교 과정에 상응하는 교육과정을 마친 사람은 그에 상응하는 학교를 졸업한 사람과 같은 수준의 학력이 있는 것으로 본다.

[전문개정 2012. 3. 21.]

제59조(통합교육) 국가와 지방자치단체는 특수교육이 필요한 사람이 초등학교·중학교 및 고등학교와 이에 준하는 각종학교에서 교육을 받으려는 경우에는 따로 입학절차, 교육과정 등을 마련하는 등 통합교육을 하는 데에 필요한 시책을 마련하여야 한다.

[전문개정 2012. 3. 21.]

제8절 각종학교 〈개정 2012. 3. 21.〉

제60조(각종학교) ① "각종학교"란 제2조제1호부터 제4호까지의 학교와 유

사한 교육기관을 말한다.

② 각종학교는 그 학교의 이름에 제2조제1호부터 제4호까지의 학교와 유사한 이름을 사용할 수 없다. 다만, 관계 법령에 따라 학력이 인정되는 각종학교(제60조의2에 따른 외국인학교와 제60조의3에 따른 대안학교를 포함한다)는 그러하지 아니하다. 〈개정 2014. 1. 28.〉

③ 각종학교의 수업연한, 입학자격, 학력인정, 그 밖에 운영에 필요한 사항은 교육부령으로 정한다. 〈개정 2013. 3. 23.〉

[전문개정 2012. 3. 21.]

제60조의2(외국인학교) ① 국내에 체류 중인 외국인의 자녀와 외국에서 일정 기간 거주하고 귀국한 내국인 중 대통령령으로 정하는 사람을 교육하기 위하여 설립된 학교로서 각종학교에 해당하는 학교(이하 "외국인학교"라 한다)에 대하여는 제7조, 제9조, 제11조부터 제16조까지, 제21조, 제23조부터 제26조까지, 제28조, 제29조, 제30조의2, 제30조의3, 제31조, 제31조의2, 제32조부터 제34조까지 및 제34조의2를 적용하지 아니한다.

② 외국인학교는 유치원・초등학교・중학교・고등학교의 과정을 통합하여 운영할 수 있다.

③ 외국인학교의 설립기준, 교육과정, 수업연한, 학력인정, 그 밖에 설립・운영에 필요한 사항은 대통령령으로 정한다.

[전문개정 2012. 3. 21.]

제60조의3(대안학교) ① 학업을 중단하거나 개인적 특성에 맞는 교육을 받으려는 학생을 대상으로 현장 실습 등 체험 위주의 교육, 인성 위주의 교육 또는 개인의 소질・적성 개발 위주의 교육 등 다양한 교육을 하는 학교로서 각종학교에 해당하는 학교(이하 "대안학교"라 한다)에 대하여는 제21조제1항, 제23조제2항・제3항, 제24조부터 제26조까지, 제29조 및 제30조의4부터 제30조의7까지를 적용하지 아니한다.

② 대안학교는 초등학교・중학교・고등학교의 과정을 통합하여 운영

할 수 있다.

③ 대안학교의 설립기준, 교육과정, 수업연한, 학력인정, 그 밖에 설립·운영에 필요한 사항은 대통령령으로 정한다.

[전문개정 2012. 3. 21.]

제4장의2 교육비 지원 〈신설 2012. 3. 21.〉

제60조의4(교육비 지원) ① 국가 및 지방자치단체는 다음 각 호의 어느 하나에 해당하는 학생에게 입학금, 수업료, 급식비 등 대통령령으로 정하는 비용(이하 "교육비"라 한다)의 전부 또는 일부를 예산의 범위에서 지원할 수 있다. 〈개정 2014. 12. 30.〉

1. 본인 또는 그 보호자가 「국민기초생활 보장법」 제12조제3항 및 제12조의2에 따른 수급권자인 학생

2. 「한부모가족지원법」 제5조에 따른 보호대상자인 학생

3. 그 밖에 가구 소득 등을 고려하여 교육비 지원이 필요하다고 인정되는 학생으로서 대통령령으로 정하는 학생

② 제1항에 따른 교육비 지원은 소득 수준과 거주 지역 등에 따라 지원의 내용과 범위를 달리할 수 있다.

③ 「국민기초생활 보장법」 「한부모가족지원법」 등 다른 법령에 따라 제1항과 동일한 내용의 지원을 받고 있는 경우에는 그 범위에서 제1항에 따른 교육비 지원을 하지 아니한다.

[본조신설 2012. 3. 21.]

제60조의5(교육비 지원의 신청) ① 제60조의4제1항에 따른 지원을 받으려는 보호자(친권자, 후견인이나 그 밖에 법률에 따라 학생을 부양할 의무가 있는 자를 말한다. 이하 같다)는 교육부장관 또는 교육감에게 교육비 지원을 신청하여야 한다. 〈개정 2013. 3. 23.〉

② 제1항에 따른 신청을 하는 경우에는 다음 각 호의 자료 또는 정보의

제공에 대한 보호자 및 그 가구원의 동의 서면을 제출하여야 한다.

1. 「금융실명거래 및 비밀보장에 관한 법률」 제2조제2호에 따른 금융 자산 및 제3호에 따른 금융거래의 내용에 대한 자료 또는 정보 중 예금 의 평균잔액과 그 밖에 대통령령으로 정하는 자료 또는 정보(이하 "금 융정보"라 한다)

2. 「신용정보의 이용 및 보호에 관한 법률」 제2조제1호에 따른 신용정 보 중 채무액과 그 밖에 대통령령으로 정하는 자료 또는 정보(이하 "신 용정보"라 한다)

3. 「보험업법」 제4조제1항 각 호에 따른 보험에 가입하여 납부한 보험 료와 그 밖에 대통령령으로 정하는 보험 관련 자료 또는 정보(이하 "보 험정보"라 한다)

③ 제1항에 따른 교육비 지원의 신청 방법·절차 및 제2항에 따른 동의 의 방법·절차 등에 필요한 사항은 교육부령으로 정한다. 〈개정 2013. 3. 23.〉

[본조신설 2012. 3. 21.]

제60조의6(금융정보등의 제공) ① 교육부장관 및 교육감은 제60조의4에 따라 교육비를 지원하는 경우에는 제60조의5에 따라 교육비 지원을 신청한 사람(이하 "교육비신청자"라 한다) 및 그 가구원의 재산을 평가하기 위 하여 「금융실명거래 및 비밀보장에 관한 법률」 제4조제1항과 「신용정 보의 이용 및 보호에 관한 법률」 제32조제2항에도 불구하고 교육비신 청자 및 그 가구원이 제60조의5제2항에 따라 제출한 동의 서면을 전자 적 형태로 바꾼 문서로 금융회사 등(「금융실명거래 및 비밀보장에 관한 법률」 제2조제1호에 따른 금융회사등과 「신용정보의 이용 및 보호에 관한 법률」 제2조제6호에 따른 신용정보집중기관을 말한다. 이하 같 다)의 장에게 금융정보·신용정보 또는 보험정보(이하 "금융정보등"이 라 한다)의 제공을 요청할 수 있다. 〈개정 2013. 3. 23.〉

② 제1항에 따라 금융정보등의 제공을 요청받은 금융회사 등의 장은

「금융실명거래 및 비밀보장에 관한 법률」 제4조제1항과 「신용정보의 이용 및 보호에 관한 법률」 제32조제1항 및 제3항에도 불구하고 명의인의 금융정보등을 제공하여야 한다.

③ 제2항에 따라 금융정보등을 제공한 금융회사 등의 장은 금융정보등의 제공사실을 명의인에게 통보하여야 한다. 다만, 명의인의 동의가 있는 경우에는 「금융실명거래 및 비밀보장에 관한 법률」 제4조의2제1항과 「신용정보의 이용 및 보호에 관한 법률」 제32조제7항에도 불구하고 통보하지 아니할 수 있다. 〈개정 2015. 3. 11.〉

④ 제1항 및 제2항에 따른 금융정보등의 제공요청 및 제공은 「정보통신망 이용촉진 및 정보보호 등에 관한 법률」 제2조제1항제1호에 따른 정보통신망을 이용하여야 한다. 다만, 정보통신망의 손상 등 불가피한 경우에는 그러하지 아니하다.

⑤ 제1항 및 제2항에 따른 업무에 종사하거나 종사하였던 자와 제62조에 따라 권한 등을 위임 또는 위탁받거나 받았던 자는 업무를 수행하면서 취득한 금융정보등을 이 법에서 정한 목적 외의 다른 용도로 사용하거나 다른 사람 또는 기관에 제공하거나 누설하여서는 아니 된다.

⑥ 제1항, 제2항 및 제4항에 따른 금융정보등의 제공요청 및 제공 등에 필요한 사항은 대통령령으로 정한다.

[본조신설 2012. 3. 21.]

제60조의7(조사·질문) ① 교육부장관 및 교육감은 교육비신청자 또는 지원이 확정된 자에게 교육비 지원 대상 자격확인을 위하여 필요한 서류나 그 밖의 소득 및 재산 등에 관한 자료의 제출을 요구할 수 있으며, 지원 대상 자격확인을 위하여 필요한 자료를 확보하기 곤란하거나 제출한 자료가 거짓 등의 자료라고 판단하는 경우 소속 공무원으로 하여금 관계인에게 필요한 질문을 하게 하거나, 교육비신청자 및 지원이 확정된 자의 동의를 받아 주거 또는 그 밖의 필요한 장소에 출입하여 서류 등을 조사하게 할 수 있다. 〈개정 2013. 3. 23.〉

② 교육부장관 및 교육감은 제1항에 따른 업무를 수행하기 위하여 필요한 국세 · 지방세, 토지 · 건물 또는 건강보험 · 국민연금 · 고용보험 · 산업재해보상보험 · 가족관계증명 등에 관한 자료의 제공을 관계 기관의 장에게 요청할 수 있다. 이 경우 관계 기관의 장은 특별한 사유가 없으면 이에 따라야 한다. 〈개정 2013. 3. 23.〉

③ 제1항에 따라 출입 · 조사 또는 질문을 하는 사람은 그 권한을 표시하는 증표를 지니고 이를 관계인에게 내보여야 한다.

④ 교육부장관 및 교육감은 교육비신청자 또는 지원이 확정된 자가 제1항에 따른 서류 또는 자료의 제출을 거부하거나 조사 또는 질문을 거부 · 방해 또는 기피하는 경우에는 제60조의5제1항에 따른 교육비 지원의 신청을 각하하거나 지원결정을 취소 · 중지 또는 변경할 수 있다. 〈개정 2013. 3. 23.〉

[본조신설 2012. 3. 21.]

제60조의8(교육비 지원 업무의 전자화) ① 교육부장관 및 교육감은 제60조의4에 따른 교육비 지원 업무를 전자적으로 처리하기 위한 정보시스템(이하 "교육비지원정보시스템"이라 한다)을 구축 · 운영할 수 있다. 〈개정 2013. 3. 23.〉

② 교육부장관 및 교육감은 교육비지원정보시스템을 구축 · 운영하는 경우 제30조의4제1항에 따른 교육정보시스템을 활용할 수 있다. 〈개정 2013. 3. 23.〉

③ 교육비지원정보시스템은 「사회복지사업법」 제6조의2제2항에 따른 정보시스템과 연계하여 활용할 수 있다.

[본조신설 2012. 3. 21.]

제60조의9(교육비 지원을 위한 자료 등의 수집 등) 교육부장관 및 교육감은 제60조의4에 따른 교육비 지원을 위하여 필요한 자료 또는 정보로서 다음 각 호의 어느 하나에 해당하는 자료 또는 정보를 수집 · 관리 · 보유 · 활용할 수 있다. 〈개정 2013. 3. 23.〉

1. 「전자정부법」 제36조제1항에 따라 행정정보의 공동이용을 통하여 제공받은 자료 또는 정보

2. 그 밖에 이 법에 따른 업무를 수행하는 데에 필요한 자료 또는 정보로서 교육부령으로 정하는 자료 또는 정보

[본조신설 2012. 3. 21.]

제5장 보칙 및 벌칙 〈개정 2012. 3. 21.〉

제61조(학교 및 교육과정 운영의 특례) ① 학교교육제도를 포함한 교육제도의 개선과 발전을 위하여 특히 필요하다고 인정되는 경우에는 대통령령으로 정하는 바에 따라 제21조제1항·제24조제1항·제26조제1항·제29조제1항·제31조·제39조·제42조 및 제46조를 한시적으로 적용하지 아니하는 학교 또는 교육과정을 운영할 수 있다.

② 제1항에 따라 운영되는 학교 또는 교육과정에 참여하는 교원과 학생 등은 이로 인하여 불이익을 받지 아니한다.

[전문개정 2012. 3. 21.]

제62조(권한의 위임) ① 이 법에 따른 교육부장관의 권한은 그 일부를 대통령령으로 정하는 바에 따라 교육감에게 위임하거나 국립대학법인 서울대학교 및 국립대학법인 인천대학교에 위탁할 수 있다. 〈개정 2012. 3. 21., 2013. 3. 23.〉

② 이 법에 따른 교육부장관의 권한 중 국립학교의 설립·운영에 관한 권한은 대통령령으로 정하는 바에 따라 관계 중앙행정기관의 장에게 위임할 수 있다. 〈개정 2013. 3. 23.〉

③ 이 법에 따른 교육부장관 및 교육감의 업무 중 제60조의5부터 제60조의7까지에 따른 교육지원 업무는 대통령령으로 정하는 바에 따라 그 일부를 보건복지부장관 또는 지방자치단체의 장에게 위임할 수 있다. 〈개정 2013. 3. 23.〉

[전문개정 2012. 3. 21.]

제63조(시정 또는 변경 명령) ① 관할청은 학교가 시설 · 설비 · 수업 · 학사(學事) 및 그 밖의 사항에 관하여 교육 관계 법령 또는 이에 따른 명령이나 학칙을 위반한 경우에는 학교의 설립자 · 경영자 또는 학교의 장에게 기간을 정하여 그 시정이나 변경을 명할 수 있다.

② 관할청은 제1항에 따른 시정명령이나 변경명령을 받은 자가 정당한 사유 없이 지정된 기간에 이를 이행하지 아니하면 대통령령으로 정하는 바에 따라 그 위반행위의 취소 또는 정지, 해당 학교의 학생정원의 감축, 학급 또는 학과의 감축 · 폐지 또는 학생의 모집 정지 등의 조치를 할 수 있다.

[전문개정 2012. 3. 21.]

제64조(휴업명령 및 휴교처분) ① 관할청은 재해 등의 긴급한 사유로 정상수업이 불가능하다고 인정하는 경우에는 학교의 장에게 휴업을 명할 수 있다.

② 제1항에 따른 명령을 받은 학교의 장은 지체 없이 휴업을 하여야 한다.

③ 관할청은 학교의 장이 제1항에 따른 명령에도 불구하고 휴업을 하지 아니하거나 특별히 긴급한 사유가 있는 경우에는 휴교처분을 할 수 있다.

④ 제2항에 따라 휴업한 학교는 휴업기간 중 수업과 학생의 등교가 정지되며, 제3항에 따라 휴교한 학교는 휴교기간 중 단순한 관리 업무 외에는 학교의 모든 기능이 정지된다.

[전문개정 2012. 3. 21.]

제65조(학교 등의 폐쇄) ① 관할청은 학교가 다음 각 호의 어느 하나에 해당하여 정상적인 학사운영이 불가능한 경우에는 학교의 폐쇄를 명할 수 있다.

1. 학교의 장 또는 설립자 · 경영자가 고의 또는 중과실로 이 법 또는 이 법에 따른 명령을 위반한 경우

2. 학교의 장 또는 설립자 · 경영자가 이 법 또는 그 밖의 교육 관계 법령에 따른 관할청의 명령을 여러 번 위반한 경우

3. 휴업 및 휴교 기간을 제외하고 계속하여 3개월 이상 수업을 하지 아니한 경우

② 관할청은 제4조제2항에 따른 학교설립인가 또는 제50조에 따른 분교설치인가를 받지 아니하고 학교의 명칭을 사용하거나 학생을 모집하여 시설을 사실상 학교의 형태로 운영하는 자에게 그가 설치·운영하는 시설의 폐쇄를 명할 수 있다.

[전문개정 2012. 3. 21.]

제66조(청문) 관할청은 제65조에 따라 학교 또는 시설의 폐쇄를 명하려는 경우에는 청문을 하여야 한다.

[전문개정 2012. 3. 21.]

제67조(벌칙) ① 제60조의6제5항을 위반하여 금융정보등을 이 법에서 정한 목적 외의 다른 용도로 사용하거나 다른 사람 또는 기관에 제공하거나 누설한 자는 5년 이하의 징역 또는 3천만 원 이하의 벌금에 처한다.

② 다음 각 호의 어느 하나에 해당하는 자는 3년 이하의 징역 또는 2천만 원 이하의 벌금에 처한다.

1. 제4조제2항에 따른 학교설립인가 또는 제50조에 따른 분교설치인가를 받지 아니하고 학교의 명칭을 사용하거나 학생을 모집하여 시설을 사실상 학교의 형태로 운영한 자

2. 제4조제3항을 위반하여 폐교인가나 변경인가를 받지 아니한 자

3. 거짓이나 그 밖의 부정한 방법으로 제4조제2항 또는 제4조제3항에 따른 학교의 설립인가·폐교인가 또는 변경인가를 받거나 제50조에 따른 분교설치인가를 받은 자

4. 제30조의6제1항 또는 제3항을 위반하여 동의권자의 동의 없이 제3자에게 학생 관련 자료를 제공하거나 제공받은 자료를 그 본래의 목적 외의 용도로 이용한 자

③ 다음 각 호의 어느 하나에 해당하는 자는 1년 이하의 징역 또는 500만 원 이하의 벌금에 처한다.

1. 제63조제1항에 따른 시정 또는 변경 명령을 위반한 자

2. 제65조제1항에 따른 폐쇄명령을 위반한 자

[전문개정 2012. 3. 21.]

제68조(과태료) ① 다음 각 호의 어느 하나에 해당하는 자에게는 100만 원 이하의 과태료를 부과한다.

1. 제13조제4항에 따른 취학 의무의 이행을 독려받고도 취학 의무를 이행하지 아니한 자

2. 제15조를 위반하여 의무교육대상자의 의무교육을 방해한 자

3. 제53조를 위반하여 학생을 입학시키지 아니하거나 등교와 수업에 지장을 주는 행위를 한 자

② 제1항에 따른 과태료는 대통령령으로 정하는 바에 따라 해당 교육감이 부과・징수한다.

[전문개정 2012. 3. 21.]

부칙 〈제13227호, 2015. 3. 27.〉

제1조(시행일) 이 법은 공포 후 6개월이 경과한 날부터 시행한다.

제2조(학력인정 시험에 관한 경과조치) 이 법 시행 당시 종전의 규정에 따라 공고된 학력인정 시험에 관하여는 제27조의2제3항의 개정규정에도 불구하고 종전의 규정에 따른다.

교육공무원 임용후보자 선정경쟁시험규칙
[시행 2014.8.8.] [교육부령 제44호, 2014.8.8., 일부개정]

제1조(목적) 이 규칙은 「교육공무원임용령」 제11조제3항에 따라 교육공무원 임용후보자의 선정경쟁시험에 관한 사항을 규정함을 목적으로 한다.

[전문개정 2011. 6. 22.]

제2조(적용 범위) 이 규칙은 다른 법령에 특별한 규정이 있는 경우를 제외하고는 유치원, 초등학교, 중등학교 및 특수학교의 교사 임용후보자 선정경쟁시험(이하 "시험"이라 한다)에 적용한다.

[전문개정 2011. 6. 22.]

제3조(시험의 구분) 시험은 다음 각 호와 같이 구분한다.

1. 유치원교사 임용후보자 선정경쟁시험
2. 초등학교교사 임용후보자 선정경쟁시험
3. 중등학교교사 임용후보자 선정경쟁시험
4. 특수학교교사 임용후보자 선정경쟁시험
5. 실기교사 임용후보자 선정경쟁시험
6. 보건교사 임용후보자 선정경쟁시험
7. 사서교사 임용후보자 선정경쟁시험
8. 전문상담교사 임용후보자 선정경쟁시험

9. 영양교사 임용후보자 선정경쟁시험

[전문개정 2011. 6. 22.]

제4조(시험실시기관 등) ① 시험은 해당 교육공무원의 임용권자(임용권의 위임을 받은 자를 포함하며, 이하 "시험실시기관"이라 한다)가 실시한다.

② 시험실시기관은 시험을 실시할 때에는 시험문제의 출제 및 채점과 시험 감독을 위하여 필요한 시험위원 및 시험감독관을 임명하거나 위촉하여야 한다.

③ 시험실시기관은 장애인이 시험에 응시한 경우 장애의 종류 및 정도에 따라 필요한 편의를 제공하여야 한다.

[전문개정 2011. 6. 22.]

제5조 삭제 〈1995. 6. 8.〉

제6조(시험의 단계) ① 시험은 제1차시험 및 제2차시험으로 구분하여 실시하되, 제1차시험에 합격하지 아니하면 제2차시험에 응시할 수 없다. 〈개정 2012. 8. 2.〉

② 시험실시기관은 시험 일정 등을 고려하여 필요하다고 인정할 때에는 제1차시험 및 제2차시험을 통합하여 실시할 수 있다. 〈개정 2012. 8. 2.〉

[전문개정 2011. 6. 22.]

제7조(시험의 방법) ① 제1차시험은 기입형·서술형 및 논술형 필기시험으로, 제2차시험은 교직적성 심층면접과 수업능력(실기·실험을 포함한다) 평가로 한다. 다만, 응시자가 선발예정인원에 미달되거나 시험실시기관이 필요하다고 인정할 때에는 시험의 일부를 면제할 수 있다. 〈개정 2012. 8. 2.〉

② 필기시험은 교육학과 전공(교과내용학과 교과교육학을 말한다. 이하 이 조에서 같다)에 대한 종합적 이해와 교직수행 능력을 평가하되, 각각 채용예정직에 상응하는 학력과 능력을 평가한다. 〈개정

2012. 8. 2., 2012.12.28.〉

③ 실기·실험시험은 예·체능과목, 과학교과 등 실기·실험시험이 필요한 경우에 실시하며, 채용예정직에 상응하는 실기·실험 능력을 평가한다.

④ 교직적성 심층면접 시험은 교사로서의 적성, 교직관(敎職觀), 인격 및 소양을 평가한다. 이 경우 시험실시기관은 교직 부적격자를 확인할 수 있는 평가지표를 개발하여 활용하여야 한다.

⑤ 수업능력 평가는 수업의 실연(實演) 등을 통하여 교사로서의 의사소통 능력과 학습지도 능력을 중점적으로 평가한다.

[전문개정 2011. 6. 22.]

제7조의2(외국어교사 등의 시험의 방법) ① 제7조제2항에 따라 필기시험을 실시할 경우 중등 외국어과목 응시자에 대해서는 제1차시험 중 전공에 대한 평가를 해당 외국어로 실시하여야 한다. 〈개정 2012. 8. 2., 2014. 8. 8.〉

② 제7조제4항에 따라 교직적성 심층면접을 실시할 경우 중등 외국어과목 응시자에 대하여는 면접의 일정 부분을 해당 외국어로 실시하고, 초등교원 임용시험 응시자에 대하여는 면접의 일정 부분을 영어로 실시하여야 한다. 〈개정 2014. 8. 8.〉

③ 제7조제5항에 따라 수업능력 평가를 실시할 경우 중등 외국어과목 응시자에 대하여는 해당 외국어로 진행하는 수업능력을 평가하고, 초등교원 임용시험 응시자에 대하여는 영어로 진행하는 수업능력을 포함하여 평가하여야 한다.

[본조신설 2007. 10. 1.]

제8조(시험과목 및 배점비율) ① 시험과목과 그 배점비율은 시험실시기관이 정한다. 다만, 제1차시험에는 한국사 과목을 포함하여야 한다. 〈개정 2012. 12. 28.〉

② 제1항 단서에 따른 한국사 과목의 시험은 「사료의 수집·편찬 및

한국사의 보급 등에 관한 법률」 제18조에 따라 국사편찬위원회에서 주관하여 시행하는 한국사 능력의 검정으로 대체한다. 이 경우 검정은 제1차시험 예정일부터 역산하여 5년이 되는 해의 1월 1일 이후에 실시된 검정으로 한정한다. 〈신설 2012. 12. 28.〉

③ 시험실시기관은 교육대학, 사범대학(대학의 교육과를 포함한다) 및 「고등교육법」 제43조에 따른 종합교원양성대학(이하 "교육대학등"이라 한다)의 졸업자(졸업예정자를 포함한다. 이하 같다)에 대해서는 재학기간 중의 성적(교육대학등 외의 학교를 졸업한 사람에 대해서는 제1차시험 성적)에 대하여 일정 비율로 환산한 점수를 제1차시험 성적에 가산할 수 있다. 〈개정 2012. 12. 28.〉

④ 시험실시기관은 다음 각 호의 어느 하나에 해당하는 사람에게는 제1차시험 성적 만점의 10퍼센트의 범위에서 가산점을 줄 수 있다. 〈개정 2012. 8. 2., 2012. 12. 28.〉

1. 교육대학등의 졸업자(교원경력자는 제외한다)로서 교육감이 정하는 지역에서 응시하는 사람

2. 특별시·광역시·특별자치시·도 및 특별자치도(이하 "시·도"라 한다)의 교육감이 정하는 도서·벽지에서 근무할 것을 조건으로 응시하는 사람

3. 그 밖에 시험실시기관이 인정하는 기준에 해당하는 사람

[전문개정 2011. 6. 22.]

제9조(시험의 실시 및 공고) ① 시험은 교원자격증 소지자를 교사로 신규임용할 때에 실시한다.

② 시험실시기관은 시험을 실시할 때에는 그 일시, 장소, 방법, 과목, 배점비율, 응시자격, 원서제출 절차, 그 밖에 시험의 실시에 필요한 사항을 시험 20일 전까지 공고하여야 한다. 공고내용을 변경할 경우에는 시험 7일 전까지 변경내용을 다시 공고하여야 한다.

③ 시험실시기관이 제3조 각 호의 시험을 실시하는 경우에는 제2항

에 따른 공고 외에 시험 6개월 전까지 해당 시험의 개략적인 선발예정인원을 예고하여야 하며, 제3조제3호의 시험의 경우에는 선발예정교과도 함께 예고하여야 한다. 〈개정 2013. 10. 7.〉

④ 시험실시기관은 교과의 신설, 교원의 추가 수급 등의 사유로 시험 6개월 전까지 제3항에 따른 예고를 할 수 없는 경우에는 교육부장관의 승인을 받아 시험 3개월 전까지 제3항에 따른 예고를 할 수 있다. 〈신설 2014. 8. 8.〉

[전문개정 2011. 6. 22.]

제10조(제출서류) ① 시험에 응시하려는 사람은 시험실시기관이 정하는 응시원서(정보통신망을 통하여 제출하는 응시원서를 포함한다. 이하 같다)에 다음 각 호의 구분에 따라 제8조제2항에 따른 한국사 능력 검정과 관련된 사항을 기재하여 시험실시기관이 정하는 기간 내에 제출하여야 한다. 〈개정 2013. 10. 7.〉

1. 응시원서 제출 당시 한국사 능력 검정 결과를 보유하고 있는 경우 : 한국사 능력 검정 응시일자, 수험번호 또는 인증번호, 합격등급

2. 응시원서 제출 당시 한국사 능력 검정 결과를 보유하고 있지 아니한 경우(그 결과가 제17조제1항에 따른 합격자 결정일 전날까지 발표될 예정인 경우로 한정한다): 한국사 능력 검정 응시일자, 접수번호 또는 수험번호, 응시등급

② 제1차시험에 합격한 사람은 다음 각 호의 서류를 시험실시기관이 정하는 기간 내에 제출하여야 한다.

1. 출신학교(교육대학 등만 해당한다)의 전(全) 학년 성적증명서(졸업예정자는 이수한 모든 학기의 성적증명서)

2. 교원자격증 사본(교원자격증을 취득할 졸업예정자 또는 수료예정자는 그 졸업예정증명서 또는 수료예정증명서)

[전문개정 2012. 12. 28.]

제11조(한국사 능력 검정 결과의 확인) ① 시험실시기관은 제17조제1항에 따

른 합격자 결정을 하기 전에 국사편찬위원회에 제10조제1항에 따라 응시원서에 기재된 한국사 능력 검정의 결과를 확인하여 줄 것을 요청하여야 한다. 이 경우 시험실시기관은 미리 시험에 응시하려는 사람으로부터 그 확인에 관한 동의를 받아야 한다.

② 국사편찬위원회는 제1항에 따른 요청을 받으면 그 결과를 확인하여 시험실시기관에 통보하여야 한다.

[본조신설 2013. 10. 7.]

제12조 삭제 〈1992. 10. 1.〉

제13조 삭제 〈1992. 10. 1.〉

제14조 삭제 〈1992. 10. 1.〉

제15조 삭제 〈1992. 10. 1.〉

제16조 삭제 〈1992. 10. 1.〉

제17조(합격자의 결정) ① 제1차시험의 합격자는 다음 각 호의 요건을 모두 갖춘 사람 중에서 제2호의 시험성적(제8조제3항 및 제4항에 따라 가산한 점수를 포함한다)이 높은 사람부터 차례로 결정하되, 선발예정인원의 1.5배수 이상으로 한다. 〈개정 2012. 8. 2., 2012. 12. 28.〉

1. 제8조제2항에 따른 한국사 능력의 검정 결과가 3급 이상일 것

2. 한국사 과목을 제외한 나머지 과목에서 각 과목 만점의 40퍼센트 이상을 득점하였을 것

② 삭제 〈2012. 8. 2.〉

③ 최종 합격자는 제1차시험(제8조제3항 및 제4항에 따라 가산한 점수는 제외한다) 및 제2차시험의 성적을 각각 100점 만점으로 환산하여 합산한 시험성적이 높은 사람부터 차례로 결정한다. 〈개정 2012. 8. 2., 2012. 12. 28.〉

④ 제3항에 따라 합격자를 결정할 때에 동점자가 있으면 다음 각 호의 순서에 따라 결정한다. 〈개정 2012. 8. 2.〉

1. 제2차시험의 성적이 높은 사람

2. 병역의무를 마친 사람

3. 시험실시기관이 정하는 기준에 해당하는 사람

[전문개정 2011. 6. 22.]

제18조(합격자 공고) 시험실시기관은 시험합격자가 결정되었을 때에는 지체 없이 공고하여야 한다.

[전문개정 2011. 6. 22.]

제19조(합격증명서의 발급) ① 시험실시기관은 시험합격자가 신청할 때에는 합격증명서를 발급한다.

② 제1항에 따라 합격증명서를 발급받으려는 사람은 해당 시험실시기관이 정하는 바에 따라 한 통당 300원의 수수료를 내야 한다. 〈개정 2012. 8. 2.〉

[전문개정 2011. 6. 22.]

제20조 삭제 〈2000. 12. 19.〉

제21조(응시수수료) ① 시험에 응시하려는 사람은 시·도의 조례로 정하는 바에 따라 응시수수료를 내야 한다.

② 다음 각 호의 어느 하나에 해당하는 경우에는 제1항에 따른 응시수수료를 반환하여야 한다. 이 경우 제1호의 경우에는 과오납한 금액을, 제2호와 제3호의 경우에는 이미 낸 응시수수료 전액을 각각 반환하여야 한다.

1. 응시수수료를 과오납한 경우

2. 시험실시기관에 책임이 있는 사유로 시험에 응시하지 못한 경우

3. 응시원서 접수 마감일 다음 날부터 3일 이내에 응시 의사를 철회한 경우

[전문개정 2011. 6. 22.]

제22조(시험위원 등에 대한 수당 지급) 시험위원과 시험감독관에게는 예산의 범위에서 수당을 지급한다.

[전문개정 2011. 6. 22.]

제23조(시험운영자문위원회의 설치) ① 시험의 실시·운영 등에 관한 시험 실시기관의 자문에 응하게 하기 위하여 시험실시기관 소속으로 시험 운영자문위원회를 둘 수 있다.

② 제1항에 따른 시험운영자문위원회의 구성 및 운영 등에 필요한 사항은 해당 시험실시기관이 정한다.

[전문개정 2011. 6. 22.]

제24조(교사 신규임용전형관리 협의체 설치) ① 시·도 교육감은 교육공무원 임용후보자 선정경쟁시험에 관한 업무를 협의하기 위하여 각 시·도 교육청의 대표자로 구성하는 전국적인 협의체를 구성·운영할 수 있다.

② 제1항에 따른 협의체의 구성·운영 등에 필요한 사항은 시·도 교육감이 협의하여 정한다.

[전문개정 2011. 6. 22.]

부칙 〈제44호, 2014. 8. 8.〉

이 규칙은 공포한 날부터 시행한다.

참고문헌

곽영우(1998). 교사론. 서울: 교육과학사.

관계부처합동(2012). 학교폭력근절 종합대책. 서울: 관계부처합동.

권성호(2002). 하드웨어는 부드럽게 소프트웨어는 단단하게. 서울: 양서원.

교육부(2012). 초중등 교육과정 총론. 교육부 고시 제2012-14호.

기순신(2001). 교사론. 서울: 학지사.

기영화(2003). 신임교사교육을 위한 멘토링 시스템의 안드라고지적 의미. ANDRAGOGY
    TODAY Vol.6 No.2. 한국성인교육학회.

김교빈, 이현구(1993). 동양철학에세이. 서울: 동녘.

김성웅 역(1997). 사람을 세우는 22가지 원리 멘토링(Bib Biehl 원저). 서울: 디모데.

김윤태, 서정화, 노종희(1984). 교사와 교직 사회. 서울: 배영사.

김재우(1996). 교직교육론. 서울: 양서원.

김종철, 김종시, 서연화, 정우현, 정재철, 김신양(1994). 최신교사론. 서울: 교육과학사.

김진한(1997). 현대사회의 교직과 바람직한 교사. 교양연구소 논문집. 서울: 한국체육대
    학교 교양교육연구소.

김진한(1999). 삶의 질과 성인교육학의 과제. ANDRAGOGY TODAY, 2(1). 한국성인교
    육학회.

김진한(2002). 무너지는 교실과 살아있는 교실의 문화기술적 비교. ANDRAGOGY
    TODAY, 5(2). 한국성인교육학회.

김진환(2003). 교사를 위한 교육학. 서울: 학지사.

김진한(2004). 교사의 전문성 개발을 위한 성인학습자로서의 생애능력개발. ANDRAGOGY TODAY, 7(1). 한국성인교육학회.

김진한(2008). 학교부적응학생의 실태 및 원인분석을 통한 인성교육발전방안 연구. 서울: 서울특별시 교육연구정보원.

김진한(2011). 교사를 위한 교육학(2판). 서울: 학지사.

김진한(2013). 학교폭력의 예방과 대책. 경기: 공동체.

박병량(1999). 학교 · 학급 경영. 서울: 학지사.

박병량(2001). 훈육. 서울: 학지사.

박병량, 주철안(2005). 학교 · 학급경영(개정판). 서울: 학지사.

박병학(1997). 사랑의 수업론. 서울: 교육과학사.

박성희(2005). 꾸중을 꾸중답게 칭찬을 칭찬답게. 서울: 학지사.

박영태(2004). 사랑의 학습지도법(개정판). 서울: 학지사.

변영계(2005). 교수 · 학습 이론의 이해(개정판). 서울: 학지사.

서울시교육연구원(1995). 수업 기술의 이론과 실제. 서울: 서울시교육연구원.

서울특별시교육연구정보원(2011). 교직실무 편람. 서울: 서울시특별시교육연구정보원.

오욱환(2005). 교사 전문성. 서울: 교육과학사.

유봉호(2004). 교육실습의 이론과 실제. 서울: 학술정보원.

윤종건, 전하찬(1998). 교사론. 서울: 정민사.

이성진(1987). 현대교육심리학. 서울: 교육출판사.

이성진(1993). 교육심리학 서설. 서울: 교육과학사.

이성호(1999). 교수방법론. 서울: 학지사.

이칭찬(1996). 교사론. 서울: 동문사.

임규혁, 임웅(2007). 교육심리학(2판). 서울: 학지사.

장상호(1980). 인간주의 교육. 서울: 박영사.

정우현(1995). 교사론. 서울: 배영사.

정종진(2012). 제대로 알고 대처하는 학교폭력 상담. 서울: 학지사.

정재철(1995). 교육실습. 서울: 교육출판사.

정혜영(2003). 교육실습생의 갈등에 관한 분석연구. 한국교원교육연구, 20(3), 277-294.

조벽(2002). 새시대 교수법 상담가이드북. 서울: 한단북스.

조벽(2006). 나는 대한민국의 교사다. 서울: 해냄.

조벽(2006). 조벽교수의 명강의 노하우 & 노하이. 서울: 해냄.

진영은, 조인진(2006). 예비교사 워크북. 서울: 학지사.

청소년폭력예방재단(2011). 전국 학교폭력 상담. 서울: 학지사.

청소년폭력예방재단(2012). 2011년 전국 학교폭력 실태조사 연구(청예발간 12-001). 서울: 청예단.

한국교원단체총연합회(2012). 2011년도 교권 회복 및 교직 상담 활동 실적.

한국교육문제연구소 편(1993). 한국교육사: 근 · 현대사편. 서울: 풀빛.

한국초등상담교육학회(2013). 학교폭력의 예방 및 대책. 서울: 학지사.

한준상(1999). 포스터모던 지식생산을 위한 성인교육학의 방법론. ANDRAGOGY TODAY. 서울: 학지사.

황문수 역(2005). 에릭프롬의 사랑의 기술. 서울: 문예출판사.

교육부 홈페이지 (http://www.moe.go.kr)

교육부(2013). 학교폭력 근절 종합대책.

교육부(2014). 교육부 보도자료.

Anderson, H. H. (1964). Facilitators of Creative Development inHigher Education. *In Creativity: Progress and Potential,* pp. 136-129. New York: Wiley.

Anderson, L., Evertson, C., & Emmer, E. (1980). Effective classroom management at the beginning of the school year. *Elementary School Journal, 80*(5).

Borich, G. D. (2002). *Effective Teaching Methods.* N.Y.: Prentice Hall.

Brophy, J. E., & Putnam, J. (1979). Classroom Management in Elementary Grades. In D. L. Duke (Ed.), *Classroom Management 78th yearbook of National Society for the study of Education, Part 2.* Chicago Press.

Buber, M. (1958). *I and Thou Translated by Ronald Gregor Smith.* N.Y: Charles Scribner's Sons.

Cole, P, G., & Chan, L. K. S. (1981). *Teaching Principles and Practice.* N.Y.: Prentice Hall.

Combs, A. W. et al. (1986). 이원필 외 역(1988). 교사의 전문성. 서울: 배영사.

Daloz, L. (1999). *Mentor: Guiding the journey of adultlearners* (2nd ed.). San

Francisco: Jossey-bass.

Flanders, N. A. (1970). *Analyzing Teaching Behavior Reading*. Mass: Addison Wesley.

Herr, E. L. (1979). *Guidance and Counseling in the Schools*. Fall Church, VA: American Personnel and Guidance Association.

Hessong, R. E., & Weeks, T. H. (1987). *Introduction to Education*. New York: Macmillan.

Kehas, C. D. (1970). Education and Personal development. In B. Shertzer & S. C. Stone (Ed.), *Instruction to Guidance: Selected Reading*. Boston: Houghton Mifflin.

Keller, J. M., & Kopp, T. W.(1987). An Application of the ARCS model of motivational design. In D. M. Reigeluth (Ed.), *Instructional thoeries in action, Hillsdale*. NJ: LEA.

Kounin, J. S. (1970). *Discipline and Group Management in lassrooms*. New York: Hort, Rinehart, & Winston, Inc.

Levin, K. (1951). Field theory in school science. In D. Cartwright (Ed.), *Selected Theoretical Papers*. New York: Harper & Row.

Levinson, D. J. et al. (1987). *The seasons of man's life*. NY: Knopf.

Liberman, M. (1958). *Education as a Profession*. N.J.: Prentice-Hall.

Menacker, J. (1976). Toward a Therapy of Activist Guidance. *Personnel and Guidance Journal, 54.*

Patterson, C. H. (1973). *Humanistic education*. Englewood Cliffs, NJ: Prentice-Hall.

Shertzer, B., & Stone, S. C. (1981). *Fundamentals of Guidance*. Boston: Houghton Mifflin.

찾아보기

● 인 명 ●

● 내 용 ●

저자 소개

김 진 한(Kim Jinhan)

서울교육대학교 졸업
세종대학교 대학원 교육학 석사
세종대학교 대학원 교육학 박사
전 초 · 중등학교 교사
　　교육부 교원양성기관 평가위원 및 위원장
　　교육지원청 학교장 경영능력평가위원
현 한국체육대학교 교양교직부 교수

〈주요 저서〉
교사를 위한 교육학(2판, 학지사, 2011)
교육학개론(공저, 학지사, 2000)

〈교직 관련 논문〉
'학습학'의 재조명을 통해 본 따름학(Followgogy)의 의미(2006)
교사의 전문적인 생애능력 개발을 위한 성인학습자로서의 삶에 관한 연구(2004)
무너지는 교실과 살아있는 교실의 문화기술적 비교(2002)
현대사회에서의 교직과 바람직한 교사(1998) 외 다수

교사를 위한 교직실무(3판)

2009년 3월 5일 1판 1쇄 발행
2011년 9월 20일 1판 4쇄 발행
2012년 9월 20일 2판 1쇄 발행
2015년 4월 20일 2판 5쇄 발행
2016년 2월 25일 3판 1쇄 발행
2020년 9월 10일 3판 4쇄 발행

지은이 • 김 진 한
펴낸이 • 김 진 환
펴낸곳 • (주) **학지사**

04031 서울특별시 마포구 양화로 15길 20 마인드월드빌딩 5층

대표전화 • 02) 330-5114   팩스 • 02) 324-2345

등록번호 • 제313-2006-000265호

홈페이지 • http://www.hakjisa.co.kr
페이스북 • https://www.facebook.com/hakjisabook

ISBN 978-89-997-0873-2 93370

정가 18,000원

저자와의 협약으로 인지는 생략합니다.
파본은 구입처에서 교환하여 드립니다.

이 책을 무단으로 전재하거나 복제할 경우 저작권법에 따라 처벌을 받게 됩니다.

이 도서의 국립중앙도서관 출판시도서목록(CIP)은 서지정보유통지원시스템
홈페이지(http://seoji.nl.go.kr)와 국가자료공동목록시스템(http://www.nl.go.kr/kolisnet)
에서 이용하실 수 있습니다.
(CIP제어번호: CIP2016001876)

출판 · 교육 · 미디어기업 **학지사**

간호보건의학출판 **학지사메디컬** www.hakjisamd.co.kr
심리검사연구소 **인싸이트** www.inpsyt.co.kr
학술논문서비스 **뉴논문** www.newnonmun.com
원격교육연수원 **카운피아** www.counpia.com